아산재단 연구총서 제423집

무엇이 우리를 행복하게 하는가?

아산재단 연구총서 제423집

무엇이 우리를 행복하게 하는가?

구 교 준
임 재 영
최 슬 기

집문당

구교준(具橋俊) 현재 고려대학교 행정학과 교수
University of North Carolina at Chapel Hill 도시계획학 박사
임재영(林裁永) 현재 고려대학교 식품자원경제학과 교수
University of North Carolina at Chapel Hill 경제학 박사
최슬기(崔슬기) 현재 KDI국제정책대학원 부교수
University of North Carolina at Chapel Hill 사회학 박사

아산재단 연구총서 제423집
무엇이 우리를 행복하게 하는가?

2017년 12월 20일 1판 1쇄

저 자 | 구교준 · 임재영 · 최슬기
발행인 | 임동규
발행처 | **집문당**
등 록 | 1971. 3. 23. 제300-2012-69호
영업부 | 10881 경기도 파주시 광인사길 85(파주출판도시)
(02)743-3192~3 팩스(02)742-4657
전자우편 | sale@jipmoon.co.kr
편집부 | 03134 서울시 종로구 돈화문로 82 집문당빌딩 5층
(02)743-3096~7 팩스(02)743-0227
전자우편 | edit@jipmoon.co.kr
홈페이지 | www.jipmoon.co.kr

편 집 | 장이지
디자인 | 임용우

ISBN 978-89-303-1777-1 94300
978-89-303-1500-5(세트)

가격 15,000원

이 도서의 국립중앙도서관 출판시도서목록(CIP)은 e-CIP홈페이지(http://www.nl.go.kr/ecip)와 국가자료공동목록시스템(http://www.nl.go.kr/kolisnet)에서 이용하실 수 있습니다.
(CIP제어번호: CIP2017030921)

머리말

미국에서 유학하는 동안 접했던 수많은 TV 광고 중에 가장 기억에 남는 광고를 꼽으라면 단연 마스터카드 'priceless' 광고이다.

> "가장 인기 있는 아기 기저귀 $10, 가장 인기 있는 바비인형 $20, 가장 인기 있는 기차장난감 $50, 당신의 아이가 성장하는 것을 지켜보는 것 'priceless'……"

여러 가지 버전으로 만들어진 이 30초짜리 짧은 광고는 세상에는 돈으로 살 수 있는 행복과 돈으로 살 수 없는 행복이 존재한다는 사실을 함축적으로 보여준다. 이 책의 중심 메시지가 30초 광고에 축약되어 있다. 어쩌면 이 책의 시작은 의식하고 있지 못했지만 마스터카드 광고를 접했던 20년 전 나의 유학시절이었는지도 모르겠다.

내가 기억하는 한 좀 더 명확한 연구의 출발점은 5년 전으로 거슬러 올라간다. 힘든 박사 과정 공부를 처음부터 끝까지 함께 했고 고려대 동료이기도 한 임재영 교수를 2012년 겨울 경주 내려가는 열차에서 우연히 만났다. 오랜만에 서로의 일상과 관심사를 이야기하던 중 전공은 달라도 우리가 같은 고민을 하고 있다는 사실을 알게 되었다. 우리 사회가 양적으로는 많이 성장했음에도 그에 걸맞은 삶의 질을 누리고 있지 못하는 이유는 무얼까? 비슷한 소득 수준이더라도 왜 어떤 국가는 더 행복하고 어떤 국가는 덜 행복할까? 도대체 행복이란 무엇일까? 우리의 질문은 꼬리에 꼬리를 물고 이어졌고, 해답을 찾기 위해 그 이후 매주 한 번씩 점심시간에 만나서 각자의 고민을 풀어냈다. 이 과정에서 경제학과 행정학이 학문적 배경인 임 교수와 나는 좀 더 거시적인 접근을 하는 사회학자의 시각이 도움이 될 거라 느꼈고, 사회학을 전공한 KDI 스쿨의 최슬기 교수를 점심 모임에 초청했다. 이렇게 해서 우리가 1년 넘게 1-2주에 한 번씩 모여서 고민했던 주제는 2013년 아산사회복지재단의 연구비 지원을 받게 되었고, 그 후 2년 동안 연구가 진행되었다. 그동안 인터뷰와 자료 수집을 위해 핀란드를 한 차례 방문하였고, 학술대회 및 세미나에서 여러 차례 연구결과를 발표하였으며, 학술지에 네 편의 논문을 게재하였다. 짧은 시간이었지만 행복을 연구하면서 행복한 시간을 보냈다.

이 책은 우리 세 명이 진행한 행복에 대한 그 동안의 연구 성과물과 그 이외 몇 가지 주제를 추가하여 구성하였다. 우리는 누구나 행복하고 싶어 한다. 그러나 정작 행복이란 무엇인가라는 질문엔 명쾌하게 답하기 쉽지 않다. 누군가에게 행복은 새로 구입한 자동차일 수 있지만, 또 다른 어떤 사람에게 행복은 가족과 함께하는 시간일 수도 있다. 행복은 우리 모습이 다른 것만큼 다양한 모습으로 존재하고 그래서 행복을 정의하기도 제대로 이해하기도 쉽지 않다. 하지만 한 가지 분명한 사실은 어떤 행복은 바람처럼 우리를 스쳐 지나가고 어떤 행복은 훨씬 오래 우리 곁에 머물러 있다는 점이다. 학자들은 흔히 전자를 hedonic한 행복, 후자를 eudaimonic한 행복이라고 부른다. 어떤 행복을 추구할지는 개인의 자유이고 선택이지만 그 결과는 많이 다를 수 있다. 국가 수준에서도 한 사회의 자원이 어떤 성격의 행복을 추구하는 데 더 많이 사용되는지에 따라 동일한 소득수준을 가지고 있어도 행복수준은 다를 수 있다. 6장에서 소개하고 있는 핀란드와 일본이 좋은 사례인데, 두 나라는 소득 수준은 거의 비슷하지만 모두가 알다시피 핀란드 국민들이 일본 국민들보다 훨씬 행복하다.

이는 지금까지 우리 사회가 어떻게 하면 국민소득 1만 달러에서 2만 달러, 2만 달러에서 3만 달러에 하루라도 빨리 도달할지 주로 고민했다면 앞으로는 같은 국민소득 2만 달러라도 어떻게 좀 더 질 높은 2만 달러를 만들 수 있을지 고민해야 하는 이유이다. 즉 다소 역설적인 표현이기는 하지만 우리 사회도 이제 소득의 절대 수준뿐 아니라 소득의 질에도 관심을 기울여야 할 시점에 도달했다고 할 수 있다.

우리 세 명의 저자들은 이 책을 통해 행복은 무엇이고, 왜 우리는 행복을 추구하며, 무엇이 우리를 행복하게 하는지 탐구하였다. 좀 더 구체적으로 2장에서는 행복의 근원과 성격 등에 관한 경제학, 심리학, 정치학, 사회학 등 사회과학 분야에서의 논의들을 정리하였다. 3장에서는 행복에 관한 여러 가지 데이터베이스를 활용하여 행복의 국가 간 차이와 우리나라의 집단별 행복 수준 차이를 비교하였다. 4장에서는 행복 패러독스라고 불리는 행복과 소득 간의 관계에 대한 역설을 Sen의 삶의 역량 개념을 활용하여 설명하였다. 5장에는 두 편의 실증 분석이 담겨 있는데, 소득과 행복 간의 관계, 불평등과 행복 간의 관계를 다양한 자료와 통계기법을 활용하여 실증 분석하였다. 6장에서는 행복의 국가 간 차이를 설명하기 위하여 일본과 핀란드를 대상으로 한 사례 분석을 소개하고 있다. 마지막 7장에서는 이러한 논의를 종합하여 삶의 역량 개념을 중심으로 한 국민행복지수를 구성하고 우리나라의 행복 수준을 OECD 국가들과 비교하여 평가하고 있다. 각 장은 독립적인 연구로 진행되었기 때문에 독자들은 장의 순서에 관계없이 책을 읽어도 큰 어려움 없이 내용을 이해할 수 있을 것이다. 다만 행복에 대한 기초적인 이해를 위해 2장만은 먼저 읽어 보길 권하고 싶다.

2013년에 행복 연구를 시작한 이래로 이 책이 나오기까지 여러 학생들의 도움이 컸다. 이들의 도움이 없었으면 이 책도 빛을 보지 못했을지 모른다. 우선 고려대학교 행정학과 박사과정 이희철 학생은 행복 연구에 참여하면서 최종 편집 과정뿐 아니라 내용적으로도 많은 도움을 주었다. 특히 마지막 국민행복지수를 다루는 7장은 이희철 학생의 도움이 없었으면 포함시키지 못했을 것이다. 고려대학교 식품자원경제학과 석사과정 주시연 학생도 실증 연구를 위한 자료수집에 많은 도움을 주었다. 마지막으로 고려대학교 행정학과 석사과정 최정호 학생에게도 감사의 말을 전하고 싶다. 마지막 출판 단계에서 초교와 재교 과정을 너무나 꼼꼼하고 깔끔하게 처리해 주었다. 선생이 기대할 수 있는 가장 큰 축복은 훌륭한 제자들이 아닐까 싶다. 그런 의미에서 우리 세 사람은 아주 행복한 선생들이라 아니할 수 없다.

2017년 11월
안암동 연구실에서
구교준

| 차 례 |

| 표 차례 |

| 그림 차례 |

제 1 장
서 론

제1장 서 론

1. 연구 배경

제2차 세계대전 이후 세계의 많은 국가는 경제성장만을 목표로 인류사에서 찾기 힘들 정도의 급속한 소득 증대를 이룩해 왔으나 정작 사람들의 삶의 질은 떨어지고 불행하다고 느끼는 사람의 비중이 오히려 증가하는 역설적인 결과를 가져오고 있다. 특히 우리나라는 지난 50여 년간 전 세계에서 유례를 찾기 힘들 정도의 급속한 경제성장을 이룩하고 OECD에도 가입해 선진국 진입을 목전에 두었지만, 정작 국민 개개인이 느끼는 행복의 정도는 다른 나라들과 비교할 때 그리 높은 순위를 차지하지 못하는 실정이다. 예를 들어 행복수준을 가장 폭넓게 측정하고 있는 2012년 세계갤럽조사(Gallup World Poll)에 따르면 한국은 조사대상 155개국 중 44위에 머무른 반면, 소득수준이 상대적으로 낮은 코스타리카, 베네수엘라, 멕시코 등은 상위권에 속하였다. 아울러 네덜란드의 에라스무스 대학에서 2000년에서 2009년까지 전 세계 주요 국가들의 행복수준을 측정하여 평균한 세계 행복데이터베이스(World Database of Happiness)에 따르면 우리나라는 조사대상 149개국 중 중위권인 70위로 크로아티아(68위), 베트남(67위), 우즈베키스탄(71위), 필리핀(74위) 등과 유사한 수준에 머물렀는데 이 조사에서도 우리나라보다 소득이 낮은 코스타리카, 멕시코, 파나마, 베네수엘라 등 중남미 국가들이 상위권을 차지하고 있어 높은 소득수준이 반드시 높은 행복수준을 보장하지 않는다는 사실을 잘 보여준다.

객관적 소득수준과 삶에 대한 주관적 만족도 간의 불일치 현상은 1970년대 중반 경제학자 이스털린(Easterlin, 1974)에 의해 이미 보고된 바 있다. 한 국가의 개인 수준에서 소득 증가는 삶의 만족도(행복)와 밀접한 연관이 있지만 국가 간의 비교연구에서는 (특히 기본적인 삶의 요건이 충족된 사회에서) 평균 소득 증가가 평균적인 삶의 만족도에 그다지 큰 영향을 미치지 않는다는 것이다. 즉 절대빈곤을 넘어선 수준의 사회라면[1] 소득이 낮은 나라라고 해서 소득이 높은 나라에 비하여 반드시 평균적으로 덜 행복한 것은 아니다. 이스털린의 연구에서 특히 흥미로운 부분은 시계열 분석 결과에서 드러나는데 1946년에서 1970년까지 미국의 1인당 평균소득이 60% 증가했으나 자신의 삶이 전반적으로 행복하다고 응답한 사람의 비율은 거의 일정했다는 사실이다. 최근 연구에서도 클락 외(Clark et al., 2008)는 1973년에서 2004년까지 미국 사회는 두 배에 달하는 소득 증가를 경험했음에도 불구하고 전반적인 삶의 만족도에는 거의 변화가 없었음을 보여주었다. 이러한 현상은 미국뿐 아니라 전후 소득증가율이 가장 높았던 일본과 유럽의 여러 나라에서도 관찰된다는 점에서 미국에만 국한된 예외적인 현상은 아니다(Easterlin, 1995). 심지어 일부 연구(Oswald, 1997; Kenny, 1999; Lane, 2000; Blanchflower and Oswald, 2004) 등은 소득이 일정 수준 이상이 되면 시간이 지나면서 소득과 행복수준 간에 역의

1) 프레이와 스투처(Frey and Stutzer, 2000b)는 소득의 중요성이 사라지는 절대빈곤수준(absolute breadline)을 1인당 국민소득 $15,000선으로 제시하였다.

관계가 나타날 수도 있음을 보여주었다. 횡단면과 시계열 자료 모두에서 관찰되는 직관과는 다소 거리가 있는 이러한 현상은 '이스털린 패러독스' 혹은 '행복 패러독스'라고 불리며 경제학, 정치학, 사회학 등 사회과학의 여러 분야에서 삶의 질과 관련된 중요한 연구 주제로 폭넓게 다루어져 왔다.

이스털린 패러독스는 삶의 질 연구의 중요한 출발점이 된다. 삶의 질은 삶에 대한 만족도 혹은 행복같이 주관적인 측면과 함께 의식주나 좀 더 일반적으로는 소득의 문제 같은 객관적·물리적 측면을 함께 가지는 복합 개념이며, 이러한 이유로 삶의 질에 대한 연구는 주관적 차원의 연구와(Diener & Suh, 1999) 객관적 차원의 연구로(UNDP, 1998) 흔히 구분된다. 이스털린 패러독스는 바로 소득 같은 객관적 측면의 삶의 질이 행복 같은 주관적 측면의 삶의 질로 당연히 치환될 것이라고 가정하여 나타나는 현상이라고 할 수 있다. 객관적 삶의 질은 좋은 삶을 위한 수단적 측면이 강해 투입으로 간주할 수 있고 산출이라고 볼 수 있는 주관적 삶의 질과 밀접하게 연관된 것이 사실이다. 그러나 이는 어디까지나 필요조건이며 따라서 객관적 삶의 질의 충족이 필연적으로 주관적 삶의 만족도 향상에 선형적 기여를 하는 것은 아니다. 투입이 산출로 변환되는 메커니즘에 의해 둘 사이의 관련성이 많은 영향을 받기 때문이다. 따라서 이스털린 패러독스에 대한 설명은 바로 이러한 메커니즘에 대한 이해로부터 단초를 찾아야 한다. 그러나 기존 연구들은 삶의 질 연구에서 선행 문헌에 누락된 새로운 결정요인을 찾는 데 주력했을 뿐 삶의 질의 투입(객관적 요인)과 산출(주관적 요인)의 변환 메커니즘에 대한 설명에 대해서는 상대적으로 소홀하였다.

이러한 문제의식을 바탕으로, 본 연구는 삶의 질의 투입과 산출의 불일치 현상이라고 할 수 있는 이스털린 패러독스를 재조명하고 그 해답을 찾는 것이 목적이다. 특히 투입으로서 객관적 삶의 질과 산출로서 주관적 삶의 질, 즉 행복 사이의 불일치 원인을 둘 사이의 변환 메커니즘에 대한 이해의 결여에서 찾고 그 대안으로 센(Sen, 1980)과 너스바움(Nussbaum, 2000)에 의해 소개되고 발전된 삶의 역량(capability of life) 개념을 적용해 보고자 한다. 원래 삶의 역량 개념은 삶의 질 연구에서 자원 중심(객관적 요인)의 접근과 효용 중심(주관적 요인)의 접근에 대한 비판에서 시작됐고 그 대안으로서 많은 논의가 진행됐지만 두 접근을 투입과 산출의 입장에서 연결하는 메커니즘으로 이해하고 삶의 역량 개념을 적용한 기존 연구는 찾아보기 어렵다. 이를 위하여 본 연구는 행복방정식의 큰 그림을 그리기 위한 이론 구축을 시도하고 이를 바탕으로 전 세계 100여 개국을 대상으로 행복 회귀분석을 시도한다. 또한 이러한 계량분석이 가지고 있는 한계점을 극복하고자 세계에서 가장 부유한 나라에 속하는 일본과 핀란드를 대상으로 비교 사례분석을 시도하고, 그 결과를 바탕으로 역량 접근에 기초하여 우리나라의 행복수준에 대한 평가를 진행하고자 한다. 일본과 핀란드는 2012년 1인당 국민소득이 $46,000 이상으로 거의 유사하나 행복수준은 중위권과 최상위권으로 나뉘어 소득의 효과를 통제한 상태에서 행복수준에 영향을 주는 역량에 대한 분석을 진행하는 데 좋은 사례가 될 수 있을 것이다.

한편 삶의 질의 투입과 산출의 불일치 현상에 대한 이해는 특히 정책적인 측면에서 매우 중요한 함의를 가진다. 대부분의 국가에서 가장 중요한 정책 목표 중 하나로 소득 같은 객관적 삶의 질 향상을 염두에 두며, 이는 투입으로서 객관적 삶의 질의 향상이 행복 같은 주관적 삶의 질의 향상으로 치환될 것이라는 암묵적인 가정이 바탕에

깔렸다. 우리나라도 예외는 아니어서 1인당 소득 1만 불에서 2만 불로, 그리고 3만 불로 우리 사회가 나아가고자 하는 방향성을 소득이라는 투입지표를 통해 설정해 왔다. 그러나 둘 사이의 불일치 현상이 존재한다면 지금까지의 이러한 접근이 많은 오류를 가지고 올 가능성이 크다. 세계갤럽조사(Gallup World Poll)나 세계 행복 데이터베이스(World Database of Happiness)의 결과는 바로 지금까지 객관적인 삶의 질 중심의 정책이 가져온 문제점을 잘 보여준다고 할 수 있다. 따라서 이 책을 통한 이스털린 패러독스에 대한 보다 명확한 이해는 국가 정책의 목표 함수를 적절히 설정하여 잘못된 정책으로 인해 발생할 수 있는 오류를 줄이는 데 기여할 수 있을 것이다.

2. 연구 내용 및 방법

이 책의 구체적인 내용은 다음과 같이 요약할 수 있다. 우선 2장에서는 고대 그리스 시대에서부터 시작하여 오늘날 철학, 심리학, 사회학, 경제학, 정치학, 행정학 등의 광범위한 사회과학 분야에서 행복을 어떻게 정의하고 측정하는지 논의한다. 또한 이 분야들에서 활발하게 논의되는 행복의 결정요인도 고찰해 본다. 3장에서는 주관적 객관적 삶의 질을 측정하는 다양한 데이터베이스를 소개하고 그 안에서 행복수준의 국가 간 비교를 시도한다. 행복은 단순히 주관적 행복감이라는 한 가지 측면뿐 아니라 총체적 삶의 질 지수같이 다양한 측면이 고려된 복합적인 개념으로 이해될 수 있으며, 따라서 다양한 자료로 여러 가지 측면에서 국가 간 행복수준을 비교 및 평가해 보는 것은 중요한 의미를 가진다. 또한 3장에서는 우리나라의 행복수준을 보여주는 데이터베이스를 통해 한국인의 요인별 · 집단별 행복수준을 비교한다. 4장에서는 이스털린 패러독스에 대한 해답을 제공해 줄 수 있는 새로운 이론 틀로서 센의 삶의 역량 이론을 소개하고, 이를 바탕으로 이스털린 패러독스를 설명할 수 있는 새로운 행복방정식을 제시한다.

4장까지의 내용이 행복과 관련된 이론적인 담론을 주로 다뤘다면, 5장과 6장에서는 이를 바탕으로 한 실증분석을 소개한다. 특히 5장과 6장에서 다루는 행복은 이스털린 패러독스의 답을 찾기 위한 작업으로서 총체적인 삶의 질이 아니라 주관적 행복감을 의미한다. 우선 5장에서는 삶의 역량 개념을 활용하여 국가 간 행복수준을 통계분석한다. 5장 내용의 주요 초점은 삶의 역량, 불평등, 소득인데 이 변수를 중심으로 두 가지 실증분석을 진행한다. 첫 번째 소개되는 실증분석에서는 삶의 역량이 행복방정식에서 가지는 조절효과를 중심으로 소득의 한계효과가 역량 수준에 따라 어떻게 달라질 수 있는지 살펴본다. 이러한 분석은 소득수준과 행복수준 간의 불일치(즉 이스털린 패러독스)를 설명할 수 있는 중요한 출발점이 된다. 두 번째 실증분석에서는 불평등을 삶의 역량을 대표할 수 있는 대리변수로 상정하고 이에 따라 소득이 가지는 의미가 어떻게 달라지는지 소개한다. 6장에서는 이스털린 패러독스와 객관적 주관적 삶의 질의 연결 메커니즘에 대한 보다 심층적인 설명을 위하여 일본과 핀란드를 대상으로 소득은 비슷하지만 주관적 행복수준은 다른 두 국가의 사례에 대한 국가 간 비교 사례분석을 실시한다.

마지막으로 7장은 실증 데이터를 바탕으로 한 논의이지만 5장, 6장과는 다소 차이가 있다. 5장과 6장이 이스털린 패러독스를 이해하기 위해 삶의 역량이라는 새로운 개념을 모델에 도입해야 함을 보여줬다면, 7장은 이스털린 패러독스를 넘어서기 위한 보완적 의미에서의 행복지수를 소개하였다. 이를 위하여 역량이론을 바탕으로 한 국민총행복지수(National Gross Happiness Index)의 도출을 시도하고 OECD 국가들과 비교한 한국의 행복수준을 평가한다. 삶의 역량을 중심으로 행복을 평가하려는 이러한 시도는 주관적 행복수준에 대한 분석 이상의 함의를 제공할 것이다.

제 2 장

행복의 정의와 사회과학에서의 행복 연구

제2장 행복의 정의와 사회과학에서의 행복 연구[1)]

이 장은 크게 세 가지 주제를 다룬다. 첫째, 행복은 무엇인지, 둘째, 행복을 어떻게 측정할 것인지, 셋째, 행복에 영향을 미치는 요인은 무엇인지이다. 우선 행복의 정의에 대한 논의는 크게 행복의 근원(locus)을 인간 내적인 데에서 찾느냐 혹은 외적인 데에서 찾느냐의 문제와 행복의 성격(focus)을 주관적인 만족이나 쾌락으로 볼 것이냐(hedonism) 혹은 개인이 가진 가치나 역량의 추구로 볼 것이냐(eudaimonism)의 문제로 나눌 수 있다. 전자의 논의는 역사와 시대 상황이 다분히 반영되어 어느 시기를 보느냐에 따라 논의의 초점이 변화하여 왔으나, 후자의 논의는 서로 다른 철학적 기반을 바탕으로 고대 그리스 시대부터 오늘날까지 두 가지 견해가 병존해 왔다. 행복의 정의에 대한 이러한 접근은 오늘날까지 이어져 심리학, 경제학 등의 사회과학 분야에 뚜렷한 흔적을 남기고 있다.

둘째, 행복의 측정에 관한 논의는 행복을 어떻게 정의하느냐는 질문과 직접적으로 연관된다. 따라서 행복의 측정도 행복의 본질을 'hedonic'하게 볼 것이냐 아니면 'eudaimonic'하게 볼 것이냐에 따라

1) 2장의 내용은 구교준 외(2015)의 내용을 중심으로 수정・보완하여 구성함.

달라질 수 있다. 본 절에서는 행복 측정에 대한 이러한 논의를 경제학과 심리학에서의 최근 동향을 중심으로 정리하여 소개한다.

한편 행복의 결정요인에 대한 기존 논의들은 행복의 정의에 대한 논의만큼 깊은 뿌리를 가지고 있지는 못하다. 그도 그럴 것이 행복을 어떻게 정의할 것인지에 대한 동의가 없으면 결정요인을 논의하는 것 자체가 어려워지는데, 행복은 사회과학의 실증주의적 전통에 영향을 받아 아주 오랫동안 과학적 연구의 대상과는 거리가 먼 주제로 인식되었기 때문이다. 따라서 행복의 결정요인에 대한 논의는 행복을 정신적 육체적 쾌락을 바탕으로 한 주관적 만족이라고 정의한 심리학(hedonic psychology)과 경제학(utilitarianism)이 등장한 이후에 본격적으로 시작됐다고 해도 과언이 아니다. 행복의 결정요인은 크게 개인적인 요인과 국가사회적인 요인에 대한 연구로 나뉘는데 개인적인 요인에 대한 연구는 주로 심리학과 경제학을 중심으로, 국가사회적인 요인에 대한 연구는 정치학과 사회학을 중심으로 이뤄져 왔다.

1. 행복의 근원(locus)에 대한 논의

행복은 무엇인가에 대한 논의에서 첫 번째 질문은 행복이 과연 어디로부터 기인하는지, 즉 행복의 '근원(locus)'에 관한 문제이다. 이 고민의 출발점은 고대 그리스 시대까지 거슬러 올라갈 수 있는데, 데모크리토스, 소크라테스, 아리스토텔레스 등 그리스 철학자들은 행복이란 무엇이고 어디로부터 기인하는지 많은 논의를 하였다. 특히 그 당시 행복의 근원에 대한 논의는 오늘날의 논의와 다소 차이가 있었는데, 이는 당시에 행복의 의미를 어떻게 이해하고 있었는지를 살펴보면 잘 드러난다.

그리스 시대를 거쳐 중세까지 이어진 행복의 고전적 의미는 철학자들에 따라 다소 차이가 있지만 '행운(luck)'이라는 단어로 집약될 수 있을 것이다(Kesebir & Diener, 2008; Oishi, Graham, Kesebir, & Galinha, 2013). 이는 행복의 어원이라고 할 수 있는 그리스어 'eudaimon'에서도 잘 드러나는데, 이는 'good'의 의미를 가진 'eu'와 'god' 혹은 'spirit'의 의미를 가진 'daimon'의 합성어로 'good god' 혹은 'good spirit'이 함께한다는 것을, 즉 행운이 함께 함을 의미한다(McMahon, 2006). 따라서 고대 그리스 시대를 거쳐 중세에 이르기까지 행복은 인간 스스로 자신의 의지를 가지고 찾아야 하는 대상이라기보다는 신 혹은 하늘로부터 외부적으로 주어지는 것이라고 이해되었다. 고전에 드러난 행복에 대한 이해는 동양에서도 크게 다르지 않아서, 중국 철학의 중요한 고전 중 하나인 예기(禮記)에서도 복(福)을 운이 좋거나 장애물이 없는 상태라고 설명하고 있다(Lu, 2001).

물론 고대 그리스 철학자들의 행복관에도 다소 차이는 존재하였다. 예를 들어 소크라테스는 지식과 지혜, 아름다움에 대한 교육을 통해 행복에 더 가까워질 수 있음을 강조해 행복의 근원이 적어도 일부는 인간 자신에 내재하고 있다고 주장하였다(Oishi et al., 2013). 소크라테스의 영향을 받은 아리스토텔레스도 도덕적이고 가치 있는 삶은(virtuous life) 축복받은(being blessed, lucky, and fortunate) 삶을 의미한다고 하여 행복의 근원으로서 외적인 요인을 지적하면서, 동시에 행복은 다른 사람의 손에 달려 있는 것이 아니라 개인이 가치 있는 삶을 추구하는 과정을 통해 얻을 수 있다고 해 행복을 가져오는 인간 내적인 요인 또한 강조하였다(Kesebir & Diener, 2008). 즉 그리스 시대의 행복관은 인간 외적인 면에 초점이 있었음에도 이를 추구하는 과정에서 인간 내적인 면이 가지는 중요성에 대한 언급도 빠뜨리지 않았다.[2)]

행복의 근원을 인간 외적인 면에 치중해서 바라보던 고전적인 관점은 중세시대에 접어들면서 더욱 강화되었다. 중세의 철학은 고대 그리스 철학자들이 중시했던 도덕적이고 가치 있는 삶을 행복의 중요한 일부라고 받아들였으나, 이를 행복의 근원 혹은 본질이라고 여기지는 않았다. 기독교의 절대적 영향을 받았던 이 시기의 철학자들은 행복의 근원을 영적인 것으로 봤고 따라서 행복은 인간의 노력을 통해서가 아닌 믿음과 신의 축복을 통해서만 가능한 것으로 이해하였다. 인간적인 세상의 행복을 얻을 수는 있으나 이는 영원한 것이 아니며 영원한 궁극의 행복은 신을 통해서만 가능하다는 것이다(Tatarkiewicz, 1976).

고대와 중세시대를 거치며 형성된 행복에 대한 고전적 관점의 특징은 행복의 근원을 인간 자신이 아닌 하늘 혹은 신이 허락하는 행운과 축복이라는 외적인 면에서 찾는다는 점과, 따라서 행복은 이러한 행운과 축복이 허락된 선택받은 소수에게만 가능하다고 여겼다는 점이다. 그러나 이러한 고전적 행복관은 13세기 신학자 토마스 아퀴나스에 와서 중요한 전환점을 맞게 된다. 맥마흔(McMahon, 2006)에 의하면 아퀴나스는 인간이 신을 닮고자 하는 삶을 추구하는 과정을 통해 완전하지는 않지만 부분적 행복을 얻는 것이 가능하다는 주장을 하였다. 즉 행복은 더 이상 신에 의해 선택된 소수만의 것이 아니고

---

2) 도덕적이고 가치 있는 삶을 추구하는 것을 행복의 근원이라고 생각했던 소크라테스와 아리스토텔레스의 철학을 자칫 인간 내적인 면을 통해 행복을 찾는 접근이라고 이해할 수도 있으나, 동시에 그러한 삶을 추구하는 것 자체가 인간 외적인 축복 혹은 행운을 통해서 가능한 것이라고 봤다는 측면에서 이들의 주장은 오히려 인간 외적인 면을 통해 행복을 찾는 접근에 더 가깝다고 할 수 있다(Nussbaum, 1986). 같은 맥락에서 너스바움은 또한 아리스토텔레스가 그리스어로 축복이나 행운을 의미하는 단어인 'makariotes'를 행복을 의미하는 단어 'eudaimonia'와 자주 혼용했다는 점도 지적하였다.

부분적이나마 종교적 믿음에 바탕을 둔 영적인 삶을 추구하는 모든 사람에게 허락되며 인간 자신의 노력에 의해 보편적으로 얻을 수 있다는 것이다. 이와 같은 아퀴나스의 견해는 16, 17세기 계몽주의 시대에 접어들면서 더욱 세속적인 형태로 변화하게 되는데, 이 시기에 이르게 되면서 개인의 쾌락(pleasure)이 행복에 이르는 가장 중요한 요인으로 여겨지고 심지어는 쾌락이 행복과 동일시되기에 이른다. 계몽주의 시대를 거치면서 행복의 근원에 대한 논의가 완전히 인간의 내적인 면을 중심으로 한 논의로 옮겨 오게 된 것이다.

이러한 변화를 보여주는 가장 좋은 예가 18세기 있었던 미국의 독립선언과 19세기 초반에 등장한 공리주의(utilitarianism)이다(Kesebir & Diener, 2008). 1776년에 발표된 미국의 독립선언문은 인간으로부터 빼앗을 수 없는 가장 기본적인 권리로서 생명(life), 자유(liberty)와 함께 행복추구(pursuit of happiness)를 들었다. 또한 공리주의는 이러한 행복의 실체에 대하여 논의하면서 행복은 곧 효용이고 이는 곧 쾌락의 극대화를 의미한다고 주장하였다. 대표적인 공리주의자 벤담이 모든 개인이 자신의 쾌락을 극대화하려는 노력을 통해 최대 다수의 최대 행복이 달성될 수 있는 사회를 바람직한 사회라고 강조했던 것은 잘 알려진 사실이다. 오늘날 행복은 이제 더 이상 누군가에 의해 주어지는 것이 아니고 개인이 적극적으로 추구하는 대상이 된 것이다. 그리고 현대사회에서 행복의 보다 구체적인 실체는 고전적인 행복관에서 중시하는 도덕적이고 가치 있는 삶과 같은 규범적인 내용이기보다는 공리주의에서 주장하는 개인의 주관적인 쾌락과 같은 다분히 현실적이고 감정적인 내용으로 변화하기에 이르렀다.

2. 행복의 성격(focus)에 대한 논의

행복이 무엇인지에 대한 논의에서 행복의 근원에 대한 질문과 함께 많은 주목을 받아왔던 주제는 행복의 성격 혹은 주된 내용에 관한 질문이라고 할 수 있다. 이러한 논의의 출발점 역시 고대 그리스 철학에서 그 뿌리를 찾을 수 있는데(그러다 보니 앞의 행복의 근원에 대한 논의와 다소 중복이 존재한다), 그 영향은 오늘날 심리학, 경제학, 사회학 등 행복 연구가 활발히 이뤄지는 사회과학 분야에 광범위하게 남아 있다. 본 절에서는 행복을 바라보는 고대 그리스 철학의 두 가지 접근인 hedonism과 eudaimonism을 중심으로 이들이 어떻게 심리학, 경제학, 사회학 등 현대 사회과학의 여러 분야에 영향을 미쳐왔는지 살펴보고자 한다.

1) Hedonism에 기초한 접근

행복의 성격에 관한 질문은 어떤 삶을 좋은 삶(good life)이라고 할 수 있느냐는 질문과 일맥상통한다고 볼 수 있는데, 고대 그리스 철학은 이에 대하여 매우 상이한 두 가지 시각을 제시한다(Ryan & Deci, 2001). 우선 첫 번째는 행복은 쾌락으로부터 기인하며, 따라서 좋은 삶이란 육체적 정신적 쾌락을 추구하고 얻는 삶이라는 입장이다. 'hedonism'이라고 불리는 이러한 주장의 기원은 기원전 4세기에 인간 삶의 목적은 쾌락의 전체 총량을 극대화하는 것이고 쾌락 이외의 가치는 중요하지 않다고 주장했던 아리스티포스에서 찾는다(Tatarkiewicz, 1976). 이 같은 쾌락 중심의 세계관은 헬레니즘 시기에 다양한 형태로 발전하는데 대표적인 예가 고통의 부재와 인간의 공동선으로서 쾌락을 주장했던 에피쿠로스를 들 수 있다.

행복의 핵심을 쾌락으로 파악했던 고대 그리스의 hedonism은 근대에 이르러 심리학과 경제학 분야에 뚜렷한 발자취를 남겼다. 우선 심리학에서는 행복이라는 단어의 개념적 모호성을 비판하고 쾌락이나 고통으로 표현되는 삶에 대한 개인의 주관적인 평가인 주관적 안녕(subjective well-being)이라는 개념을 사용하기 시작하였다(Diener, 1984). 주관적 안녕이란 개인이 삶에 느끼는 만족감, 긍정적인 감정이 존재하고 부정적인 감정이 결여한 상태로 정의되는데, 이러한 정의를 통하여 행복은 쾌락과 고통으로 구분되는 보다 구체화된 개념으로 진화하게 된다.[3] 특히 주관적 안녕의 하부 개념이라고 할 수 있는 삶에 대한 만족감(인지적인 측면의 평가)과 긍정적 감정 혹은 부정적 감정(정서적인 측면의 평가)에 대한 평가는 전적으로 개인 자신에 의하여 이뤄지는데, 이러한 개념화를 통해 행복이 가지는 주관성과 인간 후생의 평가 주체로서 개인이 가지는 중요성이 더욱 부각되었다(Haybron, 2007). 행복은 hedonism의 쾌락을 추구하는 삶을 의미하기도 하지만 뒤에서 언급할 eudaimonism의 윤리적 도덕적 가치를 추구하는 삶을 의미하기도 하는 등 상반될 수 있는 다양한 개념을 내포하여 과학적 연구를 위한 개념의 명확한 정의와 조작화에 어려움이 따를 수 있다. 따라서 심리학에서 새롭게 등장한 주관적 안녕 개념은 기존의 행복 개념이 가지고 있던 모호성을 극복하고 행복 연구의 과학화에 기여했다는 평가를 받는다. 이같이 인간의 후생을 hedonism과 거의 동일시하고 고통과 대비되는 정신적·육체적 쾌락에 초점을 두어 행복을 연구하는

3) 주관적 안녕에서 의미하는 쾌락은 단순한 수준의 육체적 혹은 정신적 쾌락만을 의미하는 것은 아니며 목적 달성을 통해 얻어지는 성취감 등도 포함하는 보다 포괄적인 개념으로 이해해야 한다(Diener, Sapyta, & Suh, 1998).

심리학의 조류를 쾌락심리학(hedonic psychology)이라고 부른다(Kubovy, 1999).

디너(Diner), 카너만(Kahneman) 등이 개척한 쾌락심리학은 이전의 전통적 심리학과는 뚜렷하게 구분되는 특징을 가진다. 기존의 전통적 심리학이 인간의 마음이 가지는 부정적인 면에 초점을 맞추고(예를 들면 정신분열증, 우울증 등 정신병적 현상) 어떻게 하면 인간 마음속의 어두운 면을 최소화하거나 없앨지에 주로 관심이 있었던 반면, 1970년대부터 등장하기 시작한 새로운 심리학 사조는 인간 마음의 부정적인 면을 최소화하는 것이 반드시 기쁨이나 행복 같은 긍정적인 심리 상태로 이어지는 것은 아니라고 보고 연구의 초점을 인간 마음의 긍정적인 면을 극대화하는 쪽으로 변화시켜야 한다고 강조하였다(Deci, 1975; Diener, 1984).[4] 이 같은 주장에 따르면 부정적인 심리와 긍정적인 심리는 전혀 다른 기제로 작동하며, 따라서 부정적인 심리에 대한 연구만을 가지고는 행복 같은 인간의 긍정적인 심리를 제대로 이해할 수 없다는 것이다. 주관적 안녕 개념은 바로 인간의 긍정적인 심리를 쾌락의 관점에서 조명한다. 카너만 외(Kahneman et al., 1999)는 이러한 맥락에서 주관적 안녕에 바탕을 둔 쾌락심리학을 "무엇이 사람들을 기분 좋게 하고 불쾌하게 만드는지에 대한 연구(the study of what makes people pleasant and unpleasant(p. ix))"라고 정의하면서 인간의 후생을 hedonism과 근본적으로 동일한 것으로 간주하였다. 심리학에서의 이 같은 변화는 행복의 개념과 연구의 목적함수를 hedonism에 기초한 주관적 안녕이라는 개념으로 좀 더 분명하게 해서 행복 연구의 과학화에 뚜렷한 기여를 하였다.[5] 쾌락심리학의 새로운 접근은 과연 진정

4) 마이어스와 디너(Myers and Diener, 1995)에 의하면 부정적인 심리상태에 대한 연구와 긍정적인 심리상태를 연구의 비율이 17대 1에 이를 정도로 불균형이 심했다.

한 인간의 후생을 주관적 안녕을 통해 얼마나 잘 측정할 수 있느냐의 논쟁을 끊임없이 불러일으켰으나 지난 수십 년간 행복 연구에서 가장 뚜렷한 연구 경향으로 자리 잡아 왔다. 이는 개인의 행복추구권을 인간의 기본적인 천부인권으로 정의한 미국 독립선언 이래로 뚜렷해진 선(善)하게 살기보다는 기분 좋게 사는 삶으로 행복을 바라보는 시대적 사조를 잘 반영한다고도 할 수 있다(McMahon, 2006).

한편 오늘날 주류 경제학이라고 할 수 있는 신고전 경제학(neoclassical economics)은 hedonism을 기반으로 하는 공리주의에 많은 영향을 받았다. 앞에서도 언급하였듯이 공리주의는 행복을 쾌락에서 얻는 효용(utility)과 동일시하고 인간 행위에 대한 도덕적 판단의 근거를 사회 구성원의 쾌락의 총량이 고통의 총량을 상회하는지 여부에서 찾았다는 점에서 hedonism의 전통을 충실히 따른다고 볼 수 있다. 그리고 이는 벤담의 유명한 "최대 다수의 최대 행복"이라는 구절에서도 잘 드러난다. 경제학의 기본 개념인 후생(welfare)은 아주 오랫동안 공리주의의 행복 개념과 거의 동일시되어 왔으며, 경제학의 가장 중요한 규범적 원리 중의 하나인 '효용극대화(utility maximization)'는 벤담의 공리주의적 규범과 일맥상통하는 부분이 있다. 실제로 대표적인 공리주의자라고 할 수 있는 벤담이나 밀이 동시에 그 시대를 이끌었던 경제학자였다는 점은 공리주의와 경제학이, 다시 말하면 hedonism의 전통과 경제학이 얼마나 밀접하게 연결되어 있는지 잘 보여준다(Posner,

5) 인간의 마음을 연구하는 데 부정적이고 병리적인 심리상태보다는 긍정적인 심리상태에 초점을 맞추는 심리학의 사조는 긍정심리학(positive psychology)이라는 새로운 분야로 발전한다. 초기 긍정심리학은 hedonic approach에 기초를 두고 있었으나, 셀리그만(Seligman, 2002) 등에 의해 눈부신 발전을 이루면서 점차 eudaimonic approach에 기초한 개념으로 변화하여 현재는 eudaimonism을 대표하는 개념으로 자리 잡았다(Robbins, 2008). 따라서 쾌락심리학은 바로 이러한 긍정심리학의 접근과 대비되는 대안적 접근으로 이해될 수 있다.

1979).

물론 스미스와 리카르도로 대표되는 고전 경제학(classical economics) 혹은 오늘날의 정치경제학에 가까운 정치경제 체제에 대한 거시적 분석에서는 hedonism이나 공리주의의 흔적을 찾아보기 쉽지 않은데, 이는 당시 경제학의 주 관심사가 부의 창출과 축적 혹은 소득배분 등 정치경제 시스템과 관련된 거시적인 주제들이었다는 점에서 그 이유를 찾을 수 있다. 고전 경제학 시대는 특히 개념의 추상화를 통해 경제학의 과학화가 급속히 이뤄졌던 시기로, 이를 위해 물질적 부와 같이 객관적이고 명확한 대상에 연구의 초점이 맞춰졌다. 이러한 경향은 19세기에 멩거와 발라스를 중심으로 경제학의 패러다임을 바꾼 한계혁명이 도래하면서 큰 변화를 맞는다. 한계혁명을 통해 형성된 신고전 경제학(neoclassical economics)은 물질적 부의 축적과 분배 같은 거시적이고 객관적인 주제에서 벗어나 정치경제체제 안에서 활동하는 개인의 행태와 의사결정 과정 등과 같이 미시적이고 주관성이 강한 주제에 관심을 가지기 시작했고, 이러한 과정을 통해 개인의 선호, 효용, 효용극대화 같은 공리주의에 기초한 개념들이 경제학의 중심에 자리 잡게 되었다(Pastinetti, 2005). 그러나 신고전 경제학은 효용 개념을 통해 hedonism에 기반을 둔 행복을 암묵적으로 이론체계에 포함시켰을 뿐 심리학에서와 같이 이를 직접적으로 탐구하지는 않았는데 그 이유는 다음과 같이 두 가지로 유추할 수 있다.

우선 첫째, hedonism 전통과 맞닿아 있었음에도 이같이 행복이라는 주제가 주류 경제학에서 다소 소외되었던 중요한 이유 중 하나는 경제학의 환원주의적 성격에서 찾을 수 있다. 한계혁명을 거치면서 확립된 경제학의 수리적 분석 틀은 모든 현상을 이기적인 인간의 합리적 의사결정이라는 틀 안에서 설명하려 했으며, 따라서 행복이라는 다차원적인 현상을 설명하기에는 여러 가지 측면에서 무리가 따랐던 것이다. 예를 들면 펠프스(Phelps, 2001)는 미국에서 관찰되는 행복의 패러독스 현상은 미국 사회에서 이타적인 성향을 가진 사람의 비율이 줄어들고 있기 때문이라고 설명하였는데, 행복이 가진 이러한 관계적인 속성(즉 다른 사람과의 관계 속에서 행복감을 얻음)은 로빈슨 크루소의 예에서와 같이 철저하게 독립적인 개인을 가정하는 경제학의 분석 틀 안에서는 분석이 어려워진다. 둘째, 주류 경제학 이론은 매우 강한 실증주의 철학을 기반으로 발전하였다. 따라서 눈으로 보거나 만지는 등 객관화된 방법으로 경험할 수 없어 주관의 영역에 속하는 행복은 비과학적인 성격을 가지며 그 결과 연구 대상에서 쉽게 제외되었던 것이다. 특히 신고전 경제학의 수요이론에서 개인 간의 비교를 위한 효용의 명확한 계량화는 요구되지 않았기 때문에 개인의 선호, 효용, 수요곡선 등에 대한 연구는 객관적으로 관찰 가능한 개인의 현시된 선택 행위를 통해 주로 이뤄졌다(Frey & Stutzer, 2002b).

이같이 hedonism적 전통이 강하지만 행복과는 거리가 있었던 경제학 분야에서 행복에 대한 직접적이고 구체적인 탐구가 시작된 것은 경제학자들이 심리학에서의 행복 연구에 관심을 가지기 시작하면서이다. 이스털린(Easterlin, 1974)과 사이토브스키(Scitovsk, 1976)는 바로 경제학에서의 이러한 연구 경향의 출발점이라고 할 수 있다. 특히 이스털린은 앞에서도 소개했듯이 심리학자들이 주관적 안녕으로 정의했던 행복수준에 대한 개인의 주관적 평가를 활용하여 국가간 횡단면 자료에서 소득과 행복수준 간의 상관관계가 뚜렷하지 않을 뿐 아니라 미국의 시계열 자료에서는 둘 간의 상관관계가 완전히 사라져 버림을 보여주었다. 이스털린 패러독스라고 불리는 이러한 현상은 그 이후 경제학뿐 아니라 사회학, 정치학 등 다양한 사회과학 분야에서 소득과 행복의 관계에 대한 연구의 기폭제가 되었다. 경제학 분야에서 행복에 대한 본격적인 연구의 시작이라고 볼 수 있는 이스털린 패러독스에 대해서는 여러 가지 평가가 있겠지만, 그중에서도 가장 의미 있는 부분은 경제학이 가지는 hedonism 전통과 환원주의가 다차원적인 현상이라고 할 수 있는 행복 연구에 적용됨으로 나타난 모순을 드러냈다는 점이다. 그리고 이는 행복을 정의하고 분석하는 데 더 폭넓은 대안적인 시각이 요구됨을 시사한다.

한편 이스털린 이후 많은 심리학, 경제학, 사회학 분야의 연구들이 기존의 객관적 방법(선택을 통해 현시된 선호)이 아닌 삶에 대한 주관적 만족(행복)을 통해 효용을 대리 측정하는 것이 얼마나 타당한지를 보여주었다. 예를 들어 포다이스(Fordyce, 1988)는 다양한 형태의 주관적 만족 지표들이 상당히 연관성이 높음을 보여주었다. 샌드빅 외(Sandvik et al., 1993)는 요인분석을 통해 이 지표들이 하나의 개념을 일관성 있게 대표하고 있음을 증명하였다. 또한 에른하르트 외(Ehrnhardt et al., 2000)의 연구는 이들 지표가 안정적이며, 상황변화를 잘 반영하고 있음을 보여준 바 있다. 이들의 연구를 통해 내려진 결론은 주관적 안녕(subjective well-being)으로 표현되는 주관 지표가 인간의 후생과 효용을 측정하는 데 유용하게 사용될 수 있는 타당한 측정 도구라는 점이며, 이는 비로서 주관적 안녕에 기초한 hedonic한 행복 연구를 경제학의 중심에 한 발짝 더 가깝게 가져다 놓았다.

Hedonism에 바탕을 둔 경제학 분야의 행복 연구에서 가장 많은 관심을 가져왔던 질문 중 하나는 바로 이스털린이 제시한 '행복 패러독스'이다. 카너만, 프레이(Frey) 등 대표적인 행복경제학자 대부분은 그 해답을 적응(adaptation)과 열망(aspiration), 쳇바퀴효과(treadmill effects) 등의 개념을 통해 찾고 있다(Bruni & Porta, 2005). 우선 이스털린(Easterlin,

2001)은 심리학의 기준점(set point)이론에 기초하여 개인의 소득, 지위 등에 긍정적인 변화가 생기더라도 이로부터 오는 주관적 만족감은 개인이 변화에 적응해 감에 따라 점차 사라지며, 얼마 지나지 않아 변화 이전의 수준으로 회귀한다고 주장하였다. 예를 들어 최근의 연구에 따르면 복권에 당첨된 개인이 갑자기 늘어난 소득으로 인해 느끼는 만족감은 시간이 지나면서 점차 사라지며, 더 드라마틱한 반대의 경우 사고로 인해 팔이나 다리를 잃은 개인이 느끼는 상실감도 오래지 않아 극복된다. 카너만(Kahneman, 1999)은 개인 수준에서 행복에 영향을 끼치는 변화가 적응 과정을 거쳐 영속적인 효과를 가지지 못하는 이러한 현상을 '개인의 쳇바퀴 효과(individual treadmill effects)' 혹은 '쾌락의 쳇바퀴 효과(hedonic treadmill effects)'라고 개념화하였다. 한편 레이아드(Layard, 2006) 등은 사회수준에서도 다른 사람과 비교했을 때 자신이 가지는 소득, 지위 등의 상대적인 위치가 개인의 주관적 만족에 큰 영향을 미친다는 점을 강조하였는데, 이는 개인이 가지는 절대적 위치보다는 다른 사람들보다 더 높은 소득, 더 나은 지위를 얻으려는 상대적 열망이 행복에 더 큰 영향을 미침을 의미한다. 이러한 상황에서는 나의 소득이나 지위가 향상되더라도 다른 사람들의 소득이나 지위가 똑같이 변한다면 주관적 만족도의 상승을 기대할 수 없게 되며, 따라서 다른 사람과의 차별화를 위한 끊임없이 노력하는 '사회적 쳇바퀴 효과'에 빠지게 된다.

2) Eudaimonism에 기초한 접근

최근의 심리학과 경제학의 행복 연구가 hedonism에 바탕을 둔 접근을 중심으로 이뤄지고 있으나, 그에 대한 반론이 없는 것은 아니다.

행복을 hedonic한 현상으로 정의하는 행복론에 대한 가장 중요한 비판은 바로 비판의 대상이 되는 hedonism과 마찬가지로 고대 그리스 철학으로부터 비롯된다. 예를 들어 아리스토텔레스는 쾌락에 바탕을 둔 hedonic한 행복이야말로 인간을 쾌락의 노예로 만드는 세속적이고 저차원적인 행복이라고 강도 높게 비판한다. 그는 또한 행복이란 진정으로 의미 있고 가치 있는 삶(virtuous life)을 추구하는 과정을 통해 얻을 수 있는 것이라고 주장하였다(Ryan & Deci, 2001). 아리스토텔레스뿐만이 아니고 동시대의 많은 철학자가 공유했던 생각 중 하나는 도덕(morality)과 덕성(virtue)이 결여된 좋은 삶이란 불가능하다라는 점이었다(Kesebir & Diener, 2008). 심지어 대표적인 쾌락주의자였던 에피쿠로스조차도 정의로움과 명예로움이 결여된 행복한 삶이란 생각하기 힘들다고 언급할 정도로 eudaimonic한 삶의 가치에 대한 믿음은 그리스 시대를 통틀어 넓게 퍼져 있었다.

한편 hedonism의 전통이 강한 오늘날의 행복관과 대비되는 고대 그리스 시대의 행복관은 중국 고전에서도 유사하게 나타난다. 행복이란 단어가 중국어에 등장한 것은 비교적 최근이고, 중국 고대 문헌에서 등장하는 가장 유사한 단어는 '복(福)'이다. '복' 개념의 등장은 중국 최초의 고대 왕조로 알려진 상나라까지 거슬러 올라가는데, 인간이 가진 욕망의 실현을 신에게 갈구하는 의미를 가진다(Bauer, 1976). 고대 중국 철학자들에게 행복이 어떤 의미인지는 논어 같은 유교 경전에서 알 수 있는데, 가장 중요한 특징이라고 할 수 있는 부분은 행복에 이르기 위해 재물의 축적보다는 끊임 없는 자기수양과 이를 통한 덕성의 개발을 중시했다는 점이다(Lu, 2001). 특히 세속적 욕망을 통제하는 자기절제와 성장을 위한 끊임 없는 노력을 통해 의미 있고 가치 있는 삶(virtuous life)을 추구하며 궁극적으로는 자신에게 주어진 사회적 책무를 다하는 것을 행복의 요체라고 여겼는데, 이는 그리스 철학자들의 eudaimonic한 삶의 가치와 일맥상통하는 부분이 많다.

Eudaimonism에 의하면 의미와 가치를 추구하는 삶, 이를 통하여 성장하고 발전하는 삶이 가져다주는 기쁨(eudaimonic pleasure)은 단순하고 순간적인 쾌락(hedonic pleasure)과는 질적으로 다르다. 이러한 차이가 드러나는 가장 큰 이유는 후자는 개인의 욕구를 충족시키는 일차원적 행위를 통해 드러나는 반면 전자는 의미와 가치에 몰입된 행위와 삶이라는 보다 포괄적이고 전체적인(holistic) 접근을 통해 드러나기 때문이다(Waterman, 1993). 이같이 의미와 가치, 성장과 발전 등으로 대표될 수 있는 eudaimonism에 기반한 접근은 심리학과 경제학 분야의 행복 연구에서 앞 절에서 언급한 쾌락심리학이나 신고전파 경제학과는 차별화되는 새로운 분야의 개척으로 이어진다.

우선 심리학 분야에서는 hedonic한 행복을 대변하는 주관적 안녕(subjective well-being) 개념에 대비되는 심리적 안녕(psychological well-being) 개념이 새롭게 소개되었다. 심리적 안녕이란 행복을 단순히 쾌락으로만 바라보는 것이 아니라 개인이 가진 잠재력을 실현해 나가는 과정에서 끊임없는 노력을 통해 얻는 성장과 발전, 이로 인한 심리적 만족감을 의미한다(Ryff, 1995; Ryff & Singer, 2000). 따라서 심리적 안녕 개념은 쾌락에 초점을 둔 일차원적 주관적 안녕 개념에 비하여 훨씬 복잡하고 다양한 의미를 내포한다. 예를 들어 리프와 키이스(Ryff and Keyes, 1995b)는 심리적 안녕을 자율성(autonomy), 성장(growth), 자기긍정(self-acceptance), 삶의 목적(life purpose), 탁월성(mastery), 긍정적 관계(positive relatedness) 등 여섯 가지 측면을 통해 발현된다고 설명하고, 따라서 심리적 안녕에 바탕을 둔 행복 측정은 이를 중심으로 하여 다차원적으로 이뤄져야 한다고 주장하였다. 비슷한 맥락에서 라이언과 디시

(Ryan and Deci, 2000b, 2001) 등이 주창한 자기결정이론(self-determination theory)은 심리적 안녕의 핵심 요인으로 자율성(being autonomous), 역량(being competent), 관계(being related)를 제시하고 단순한 쾌락이 아닌 자아실현을 통한 심리적 만족이 행복의 요체임을 강조하였다.

1990년대 들어 셀리그먼(Seligman, 2002; Seligman & Csikszentmihalyi, 2000) 등을 중심으로 긍정심리학(positive psychology)이라는 분야가 확립되면서 심리학에서 eudaimonism의 시각으로 행복을 바라보는 경향이 더욱 뚜렷해졌다. 긍정심리학은 인간의 긍정적인 감정과 성격적 특성을 연구하는 심리학의 한 분야로, 기존 심리학이 지나치게 인간 심리의 부정적인 측면에 초점이 맞춰져 있던 것에 대한 반작용으로 등장하게 됐다는 측면에서 앞서 언급한 hedonic psychology와 유사한 출발점을 가진다. 그러나 긍정심리학은 주류 심리학으로부터는 그다지 관심을 받지 못했던 인문주의 심리학(humanistic psychology)으로부터 많은 영향을 받아 쾌락심리학과는 뚜렷하게 차별화되는 방향으로 발전하게 된다. 매슬로우(Maslow, 1943; 1971), 올포트(Allport, 1961) 등으로 대표되는 인문심리학자들은 아리스토텔레스의 덕성이론(virtue theory)를 근거로 개인이 자아실현을 통해 자신의 잠재능력을 극대화하는 과정을 바람직한 삶이라고 보고 이에 관심이 많았는데, 이러한 접근으로 자율성, 개인의 성장, 삶의 목적 및 자아실현 등의 개념이 긍정심리학 이론체계의 근간으로 자리 잡았다(Robbins, 2008). 로저스(Rogers, 1961)가 eudaimonism의 측면에서 자아실현에 이른 개인을 설명하면서 제안한 '완전히 기능하는 사람(fully functioning person)' 개념은 양자의 관계를 보여주는 좋은 예이다. '완전히 기능하는 사람'은 삶의 주체로서 자기 자신이 가지는 의미를 잘 이해하고 독립적이고 자유로운 의사결정으로 자기 삶의 잠재력을 최대한으로 발휘하고 자아실현에 이른 개인을 의미하는데, 이는 피터슨과 셀리그먼(Peterson and Seligman, 2004)이 eudaimonic한 안녕에 이른 개인을 설명하는 특성들과 거의 일맥상통한다. 이와 같이 인문주의 심리학의 영향을 많이 받았던 긍정심리학은 따라서 아리스토텔레스의 eudaimonism의 색깔을 다분히 가지고 있으며, 이는 쾌락심리학과 분명히 구분되는 성격이라고 볼 수 있다.

셀리그먼 등을 중심으로 발전된 긍정심리학의 행복을 바라보는 새로운 시각은 이를 현실세계에서 확인하려는 다양한 실증연구로 이어졌다. 일부 연구들(Compton et al., 1996; King and Napa, 1998; MacGregor and Little, 1998)은 행복을 hedonic한 측면과 eudaimonic한 측면에서 측정했을 때 어느 정도의 상관관계는 있지만 두 개념이 서로 독립적으로 존재함을 실증적으로 보여주었다. 또한 피터슨 외(Peterson et al., 2005)도 주관적인 심리적 만족감(혹은 쾌락)이 반드시 바람직하고 의미 있는 삶과 연관되는 것은 아니므로 심리적 만족감을 극대화하려는 개인의 동기는 개인의 진정한 안녕감(well-being)을 제대로 설명해 주지 못한다고 주장하였다. 행복을 정의하는 긍정심리학의 이러한 관점은 고대 그리스 시대의 미학과 철학 연구로 잘 알려진 타타르키비츠(Tataekiewicz)의 행복관과 일맥상통한다. 타타르키비츠(Tatarkiewicz, 1976)는 행복을 '정당화될 수 있는 삶의 만족(justified satisfaction of life)'로 정의하였는데 이는 마약의 사용과 같은 순간적인 단순 쾌락은 정당화될 수 없으므로 행복을 의미하지 않음을 명확히 하고 있다. 또한 제3세계 여성들이 보이는 체념적 삶의 만족 같은 경우도 마찬가지 이유에서 진정한 행복을 의미하지 않는다고 할 수 있다.

경제학 분야에서의 행복 연구는 효용극대화로 대변될 수 있는 경제학의 기본 원리가 잘 보여주듯이 hedonic한 측면의 접근을 중심으로 이뤄졌다. 쾌락을 통해 얻어지는 효용을 행복과 동일시했던 공리주의적 접근은 신고전 경제학이라는 주류 경제학에 접목되어 오늘날에 이르렀으며, 이러한 전통은 행복을 대변하는 주관적 안녕(subjective well-being)이라는 새로운 개념과 행복경제학이라는 경제학의 새로운 연구 분야로 이어져왔다. 이러한 흐름을 고려할 때 eudaimonism을 배경으로 한 경제학의 행복 연구는 주류 경제학과는 다소 거리가 있음을 쉽게 유추할 수 있다.

Eudaimonism의 성격을 가장 강하게 띠는 경제학 분야의 행복 연구는 노벨상을 수상한 아마르티아 센(Sen)을 중심으로 이루어졌고, 삶의 질에 대한 논의에서 자원이나 후생이 중심인 기존 이론과는 차별화되는 역량(capability) 개념을 기초로 한 새로운 이론체계를 확립하였다. 역량이론은 불평등 연구에서 시작되었다고 볼 수 있는데, 센(Sen, 1980)은 이제는 고전이 되다시피한 '무엇의 평등인가(Equality of what)'라는 글을 통해 공리주의와 롤스의 불평등 이론을 비판하고 그 대안으로서 역량을 중심으로 한 새로운 삶의 질과 평등 개념을 제시하면서 역량이론의 새로운 장을 시작하였다. 본 연구의 중요한 이론적 기반이 되는 역량이론에 대해서는 다음 장에서 좀 더 자세하게 다룰 예정이므로 본 절에서는 역량이론이 등장하게 된 배경, 역량의 기본 개념과 성격 등에 관해서 간략히 서술하기로 한다.

역량이론은 경제학, 정치학 분야의 몇몇 학자가 제3세계 여성들이 선진국의 남성들과 비교하여 상대적으로 매우 열악한 환경에서 생활하고 있음에도 불구하고 애초에 자신들이 원하는 삶을 선택할 수 없었기 때문에 체념적으로 주어진 환경을 받아들이고 삶에 만족하는 현상에 주목하면서 시작되었다(구교준, 김성배, & 윤종현, 2012). 센(Sen, 1999)과 너스바움(Nussbaum, 1993)은 이같이 개인이 자신의 삶을 선택할 수 있는 자유가 기본적인 물리적 요소들이 결여되어 심각하게 훼손되고 그로 인해 삶에 체념적으로 만족하는 현상은 주관적 만족을 중심으로 한 행복과 삶의 질 연구가 가지는 중요한 한계점이라고 지적하였다. 또한 개인이 다양한 삶의 방식 가운데 원하는 것을 선택할 수 있도록 해주는 객관적 물리적 요소에 대한 중요성을 역량이론을 통해 역설하였다.

역량이론에서는 특히 삶의 질을 평가하는 데 건강을 유지하고 이성적인 사고를 하며 문화생활을 영위하는 등 개인이 가치를 두고 있는 다양한 삶의 조건들을 자유롭게 추구할 수 있는 환경의 중요성을 강조한다(구교준 외, 2012). 즉 좋은 삶이란 개인이 자유로운 선택을 통해 자신이 가진 가치를 실현시키는 삶이라는 것이다. 따라서 역량 접근은 개인의 잠재적 가치를 극대화시키는 과정을 중시한다는 측면에서 eudaimonism의 성격을 많이 가지고 있다고 할 수 있다. 역량이론이 아리스토텔레스의 철학에 그 이론적 뿌리를 두고 있다는 점도 역량이론과 eudaimonism의 관계를 간접적으로 시사한다. 센은 특히 개인이 가치를 두고 추구하는 행위나 상태를 삶의 기능(functioning)이라고 개념화하였는데, 이는 아직까지 실제로 이루어지지는 않았지만 이루어질 가능성이 있는 바람직한 상태를 의미한다. 그리고 이같이 아직 실현되지 않은 바람직한 삶의 기능을 달성할 수 있도록 해 주는 기회의 집합(opportunity set of achievable potential functionings)을 삶의 역량이라고 정의하며, 이는 삶의 기능 개념과 함께 센의 역량 이론을 구성하는 가장 중요한 요소이다(Robeyns, 2005).

한편 이러한 역량은 공리주의에서 강조하는 효용이나 후생 혹은 분배 논의에서 롤스나 드워킨이 강조하는 불평등의 대상인 재화나 자원과는 성격이 많이 다른 개념으로 이러한 기존 이론들과는 삶의 질을 바라보는 관점에서 뚜렷한 차이를 가진다(Sen, 1980). 예를 들어 재화나 자원은 결국 개인이 가치를 두고 있는 행위나 상태, 즉 삶의 기능을 달성하기 위한 수단인데 기존의 접근은 동일한 자원의 투입이 있더라도 이들을 삶의 기능으로 전환시키는 개인이나 사회의 능력 차이로 인해 나타나는 보다 본질적인 기능의 불평등을 제대로 다루지 못하는 문제를 가지고 있다. 또한 삶의 질을 개인의 심리적 만족감을 통해 대변하는 후생 중심의 접근에서도 개인의 선호 차이로 인하여 동일한 수준의 심리적 만족감을 느끼기 위하여 요구되는 재화의 양이 크게 다를 수 있다는 문제점이 흔히 지적된다. 이 같은 이유로 삶의 질을 위한 투입에 해당하는 자원이나 재화 혹은 그로 인한 산출에 해당되는 효용이나 후생이 아닌 아직 현시되지 않은 기회의 집합으로서 삶의 역량을 통해 삶의 질을 평가하는 것이 보다 바람직하다는 것이 삶의 역량 접근의 요체이다.

3. 행복의 측정에 대한 논의

행복을 연구하는 데 연구자들이 직면하는 가장 어려운 문제 중의 하나는 행복을 어떻게 측정할 것인지이다. 행복은 눈에 보이지 않으며 다분히 주관적이고 상대적일 뿐 아니라 과학의 대상이라고 할 수 있는 사실의 영역이 아닌 감정의 영역에 속해 있어 여러 가지 측정 문제를 야기한다. 이러한 이유로 경제학에서는 행복이 오랫동안 과학적 연구 대상으로 간주되지 않았으며, 심리학에서는 행복을 측정하는 데 뇌파 같은 객관적 생리 신호를 사용하는 접근이 사용되기도 하였다.[6)]

---

6) 최근의 심리학 연구들은 행복이 단순한 객관성이 결여된 주관적 심리상태가 아니라 뇌의 특정 영역의 활동과 직접 연관되어 객관적인 측정이 가능한 현상임을 보

행복의 측정과 관련하여 지난 반세기 동안의 흐름은 크게 두 갈래로 구분할 수 있다. 우선 첫째는 주관적 행복을 가져다 줄 수 있다고 여기는 물리적 조건에 초점을 맞춘 접근이다. '좋은 삶(good life)이란 무엇인가'라는 질문에 천착하는 이러한 접근은 소득, 소비, 교육, 주거 행태 등 물리적 환경을 삶의 투입으로 보고 행복은 이를 통해 달성되는 산출이라고 간주한다. 투입을 중심으로 행복을 측정하려는 접근은 따라서 어떤 투입이 좋은 삶으로 이어지는지 고민하고 그 해답에 따라 행복에 대한 측정을 달리한다. 이러한 노력의 출발점은 1930년대에 오그번(Ogburn, 1935; Ogburn & Jaffe, 1936)을 중심으로 시작된 삶의 질의 지표에 대한 연구들로부터 찾을 수 있으며, 이는 1960년대에 붐을 이뤘던 삶의 질 중심의 행복 연구로 이어졌다. 특히 앞에서 언급한 센의 역량이론의 영향으로 건강이나 교육과 같은 개인수준의 요인뿐만 아니라 민주주의, 자유, 사회자본, 노동환경 등 사회수준의 요인들도 좋은 삶의 중요한 지표로 행복 연구에 폭넓게 사용되고 있다.[7]

여주었다(Kahneman, 1999). 행복에 대한 기존의 주관적 평가는 얼마나 시간이 흐른 시점에서 삶을 평가하느냐에 따라 평가가 달라지는 'memory bias'로 인하여 정확성에 대한 비판을 많이 받았다. 따라서 행복의 측정을 위해 뇌파를 사용하는 이러한 생리학적 접근은 행복에 대한 주관적 평가에 비하여 척도의 정확성, 신뢰성이라는 측면에서 진일보했다고 할 수 있다.

7) 삶의 질과 행복 간에는 개념적 중복이 상당 부분 존재하며, 따라서 두 개념을 명확히 정의하고 차이점을 구분하는 것이 필요하다. '삶의 질'이라는 표현에 이미 함축적으로 좋다 혹은 나쁘다의 가치평가가 담겨 있으며, 삶의 질이 우수한 좋은 삶은 결국 행복한 삶이라고 볼 수 있으므로 암묵적으로 삶의 질 연구에서 도출된 좋은 삶과 행복을 연결 지으려는 경향이 자연스럽게 존재한다. 그러나 개념적으로 삶의 질 개념은 개인의 전반적인 안녕과 직접적으로 연관되는 보다 포괄적인 개념이라고 볼 수 있다. 예를 들어 빈호벤(Veenhoven, 2000: 2001)은 삶의 질의 영역을 ① 삶의 환경과 관련된 부분(주거환경과 같은 물질적 자원 및 민주주의, 자유와 같은 제도적 자원), ② 삶의 기능과 관련된 부분(건강, 지적능력 등 독립된 개

행복의 요체가 만족감이라는 개념으로 대변되는 개인의 주관적 감정임에도 불구하고 투입을 중심으로 행복을 측정하려 하는 이러한 접근은 두 가지 측면에서 정당화될 수 있다. 우선 주관적 감정의 영역에 치우친 행복의 측정이 가져올 수 있는 문제점이다. 앞에서도 언급하였듯이 제3세계 여성들에게서 많이 볼 수 있는 현상으로 객관적인 삶의 조건이 열악함에도 불구하고 삶에 체념적으로 만족하는 경우가 있는데, 이는 진정한 의미의 행복이라고 하기엔 거리가 있다. 이러한 체념적 만족은 실제 경험의 부재로 현실을 제대로 인식하지 못함으로 해서 나타나는 경우가 많다. 예를 들어 여성에 대한 정규교육이 없는 사회라면 교육의 직접 경험이 없는 당사자들이 그 의미를 제대로 인식하기 어려우며, 따라서 교육의 부재라는 현실을 큰 저항 없이 당연하게 받아들이려는 경향이 생길 수 있다는 것이다. 그러나 이러한 상황은 타타르키비츠(Tatarkiewicz, 1976)가 행복을 '정당화될 수 있는 삶의 만족'이라고 정의하면서 비판했던 인식의 오류로 발생하는 행복의 잘못된 이해의 대표적인 유형이다. 즉 인식의 오류로 인해 느끼는 주관적 만족감은 행복이라고 할 수 없으며, 이런 경우 행복의 측정을 위해서는 좀 더 객관적인 접근이 요구된다.

투입을 중심으로 한 행복의 객관적 측정은 전통적인 경제이론의 틀을 통해서도 정당화될 수 있다. 주류 소비자이론은 개인이 느끼는 만족감을 '효용'이라는 개념으로 정의한다. 만족감 혹은 효용이 개인의 감정의 영역에 속하는 개념임에도 불구하고 실증주의에 영향을 많이 받은 경제학은 효용의 측정을 위하여 개인에게 직접 묻는 방법이

인으로서 삶을 영위하기 위해 필요한 역량), ③ 삶의 결과와 관련된 부분(삶을 영위하면서 느끼는 주관적 만족감)으로 구분하고, 행복을 ③과는 직접적으로 중복되지만 ①, ②와는 간접적으로 연관되는 개념으로 정의하고 있다.

아닌 다소 우회적인 방법을 사용한다. 개인의 효용이 재화나 용역의 소비활동에 직접 영향을 받는다는 가정 하에 객관적으로 관찰할 수 없는 효용을 직접 측정하기보다는 눈에 보이는 개인의 소비행태로 효용을 추론하는 것이다. 감정의 영역에 속하여 과학의 대상이라고 할 수 없는 만족감을 직접 측정하기보다는 객관적으로 관찰가능한 개인의 소비 의사결정을 통해 만족감을 측정하는 것이 보다 과학적 접근이라는 것이 전통적인 경제학의 기본 입장이라고 할 수 있다(Frey & Stutzer, 2002b). 따라서 비슷한 맥락에서 투입을 중심으로 한 행복의 객관적 측정은 경제학적 접근에 잘 부합된다고 할 수 있다.

이같이 투입을 중심으로 하여 행복을 측정하는 가장 대표적인 지표로는 유엔 개발 계획(United Nations Development Program, 이하 UNDP)에서 발표하는 인간개발지수(Human Development Index, 이하 HDI)와 레가툼 연구소(Legatum Institute)가 발간하는 레가툼 번영지수(Legatum Property Index, 이하 LPI)를 들 수 있다. HDI는 센의 역량이론을 바탕으로 개발되었으며, 예상수명, 교육정도, 소득수준에 기초하여 개별 국가들의 행복수준을 측정한다. LPI 또한 교육, 안전, 건강, 자유, 사회적 자본 등의 삶의 환경을 중심으로 개별 국가의 행복수준을 평가한다. 개별 지표들에 대한 보다 상세한 설명은 3장에서 다룬다.

한편 행복을 측정하는 또 다른 흐름은 삶의 환경이 만들어 내는 산출물로서 행복을 직접 관찰하려는 접근이다. 이러한 접근의 가장 오래된 형태는 벤담이나 에지워스가 정의한 행복에서 찾을 수 있는데, 이들에 따르면 행복이란 개인이 매 순간 느끼는 주관적 효용의 총합(the temporal integral of momentary utility)으로 정의된다(Kahneman & Krueger, 2006). 카너만 외(Kahneman et al., 1997) 등은 이와 같은 효용을 경험적 효용(experienced utility)이라고 표현하였으며, 이를 측정하기 위하여 주어진 기간 동안 주기적으로 그 순간에 느끼는 쾌락이나 고통의 정도를 기록하는 경험샘플법(experience sampling method)을 개발하여 폭넓게 활용하였다(Csikszentmihalyi, 1990).

심리학을 중심으로 전개된 이러한 접근의 대표적인 예는 앞 절에서도 소개한 바 있는 주관적 안녕(subjective well-being) 개념을 들 수 있는데, 이는 행복을 개인의 긍정적 혹은 부정적 감정 상태(positive and negative affect: 정서적 측면)와 삶에 대한 주관적 평가(인지적 측면)라는 세 가지 차원으로 구분하여 측정한다(Diener, Suh, Lucas, & Heidi, 1999). 이 중 긍정적인 감정은 흔히 즐거움, 만족감, 행복감, 자존감 등의 정도로 부정적인 감정은 슬픔, 우울감, 수치심, 죄책감, 분노 등의 정도로, 측정되며, 삶에 대한 주관적 평가는 과거, 현재, 미래 삶에 대한 만족도 등으로 흔히 평가된다. 즉 주관적 안녕으로 대표되는 행복은 하나의 단순 개념이 아니라 여러 현상이 혼합된 일종의 복합개념이며, 따라서 이에 대한 측정도 단일척도가 아닌 다양한 현상을 대변할 수 있는 복합적인 척도의 성격을 가진다는 것이다.

주관적 안녕에 대한 측정을 이 같이 정서적 측면과 인지적 측면으로 나누는 배경에는 중요한 이유가 존재한다. 주관적 안녕을 현재 시점의 심리적 상태로 측정하는 경우와(정서적 평가) 과거에 대한 평가로(인지적 평가) 측정하는 경우 결과가 달라진다는 문제점이 존재하며, 따라서 어느 한 쪽 측면에 치우칠 경우 개인의 주관적 안녕을 정확히 측정하지 못하게 된다. 카너만(Kahneman, 2005)은 대부분의 주관적 안녕에 대한 측정이 "당신의 삶에 전반적으로 얼마나 만족하십니까?" 같은 인지적 측면의 평가에 초점이 맞춰져 있음을 지적하고, 이같이 과거 경험에 대한 인지적 평가에 기초한 의사결정에는 편의(bias)가 개입할 가능성이 있음을 경고하였다. 예를 들어 추위나 더위 등으로 고생하는 지역에 살고 있는 동안에 해당 지역에 대한 평가와 과거 그 지역에 살았던 기억을 바탕으로 한 평가는 달라질 수 있으며, 후자의 경우 과거 경험의 가장 마지막 순간의 영향을 지나치게 크게 받는 경향이 있다는 것이다.[8)]

한편 주관적 안녕에 관한 연구들이 행복의 주관적 측면 중 hedonic한 부분에 대한 측정에 주로 초점을 맞췄다면 eudaimonic한 부분의 측정에 초점을 맞춰 행복을 측정하려는 연구들도 존재한다. 앞에서 언급했던 긍정심리학의 심리적 안녕(psychological well-being) 개념이 바로 그것이다. 리프와 키이스(Ryff and Keyes, 1995a), 라이언과 디시(Ryan and Deci, 2000a), 셀리그먼(Seligman, 2002) 등이 대표적인 예인데, 이들은 주관적 측면의 행복을 단순한 만족감보다는 삶의 목적, 성장과 자아실현, 긍정적 혹은 낙관적 경향 등을 중심으로 측정하였다. 특히 리프와 싱어(Ryff and Singer, 2008)는 긍정심리학의 이론적 배경을 제공하고 있는 아리스토텔레스의 논의와 최근의 임상심리학의 연구 결과를 종합하여 eudamonic한 행복의 6개 핵심 영역을 자율성, 자기긍정, 삶의 목적, 환경에 대한 통제, 긍정적 관계, 개인의 성장으로 정의하고 각각의 영역을 평가할 수 있는 지표를 위긴스(Wiggins, 1980)가 제시한 "성격 평가에 대한 개념 중심적 접근(construct- oriented approach to personality assessment)"을 활용하여 개발하였다.[9)] 흥미로운 점은 행

8) 이러한 이유로 우리나라에서 시행되고 있는 사회조사에서도 많은 경우 정서적 평가와 인지적 평가가 나뉘어 이뤄진다. 노동패널의 경우에는 정서적 평가 항목 없이 인지적 평가가 주로 이뤄지고 있지만 통계청사회조사와 한국종합사회조사에서는 최근 들어 두 가지 평가가 동시에 이뤄지고 있다. 특히 한국종합사회조사의 경우 2007년 조사에서부터 두 개념을 나누고 있는데, 인지적 평가 문항에 단순히 삶에 대한 만족도나 행복감을 평가하는 hedonic한 질문뿐 아니라 삶의 의미에 대해서 평가하는 eudaimonic한 질문도 포함하고 있어 학술적인 연구에서 잠재적 활용도가 매우 높다.

복을 hedonic한 측면에서 측정하느냐 혹은 eudaimonic한 측면에서 측정하느냐의 결과가 그리 큰 차이를 보이지 않는다는 점이다. 키어(Keyer, 2002) 등은 미국 성인들을 대상으로 한 설문을 통해 심리적 안녕 개념에 기초한 행복지수를 주관적 안녕 개념에 기초한 삶의 만족도 지수와 비교하여 둘의 상관관계가 매우 높음을 경험적으로 보여주었다. 이러한 결과는 행복의 주관적 평가의 기초가 되는 두 가지 접근(hedonic vs. eudaimonic)이 개념적으로는 뚜렷하게 독립된 성격을 가지지만 실제 측정에서는 상당 부분 중첩됨을 의미한다.

4. 행복의 결정요인에 대한 논의

본 연구는 국가 간 횡단면 분석에서 왜 소득과 행복 간에 뚜렷한 연관성이 나타나지 않느냐는 이스털린의 질문으로부터 출발하였다. 그러나 이러한 질문이 소득과 행복 간에 관련이 전혀 없다는 것을 의미하는 것은 아니다. 많은 선행연구는 소득이 행복에 영향을 끼치는 중요한 결정요인이기는 하지만 영향의 정도가 기대만큼 크지 않다는 점을 지적하였다(Diener, Sandvik, Seidlitz, & Diener, 1993; Inglehart, 1997). 실제로 1인당 소득 기준 상위 30개국을 대상으로 소득과 행복수준의 상관관계를 살펴보면 0.6 남짓으로, 이는 행복의 전체변량 중 소득으로 설명되는 부분이 절반에도 미치지 못함을 의미한다(구교준, 임재영 &

---

9) 위긴스의 접근법은 각각의 영역이 가장 높은 경우와 낮은 경우를 서술하는 다수의 문장을 만들어 내적타당성과 신뢰성이 높은 문장을 중심으로 평가지표를 구성한다. 예를 들어 자기긍정은 ① 자기 자신에 대하여 긍정적인 태도를 가짐, ② 자신의 장점과 단점을 모두 포용하여 인정함, ③ 과거 자신의 삶을 긍정적으로 평가함 등의 항목으로 이뤄진다. 이후 평가는 각 영역 별로 3점 척도에서 20점 척도까지 다양한 범위를 활용하여 이뤄진다.

최슬기, 2014). 즉 국가 간 행복수준의 비교 분석에서 설명되지 않는 부분은 소득 이외에 다른 개인적 사회적 요인들을 통해 채워져야 한다.

행복의 결정요인에 대한 기존 논의들은 행복의 정의에 대한 논의만큼 깊은 뿌리를 가지고 있지는 못하다. 그도 그럴 것이 행복을 어떻게 정의할지 동의가 없으면 결정요인을 논의하는 것 자체가 어려워지기 때문이다. 따라서 행복의 결정요인에 대한 논의는 행복을 정신적 육체적 쾌락을 바탕으로 한 주관적 만족이라고 정의한 심리학의 쾌락심리학이나 경제학의 효용 개념이 등장한 이후에 본격적으로 시작되었다고 해도 과언이 아니다. 행복의 결정요인에 대한 연구는 크게 개인적인 요인과 국가사회적인 요인에 대한 연구로 나뉘는데 개인적인 요인에 대한 연구는 주로 심리학과 경제학을 중심으로, 그리고 국가사회적인 요인에 대한 연구는 정치학과 사회학을 중심으로 이뤄져 왔다.

1) 개인적 수준의 결정요인

개인 수준에서 행복에 영향을 끼치는 요인에 대한 탐구는 나이, 성별, 유전자 같은 개인의 생물학적 특성으로부터 출발할 수 있다. 우선 많은 선행연구에서 다른 변수의 영향을 통제할 경우 대체로 40세 정도까지는 행복수준이 하락하지만 그 이후 완만하게 상승하여 행복과 나이가 완만한 U자형 관계를 가지고 있음을 보여 주었다. 또한 평균적으로 여성의 행복수준이 남성보다 다소 높은 것으로 보고되었다(Easterlin, 2001). 특히 흥미로운 점은 유전적 특성의 영향인데, 리켄(Lykken, 1999)은 일란성 쌍둥이들의 행복수준이 다른 환경에 처해 있을지라도 이란성 쌍둥이들보다 훨씬 유사하다는 것을 보여줌으로써 유전적 요인의 중요성을 입증하였다.

한편 개인이 자신의 삶을 영위할 수 있는 능력에 관한 변수로서 행복의 결정요인으로 많은 선행연구가 지적하고 있는 핵심 변수로는 소득, 건강, 교육의 세 가지를 꼽을 수 있으며, 이들 변수는 UNDP이 발표하는 HDI의 핵심 지표로도 사용되고 있다(Hopkins, 1991). 우선 첫째로 소득의 영향에 관한 연구는 소득의 증가가 소비의 증가를 의미하고 이는 곧 소비를 통한 효용증대를 의미하므로, 전통적인 경제이론의 틀 안에서 소득이 행복에 미치는 긍정적인 영향을 중심으로 한 연구가 이뤄졌다. 특히 이러한 경향은 한 국가 내에서 특정 시점에 개인의 소득과 행복수준에 대한 연구에서 뚜렷하게 보고되었다(Diener et al., 1993; Easterlin, 2001). 그러나 이스털린(Easterlin, 1995)을 비롯한 몇몇 학자들이 이러한 경향성이 동일한 국가의 시계열 자료에서는 관찰되지 않음을 보여줬다(Blanchflower & Oswald, 2004; Myers, 2000). 즉 시간이 지나면서 한 국가의 평균소득이 증가하여도, 전반적인 삶의 만족도는 큰 변화를 보이지 않는다는 것이 이들 연구를 통해 보고되었다. 또한 국가 간 실증연구에서도 소득이 높아질수록 소득과 행복수준 간의 상관관계가 점차 줄어드는 현상도 여러 연구에서 관찰되었다(Frey & Stutzer, 2000b; Lane, 2000).

소득과 행복의 이러한 역설적 관계를 설명하기 위하여 경제학과 심리학의 경계선상에서 고전경제학의 효용이론 틀을 깨려는 시도가 이뤄졌다. 고전경제학의 효용이론에 의하면 나의 효용은 나의 소비로 결정되며, 따라서 나의 소득이 나의 주관적 안녕을 결정하는 핵심 요인이 된다. 즉 나의 효용 수준은 다른 사람의 소득과 소비로부터 독립적으로 결정된다. 그러나 행복을 연구하는 경제학자와 심리학자들은 다른 사람과 끊임없이 비교하는 개인의 성향에 주목하고 행복의 결정 요소로서 절대소득이 아닌 상대소득의 중요성에 관심을 기울이기 시작하였다(Clark et al., 2008; Clark & Oswald, 1998; Frank, 2005; Stutzer, 2004). 이 연구에 의하면 행복은 개인의 절대적 소득수준뿐만 아니라 다른 사람들과 비교했을 때의 상대적 위치에 의해서도 중요하게 영향을 받는다는 것이다.[10] 이러한 접근은 바로 시계열 자료에서 나타나는 소득과 행복 간의 역설적 관계를 어느 정도 설명해 준다. 모든 사람의 소득이 동일한 수준으로 상승하면 상대소득에는 변화가 없으므로 소득이 증가하더라도 행복수준에 크게 영향을 미치지 못한다는 것이다. 상대소득의 영향에 대한 연구의 연장선상에서 사회적 불평등이 행복에 부정적인 영향을 끼친다는 연구도 최근에 자주 등장하고 있다(Alesina, Tella, & MacCulloch, 2004; Graham & Felton, 2006; Hopkins, 2008). 그러나 상대소득의 중요성에 대해서도 많은 반론이 제기되고 있다. 예를 들어 빈호벤과 아우위넬(Veenhoven and Ouweneel, 1995), 클락(Clark, 2003) 등은 소득불평등과 행복 간의 관계가 기존의 믿음과는 달리 그다지 뚜렷하지 않음을 국가 간 비교 연구와 설문자료 분석을 통해 보여주었다. 이는 상대소득이 행복에 끼치는 영향도 절대소득이 행복에 끼치는 영향만큼이나 뚜렷하지 않음을 의미하며, 향후 소득과 행복 연구의 방향성에 중요한 시사점을 제공한다.

한편 행복의 결정요인으로서 소득의 파생 변수로서 많이 연구되어 온 요인으로 일(work)을 들 수 있다. 그러나 불확실하고 애매한 부분이 존재하는 소득과 행복의 관계와는 달리 일의 유무는 행복에 결정

10) 상대적인 지위가 행복에 영향을 끼치는 현상은 소득 분야에서만 관찰되는 현상은 아니다. 교육이나 전반적인 사회적 지위의 상대적 수준도 행복수준에 영향을 끼친다고 보고된 바 있다. 심지어 인간과 유사하게 집단생활을 하는 원숭이들을 대상으로 한 실험에서도 집단 내의 상대적 지위가 높을수록 긍정적인 감정을 느끼는 것으로 나타났다(Brammer, Raleigh, & McGuire, 1994).

적인 영향을 끼친다는 것이 일관된 연구 결과이다(Frey & Stutzer, 2002a). 예를 들면 클락과 오스왈드(Clark and Oswald, 1994)는 실업이 행복수준에 미치는 부정적인 영향은 이혼이나 친지의 죽음과 같은 개인적 상실과 비슷한 수준임을 보여주었다. 이러한 결과는 단순히 실직으로 인한 소득 하락으로 인한 것이 아니며, 각종 사회보장제도를 통해 소득 하락 분이 상당 부분 메워진 이후에도 유사하게 나타났다. 이는 소득이 행복에 끼치는 영향력이 절대적이 아님을 다시 한 번 보여줌과 동시에, 일을 통해 얻는 심리적 만족감의 원천이 소득 이외에 일을 통한 성취감이나 직장에서 사람들과의 관계 속에 있음을 암시한다.

둘째, 행복 결정요인으로서의 건강은 육체적 건강뿐 아니라 정신적 건강도 의미한다. 정신적 건강이 가지는 중요성은 심리학 분야에서 많이 다뤄졌다(Diener & Diener, 1995; Diener & Lucas, 1999). 특히 흥미로운 점은 유전적으로 결정되는 정신적인 상태 혹은 긍정적인 성격이 개인의 행복수준에 매우 중요한 영향을 미친다는 것이다. 동적균형이론(dynamic equilibrium theory)이라고 불리는 이론에 의하면 개인은 유전적으로 타고난 절대적 행복수준이 있고 소득이나 일 같은 외부적인 요인은 절대적 행복수준에 일시적인 영향을 미칠 수는 있어도 이를 영구히 바꾸지는 못한다고 한다(Headey & Wearing, 1989). 한편 수브라마니안 외(Subramanian et al., 2005), 게르트함과 요하네슨(Gerdtham and Johannesson, 2001) 등도 평균적인 건강수준이 행복수준과 밀접한 연관이 있음을 보여주었다. 하지만 흥미롭게도 건강수준의 변화가 행복에 끼치는 영향은 유전적으로 프로그램된 개인의 절대적 행복수준의 항상성을 뛰어넘을 만큼 크지는 않은 것으로 보인다. 예를 들어 몇몇 연구에서는 불의의 사고로 몸의 일부를 잃은 경우에도 사고 직후의 행복수준은 이전과 비교하여 많이 낮아지지만 수년 안에 사고 이전 수준의 행복수준으로 회복됨을 보여준 바 있다(Brickman, Coates, & Janoff-Bulman, 1978).

셋째, 행복의 결정요인으로서 교육의 영향은 다른 두 변수만큼 뚜렷하지 않다. 특히 정규교육이 행복에 의미 있는 기여를 하지 못하다는 연구결과는 쉽게 찾을 수 있다(Furnham & Cheng, 2000; Hartog & Hessel, 1998; Veenhoven, 1996). 이러한 결과는 개인의 비교성향과도 연관된 것으로 보이는데, 모두가 거의 동일하게 받는 정규교육은 개인의 상대적 지위의 향상과는 거의 관련이 없으며, 따라서 행복에 크게 기여하지 못하는 것으로 해석할 수 있다. 흥미로운 사실은 교육의 개념을 보다 폭넓게 정의해서 기본 정규학교 교육뿐 아니라 일반인에 대한 고등교육, 직업교육, 취미교육 등을 포함하게 되면 행복수준에 의미 있는 영향을 미치는 것으로 나타난다는 점이다(Hartog & Hessel, 1998; Michalos, 2008). 이러한 연구 결과는 교육의 성격 측면에서 해석이 가능하다. 정규교육 이외 교육의 특징에서 그 이유를 찾을 수 있다. 고등교육이나 직업교육, 취미교육은 모두 스스로의 필요 혹은 배움에의 욕구로 인해서 추구하는 교육이라는 점에 주목할 필요가 있다. 이러한 교육을 통해 얻는 행복은 hedonic하기보다는 eudaimonic한 성격을 가질 것이고, eudaimonic한 성격의 만족감은 상대적인 비교의 영향을 덜 받는다. 다른 사람과의 비교가 아닌 배움 그 자체로서 행복감을 느낄 수 있도록 해주는 것이다.

2) 사회적 수준의 결정요인

사회적 수준에서 행복의 결정요인에 대한 연구는 민주주의, 자유, 정치안정, 사회적 규범과 같은 정치 사회적 환경을 대상으로 가장 많이 이루어졌다. 이러한 연구는 주로 정치학 분야에서 진행되었는데, 그중에서도 특히 민주주의(Dorn, Fischer, Kirchgassner, & Sousa-Poza, 2007; Frey & Stutzer, 2000a)와 자유(Inglehart, Foa, Peterson, & Welzel, 2008; Veehoven, 2000; Veenhoven, 2003)가 행복에 미치는 영향에 대해 많은 논의가 이뤄지고 있다. 우선 민주주의가 행복에 미치는 긍정적인 영향에 대해서는 민주적인 정치체제 하에서 중요한 의사결정이 국민들의 선호를 보다 더 잘 반영하기 때문이라고 흔히 해석한다. 또한 자유는 민주주의의 중요 요소로서 국민의 전반적 행복수준과 밀접한 관련이 있음은 여러 연구에서 실증적으로 증명되었다(Veenhoven, 2000). 예를 들어 브륄르와 빈호벤(Brule and Veenhoven, 2014)은 여러가지 측면에서 유사한 핀란드와 프랑스의 행복수준이 차이가 나는 이유를 프랑스에 비하여 핀란드 사회의 심리적 자유 수준이(개인이 원하는 바를 심리적인 부담 없이 얼마나 자유롭게 선택할 수 있는지) 더 높다는 점에서 찾고 있다. 이같이 개인이 자신이 선호하는 정치적 경제적 사회적 선택을 할 수 있는 자유는 센(Sen, 1980)이 강조한 삶의 역량 개념과 밀접하게 관련되며, 행복방정식에서 개인의 자유가 가지는 역할에 보다 면밀한 검토가 요구된다.

정치 사회적 환경의 하나로서 중요한 행복 결정요인으로 연구되는 또 다른 주제로는 정치적 안정성을 들 수 있다. 정치적 안정성이 가지는 중요성의 좋은 예로는 1962년 도미니카의 사례를 들 수 있는데, 당시 현직 대통령 암살을 계기로 엄청난 정치・사회적 혼란을 겪으면서 도미니카 국민의 삶의 만족도 수준은 10점 만점에 1.6점으로 도미니카 역사상 가장 낮은 수치를 기록했다(Frey & Stutzer, 2002a). 비슷한 예로 잉글하트(Inglehart, 2009)는 유럽의 구공산권 국가들에 대한 연구를 통해 민주주의가 이뤄지더라도 정치사회적 안정성을 확보하지 못하면 민주화된 정치체제가 행복수준에 미치는 영향이 미미함을 보였다. 또한 렐케스(Lelkes, 2006)도 1990년대에 상대적으로 낮았던 동유럽 국가들의 행복수준은 당시 그들이 겪었던 정치 사회적 변동에 크게 기인함을 보여주었다. 유사한 맥락에서 여러 연구(Tella et al., 2003; Pacek and Radcliff, 2008a; 2008b)들도 잘 짜인 사회안전망이 개인 삶의 변동성을 줄여 행복에 긍정적으로 영향을 줄 수 있다고 주장하였다.

이 밖에도 기존 많은 연구에서 한 사회의 행복수준 결정에 사회적 신뢰가 중요한 역할을 할 수 있음을 지적하였다. 본 연구의 출발점이 되었던 이스털린 패러독스의 해답을 사회적 신뢰수준의 변화에서 찾는 연구들도 있는데(Fukuyama, 1995; Putnam, 1993), 이들 연구에 의하면 미국 국민들의 정부를 포함한 사회 전반에 대한 신뢰도는 1960년대 이후 지속적으로 하락하여 왔으며 이러한 사회적 신뢰의 상실이 행복수준에 부정적인 영향을 끼쳤다는 것이다. 비슷한 맥락에서 비외른스코프(Bjornskov, 2008)는 미국의 48개 주를 대상으로 한 분석에서 사회적 신뢰 상실과 행복의 연관성을 보여주었다.

사회 전반적인 신뢰의 하락과 행복의 관계는 미국뿐 아니라 아시아 및 유럽 국가들에 대한 연구에서도 보고된 바 있는데, 도쿠다 외(Tokuda et al., 2010)도 아시아 29개국에 대한 설문조사를 바탕으로 사회적 신뢰 수준이 높은 사회의 평균적 국민 행복수준이 그렇지 않은 사회보다 높다는 사실을 보여주었다. 또한 허드슨(Hudson, 2006)은 유럽 15개국의 일반인을 대상으로 한 설문조사를 바탕으로 국민들의 평균적인 행복수준이 정부와 입법, 사법기관 등 공공부문 제도에 대한 신뢰수준에 직접 영향 받는다는 것을 보여주었다. 비슷한 맥락에서 한 사회의 전반적인 부패 정도가 사회적 신뢰 수준에 부정적인 영향을 미쳐 행복수준을 낮출 수 있다는 연구 결과도 제시되고 있다(Welsch, 2008).

우리나라의 맥락에서 시사점이 있는 연구로는 비교성향과 협력에 관한 연구를 들 수 있다. 일반적으로 집단주의 성향이 강한 동아시아 국가들은 타인과 비교하는 경향이 강한데(White & Lehman, 2005), 우리나라도 예외는 아니어서 비교성향을 평가하는 최근의 도박 실험은 한국인이 미국인에 비하여 자기 몫뿐 아니라 경쟁자와 비교한 상대적인 몫에 훨씬 더 많은 관심을 기울인다는 것을 보여주었다(Kang, Lee, Choi, & Kim, 2013). 또한 김과 오타케(Kim and Ohtake, 2014)에 의하면 이같이 비교성향이 높은 사회일수록 돈과 지위와 같은 hedonic한 요인들이 중시되고 그에 반하여 전반적인 행복감은 소득에 비하여 상대적으로 낮은 편인 것으로 나타났다. 즉 이러한 연구들은 우리 사회의 행복수준이 소득을 비롯한 물리적 환경에 비하여 전반적으로 낮은 이유를 우리 사회가 가지는 지나친 비교성향에서 찾고 있는 것이다. 또한 루와 아가일(Lu and Argyle, 1991)은 서로 돕는 협력이 행복에 중요한 영향을 끼치는 요인임을 보여주었다. 이들의 연구도 지나친 경쟁으로 인하여 협력의 의미가 점점 사라지고 있는 우리 사회에 중요한 시사점을 준다고 할 수 있다.

한편 이같은 정치 사회적 환경 이외에 물리적 환경에서 행복 결정요인을 찾는 연구들도 다수 존재한다. 예를 들어 몽고메리(Montgomery, 2013)는 아파트 같은 획일화된 주거 공간보다는 녹지와 열린 공간이 포함된 다양성이 보장된 주거 환경에서 거주자의 만족도와 행복감이 더 높다는 여러 사례들을 보여주었다. 이러한 연구 결과는 개인의 성향이나 사회적 환경 이외에 도시 디자인과 같은 물리적 환경도 개인의 행복수준에 중요한 영향을 끼칠 수 있음을 시사한다. 다만 이러한 물리적 환경이 행복수준에 미치는 영향은 신뢰나 인간관계 같은 사회적 환경을 통해 매개된다. 예를 들어 녹지와 열린 공간이 삶의 만족도 향상에 중요한 요인으로 부각되는 이유는 이러한 물리적 환경이 사람들간의 상호작용을 촉진하고 이를 통해 긍정적인 사회적 관계와 신뢰 구축으로 이어질 수 있기 때문이다.

제 3 장

행복의 국가 간 비교 및 우리나라의 행복수준

제3장 행복의 국가 간 비교 및 우리나라의 행복수준

본 장에서는 행복과 삶의 질을 측정하기 위해 사용되는 다양한 데이터베이스를 소개하고 이를 통해 세계 주요 국가들의 소득과 행복수준을 비교 분석해 본다. 그리고 우리나라의 전반적인 행복수준을 평가하기 위해 통계청 사회조사 자료를 중심으로 성별, 연령, 직업, 직종에 따른 행복도의 차이를 살펴본다. 이를 통하여 개별 자료들이 보여주는 한국의 행복수준에 대한 기초적인 이해에 도움이 되리라 기대한다. 또한 사회조사 자료 분석은 한국 사회가 갖는 행복에 관련된 여러 특징적인 면을 보여주고 연구문제 제기 차원에서 가설적인 설명을 제공할 수 있을 것이다.

1. 행복의 국가 간 비교를 위한 데이터베이스

행복 / 삶의 질 측정하는 주관적 지표로는 세 가지 변수가 주로 측정된다. 가장 흔한 것은 주관적인 행복감에 대한 평가를 묻는 것이다. 즉 "귀하의 생활을 고려할 때, 전반적으로 얼마나 행복 또는 불행하다고 생각하십니까?"처럼 질문하는 것이다.[1] 이때 질문에는 행복감

1) 예시로 사용된 문항은 2012년도 한국종합사회조사에서 쓰였다.

(happiness)을 묻기도 하고, 삶의 만족도(life satisfaction)를 묻기도 한다. 응답척도로는 4점 내지 5점의 리커트 척도가 흔히 사용된다. 세계갤럽조사(Gallop World Poll, 이하 GWP)에 사용된 사다리형 척도(Cantril ladder)는 행복감의 정도를 보다 세분해서 측정할 수 있도록 "가장 만족하다"에서부터 "가장 만족하지 못하다"를 10점 척도로 구성해서 보여준다.

또 다른 측정지표는 행복과 관련된 여러 가지 감정의 경험 유무를 묻는 것이다. 부정적인 감정과 긍정적인 감정은 각각의 작용 매커니즘이 다르다고 알려졌기 때문에 이를 구분해서 묻는 것이 보편적이다(Andrew & Withey 1976; Diener 1984). 예를 들어 2013년 통계청 사회조사에서는 "귀하는 어제 하루동안 다음과 같은 감정을 느끼셨습니까?"라고 묻고 즐거움, 평온함, 걱정스러움, 슬픔을 정서경험으로 제시하였다. 응답척도로는 경험유무에 대한 예/아니오 2점 척도가 많이 쓰인다.

마지막 주관적 지표로는 자아실현감 내지 삶의 의미(eudaimonic well-being)를 묻는 것이다. 행복감 내지 만족감 중심으로 평가하거나 일상에서 느끼는 정서경험보다는 삶을 얼마나 의미 있게 여기는지가 중요하다고 본 것이다.

이 세 가지 지표는 모두 응답자가 주관적으로 느끼는 행복의 정도를 측정한다는 점에서 공통적이다. 하지만 각각이 측정하는 평가 영역에서는 차이가 나타난다. 행복감/삶의 만족도의 평가는 자신의 삶을 일반화하여 측정한 것이다. 감정경험은 특정 시점에서 느낀 감정의 유무를 측정한 것이다. 자아실현감은 보다 고차원에서 삶의 의미를 평가하는 것이다. 평가 영역에서 차이가 나므로 위 세 가지 지표는 행복의 하위 영역에서 서로 구분되는 개념을 측정한다고 볼 수 있다. 그런데 위 세 가지 중 하나만 측정해야 한다면 무엇을 골라야 할까? OECD는 2013년 보고서(OECD, 2013)에서 행복감 / 삶의 만족도에 대한 평가를 가장 중요한 지표로 추천하고 있다. 이 지표가 한 사회의 복지수준과 관련성이 높고, 가장 흔하게 측정됨으로써 시계열이나 국제비교에 용이하다는 장점이 있기 때문이다. 참고로 삶의 의미는 감정 경험보다는 삶에 일반적인 평가 내지 행복감 지표와 상관관계가 더 높다고 알려져 있다(Moller, Huschka, & Michalos, 2008).

행복 혹은 삶의 질과 관련된 국가 간 비교 연구에 흔히 활용되어 온 기존의 데이터베이스는 크게 설문조사를 기반으로 구축된 주관지표와 여러 가지 객관적 실증자료를 종합하여 구축된 객관지표의 두 가지로 나눌 수 있다. 먼저 설문조사를 바탕으로 구축된 주관지표의 대표적인 예로는 GWP를 들 수 있다. GWP는 세계 160개국에서 140여 개 언어로 해당국을 대표할 수 있는 샘플을 대상으로 매해 전화 내지 대면면접을 통해 조사가 이루어진다. 샘플 크기는 국가별로 적어도 1,000명을 조사하는 것을 원칙으로 하나 경우에 따라 다르기도 하다. 중국이나 러시아의 경우엔 2,000명 이상을 조사한다. GWP는 대표적인 주관지표로서 삶의 만족도에 대한 응답자의 주관적인 10점 척도의 응답 내용에 기초하고 있으며 응답자가 현재시점에서 인지하고 있는 삶의 질적인 수준과 향후 미래 시점에서 예상되는 삶의 질 수준에 대한 응답을 토대로 산정된다. 2013년 조사를 기준으로 한국의 행복도는 사다리형 척도로 5.96으로 집계되었고 이는 세계 156개국 41위 수준이다. OECD 국가들로만 한정한다면(2010~2012년도 자료) 34개국 중 24위에 해당한다. 행복순위에서 한국 바로 위의 국가로는 칠레, 스페인, 체코가 있고 바로 밑에는 일본, 슬로바키아가 있다. GWP 자료를 분석한 세계 행복 보고서(Helliwell, Layard, &

Sachs, 2013)는 한국인의 주관적인 행복감 평가는 소득수준이 예측한 수준에 맞춰서 나타나고 있다고 설명한다. 즉 OECD 국가들 중 하위권에 속하지만, 소득수준에 대비하면 높지도 낮지도 않은 수준이라는 것이다.

설문조사를 바탕으로 하는 주관지표의 또 다른 대표 사례로는 세계가치관조사(World Value Survey, 이하 WVS)를 들 수 있다. WVS는 미국 미시간대 잉글하트(Inglehart) 교수의 주도 하에 가치관에 중점에 두고 조사하는 국제 설문조사로 가치변화가 사회적 정치적 삶에 미치는 영향을 파악하고자 하는 질문들로 구성되어 있다. 1981년도에 시작되어 매 5년마다 조사가 이루어지고 있다. 100여 개국이 조사에 참여하였고 샘플 크기는 1,000명 내외이다. 한국은 첫 번째 조사(1982년에 실시)부터 참여하였다. 2005-2007년에 실시된 WVS(한국은 2005년도에 실시)는 행복감은 사다리형 척도로 삶의 만족도는 4점 척도로 측정되었다.2) 한국이 응답한 행복감은 6.39이며 삶의 만족도는 3.01로 집계되었다. 행복하다고 응답한 이들이 그렇지 않은 경우보다 조금 더 많음을 알 수 있다. 행복감의 조사국 전체의 평균치는 6.71이며 표준편차는 2.34였다.

아시안 바로미터(Asian Barometer)는 평범한 아시아인들의 일상생활을 파악하고자 실시하는 국제조사로서 주관지표의 또 다른 예이다. 2003년에 시작되어 매해 이루어지고 있고 대면조사 방식으로 조사되었다. 샘플사이즈는 국가별로 1,000명 정도이다. 유러피언 바로미터,

2) 사다리형 척도가 세계갤럽조사(0~10)와는 달리 WVS는 1에서부터 10까지 사이에 삶의 만족도를 응답하도록 하였다. 행복도는 원 질문지에서 '가장 행복하다'가 1로 가장 '행복하지 않다'가 4로 코딩되어 있었으나 이해하기 쉽도록 역코딩한 결과를 제시하였다.

라티노 바로미터, 아프로 바로미터 등 지역별로 비슷한 조사가 있고 한국은 2003년도부터 참여하고 있다. 아시안 바로미터 2006년도 조사에서 행복감은 WVS와 동일한 문항으로 5점 척도로 조사되었는데 한국인의 평균 행복감은 3.53으로 측정되었다. 앞서 다른 조사와 비슷하게 '불행하다'에 비해 '행복하다'라고 응답한 경우가 조금 더 많이 나타났다.

우리나라를 주요 대상으로 이뤄지는 행복과 삶의 질에 대한 설문조사로 한국종합사회조사, 한국노동패널, 통계청 사회조사를 들 수 있다. 한국종합사회조사는 한국인의 기본속성과 가치 및 행동방식을 파악하고자 2003년도부터 매해 실시되고 있다. 조사의 기본모형은 미국 시카고대학 NORC(National Opinion Research Center)의 GSS(General Social Survey)와 유사하게, 반복핵심설문과 몇 개의 주제 모듈로 구성된다. 반복핵심설문들은 매해 동일한 질문을 물음으로써 가치관, 태도, 행동의 변화를 파악할 수 있도록 하였다. 또한 주제모듈 중에는 ISSP(International Social Survey Programme)의 39개 회원국들이 매해 주제를 바꾸어가며 공동으로 조사를 하는 ISSP annual topical module을 포함하고 있어 국제비교 연구도 가능하게 설계되어 있다. 샘플 크기는 2,000~2,500이며 성균관대학교 서베이 리서치센터 주관 하에 대면 면접으로 조사가 이루어진다. 행복감은 매해 조사가 이뤄진 반복핵심설문 문항 중 하나인데, 과거 5점 척도로 조사되다가 2011년도부터는 7점 척도로 조사가 이루어졌다. 조사결과는 4.82로 측정되었다.

한국노동패널은 노동시장 활동과 소득에 관련된 주제를 중심으로 조사가 이뤄지는 한국의 대표적인 종단면 조사이다. 첫 조사가 시작된 1998년 제주도를 제외한 전국의 시 지역에서 추출한 5,000가구와 그 가구에 속하는 15세 이상 인구를 대상으로 매해 추적하고 있다. 삶의 만족도는 5점 척도로 조사되고 있는데, 동일한 질문을 같은 사람에게 매해 질문함으로써 종단연구를 가능케 한다는 장점이 있다. 2012년도 조사결과 한국인의 행복감은 3.41로 나타났는데 이 수치는 조사기간인 1998년도부터 2012년도 사이에 전반적으로 증가세를 보이는 것으로 나타났다(Helliwell, Zhou, Barrington-Leigh, Choi, & Wang, 2014).

통계청 사회조사는 1977년도부터 해마다 정부에 의해 실시되고 있는 조사이다. 2003년도부터는 행복감에 대한 문항이 조사되고 있는데, 샘플 크기가 17,000에 달해 상대적으로 소집단으로 세분해서 분석이 가능하다는 장점이 있다. 2013년도 조사부터는 감정경험도 조사되었다. 구체적인 조사결과에는 다음 절에서 상술토록 한다.

한편 설문조사를 통한 행복의 주관적 측정과 달리 객관지표를 통한 측정은 다양한 실증자료들을 종합하여 행복감 혹은 삶의 질을 평가한다. 따라서 이러한 접근은 총체적 삶의 질을 평가하는 시도로 이해할 수 있다. 이같이 객관적 자료를 바탕으로 한 대표적인 예로는 유엔개발계획(United Nations Dvelopment Program, 이하 UNDP)에서 발간하는 인간개발지수(Human Development Index, 이하 HDI)를 들 수 있다. HDI는 평균수명, 교육수준, 소득의 세 가지 변수를 기준으로 구축된 4개의 세부지표를 기하평균해서 얻는다. 이외에도 행복 연구에 많이 활용되는 객관지표로는 레가툼 연구소(Legatum Institute)가 발간하는 레가툼 번영 지수(Legatum Property Index, 이하 LPI)를 들 수 있는데, 이는 응답자의 교육, 건강, 안전, 자유와 사회적 자본 등에 대한 자료를 통해 삶의 질적인 부분을 측정한다.

행복과 삶의 질의 연구에는 앞에서 언급한 주관지표와 객관지표를 혼합한 형태의 데이타베이스들도 많이 활용된다. 대표적인 총체적 삶의 질 지수로는 OECD에 작성하는 더 나은 삶 지수(Better Life Index, 이하 BLI)가 있다. BLI는 주거, 소득, 일자리, 지역사회, 교육, 환경, 시민사회, 건강, 안전, 일과 가정의 균형 그리고 삶의 만족도라는 11개의 영역으로 구성되어 있다. 각각의 영역은 1~3개의 지표들로 측정된다. OECD는 각 영역별 가중치를 두지 않고 합산을 하여 지수를 산출하는데, OECD 홈페이지에서는 영역별 가중치를 달리하여 지수를 산출할 수도 있게 하였다. 2014년도에 공표된 자료에 의하면 OECD국가들에 러시아 브라질이 합쳐진 36개국 중 한국은 하위권인 25위를 기록하였다.

갤럽-헬스웨이 웰빙 지수(Gallup-Healthway Well-Being Index, 이하 GHWI)는 설문조사를 바탕으로 한다는 점에서는 앞서 언급한 주관적인 행복감과 비슷하지만, 다섯 가지 영역별 만족도를 바탕으로 행복감을 지수화했다는 점에서 특이성이 있다. 삶의 목적, 사회적 삶, 경제적 삶, 공동체와의 삶, 육체적 삶이라는 다섯 가지 영역 중 적어도 세 가지 이상에서 풍요롭다고 느끼는 사람들의 비율로 지수가 구성되었다. 2013년 갤럽 조사를 바탕으로 한 순위에서 한국은 135개국 중 75위를 기록하였다.

또 한 가지 잘 알려진 총체적 삶의 질 지수로는 부탄에서 만든 국민총행복지수(Gross National Happiness)가 있다. 고산지역에 있는 조그마한 소국인 부탄은 물질적인 풍요보다는 정신적인 풍요를 우선시하기 위해 국민행복을 측정하는 지표를 만들고 이를 통해 정책을 평가하고 검증하는 제도를 만들었다. 이때 사용된 것이 국민총행복지수이다. 이 지수는 정신적 건강, 육체적 건강, 시간이용, 교육, 문화적 다양성, 좋은 통치, 공동체의 활력, 생태적 다양성, 생활수준이라는 9개의 영역별 지표들로 구성되어 있다.

그 밖에도 세계 행복데이터 베이스(World Database of Happiness, 이하 WDH)는 혼합지표로서 응답자의 주관적인 응답내용을 기초로 하여 자신의 삶에 대한 만족도 측정 지표를 구성한다. UNESCO, CIA, New Economics Foundation, WHO 등의 자료를 토대로 구축된 삶 만족도 지수(Satisfaction with Life Index 이하, SLI)도 역시 전술한 정보를 기초로 각국 국민의 주관적인 후생 정도에 대한 평가 결과를 통합하여 구성한다. 마지막으로 신경제학재단(New Economics Foundation)에서 발간하는 지구행복지수(Happy Planet Index, 이하 HPI)는 응답자의 주관적인 후생 정도에 예상수명, 생태발자국 지수(Ecological Footprint) 등과 같은 객관적인 자료를 결합하여 구성한다.

전술한 지표들은 GWP와 같이 주관적인 성격의 삶의 질을 측정하는 것과 HDI 같이 객관적인 성격의 삶의 질을 측정하는 것으로 크게 나눌 수 있다. 따라서 어떤 지표를 활용하느냐에 따라 삶의 질의 국제적 분포는 달라지며, 이러한 사실은 투입으로서 객관적 지표와 산출로서 주관적 지표의 괴리를 보여주는 예라 할 수 있다.

〈표 3-1〉은 2012년 기준 1인당 국민소득 상위 20개 국가와 우리나라의 전술한 삶의 질(행복) 지표 중 대표적인 주관지표와 객관지표 순위를 보여준다. 흥미로운 사실은 객관적 지표의 수준을 고려한 한국, 일본, 싱가폴 등 아시아 국가들의 주관적 삶의 만족도가 유럽권 국가들보다 현저하게 낮다는 점이다. 예를 들어 일본과 핀란드는 모두 2012년 1인당 국민소득이 $46,000 이상인 최상위 부국이라고 할 수 있다. 그러나 주관적 행복지표인 WDH, SLI, WGP에서 보면 최상위권인 핀란드와 달리 일본은 중위권 그룹에 속해 있다. 한편 이와 달리 보다 객관적 지표라고 할 수 있는 HDI와 HPI에선 일본과 핀란드의 순위가 다르게 나타난다. 싱가폴과 우리나라도 소득 수준에

〈표 3-1〉 국가별 소득과 행복수준 비교

국가	1인당 소득($)	WDH(순위)	SLI(순위)	GWP(순위)	HDI(순위)	HPI(순위)
룩셈부르크	107,206	13	12	17	26	138
노르웨이	99,462	7	19	2	1	29
스위스	79,033	4	2	1	9	34
호주	67,723	11	26	11	2	76
아랍에미레이트	64,840	24	22	11	42	130
덴마크	56,202	2	1	5	15	110
스웨덴	55,158	10	7	3	8	52
캐나다	52,232	8	10	7	11	65
싱가포르	51,162	36	53	27	19	90
미국	49,922	21	23	17	3	105
오스트리아	47,083	20	3	7	18	48
일본	46,736	53	90	44	10	45
네덜란드	46,142	15	15	5	4	67
핀란드	46,098	5	6	7	21	70
아일랜드	45,888	14	11	17	7	73
쿠웨이트	45,824	49	38	40	54	143
벨기에	43,686	23	28	20	17	107
아이슬란드	41,740	3	4	3	14	88
독일	41,513	30	35	24	5	46
프랑스	41,141	47	62	27	20	50
한국	23,133	70	102	44	12	63

출처: 저자 자료 재편집.

비하여 주관적 만족도가 상대적으로 낮은 편에 속한다. 특히 우리나라의 경우 객관적인 지표에 가까운 UNDP의 HDI에서는 12위에 랭크되어 있으나 주관적 만족도인 WDH, SLI 등에선 각각 70위와 102위에 머물러 주관지표와 객관지표 간의 괴리가 다른 나라들에 비하여 상당히 크다. 본 연구의 주요 주제라고 할 수 있는 삶의 역량은 바로 투입으로서의 객관적 삶의 질이 산출로서 주관적 삶의 질로 변환되는 메커니즘에서 중요한 역할을 하는 개념이며, 따라서 이스털린 패러독스로 대표되는 둘 간의 괴리를 설명하는 데 중요한 단초를 제공할 것으로 기대된다.

2. 한국인의 요인별 행복도 분포

2절에서는 2013년 통계청 사회조사 자료를 바탕으로 한국인의 요인별 행복도 분포를 살펴보고자 한다. 통계청 사회조사는 삶의 질과 관련된 사회적 관심사와 주관적 의식에 관한 사항에 관하여 주제를 정하여 매해 행해지는 조사이다. 2013년에는 복지, 사회참여, 문화와 여가, 소득과 소비, 노동이 주제였다. 2013년도에는 주관적 만족감(질문: 귀하의 생활을 전반적으로 고려할 때 현재 삶에 어느 정도 만족하십니까?)을 5점 척도로 조사하였을 뿐 아니라, 네 가지 정서경험(즐거움, 평온함, 걱정스러움, 슬픔) 여부도 조사하였다(질문: 귀하는 어제 하루 동안 다음과 같은 감정들을 많이 느끼셨습니까? 각각에 대하여 모두 기입하여 주십시오).

이를 바탕으로 한국인의 행복수준에 대한 기술분석을 바탕으로 가설적인 설명을 시도해 보고자 한다. 이 가설들에 대한 검증은 이후 장들을 통해 이루어질 것이다. 첫 번째로 〈그림 3-1〉은 주관적인 삶의 만족도를 성, 연령별로 보여준다. 이 그림을 통해 두 가지 질문을 제시하고자 한다. 첫 번째 질문은 성별로 누가 더 행복한가이고, 두 번째 질문은 연령대별로 행복감이 어떻게 다르냐이다.

먼저 성별 삶의 만족도의 차이를 살펴보자. 두 개의 선이 교차하고 있기 때문에 어느 성이 더 만족한 삶을 살고 있다고 답을 하기는 어렵다. 20대에서 30대까지는 여성이 응답한 만족도가 더 높게 나타났다. 특히 30살 초반에서 남녀 차이가 확연하였다. 40대에는 남녀 간

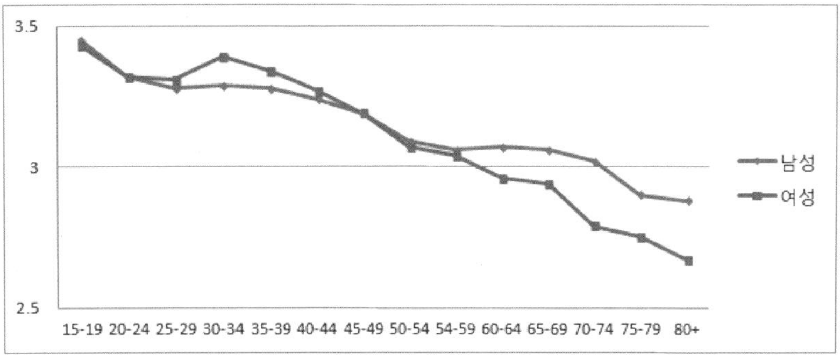

〈그림 3-1〉 한국인의 성별 연령별 삶의 만족도

삶의 만족도에 교차가 발생하면서 이후부터는 남성이 더 만족한 삶을 살고 있다고 응답하였다. 그리고 그 간격은 나이가 들수록 더 벌어졌다. 결국 성별 삶의 만족도는 연령대에 따라 다를 수 있음을 이해할 필요가 있다.

두 번째 질문은 연령대별 삶의 만족도이다. 남녀 공히 나이가 들수록 삶의 만족도가 줄어드는 것을 볼 수 있다. 상대적으로 남성은 완만히 변하는 편이고, 여성은 급격하게 삶의 만족도가 줄어들었다. 그런데 이러한 경향이 일반적인 것은 아니다. OECD 국가들의 경우에는 연령대별 행복도는 U자의 형태를 띠는 경우가 보편적이다(Frijters & Beatton, 2011). 즉 나이가 들수록 사회적 책임이 늘어나고 관계가 복잡해지면서 행복도가 떨어진다. 하지만 은퇴연령을 넘어서면서 소폭 반등이 일어난다. 노년층의 행복도가 장년층의 행복도보다 높은 것이다. 연령대별 삶의 만족도가 단선적으로 연령에 반비례하는 것은 한국과 일본에서 드러나는 특징적인 현상이다.

연령에 따른 분석을 하는 경우에 연령효과와 코호트효과를 구분해서 볼 필요가 있다. 연령효과는 나이가 들어가면서 발생하는 효과이다. 코호트효과는 코호트의 특성에 따른 효과이다. 코호트란 동일 사건을 공유한 집단을 의미하는 것으로, 연령효과에 대비한 코호트효과에서는 같은 해에 태어난 출생 코호트를 의미한다. 이러한 구분의 실익은 다음과 같은 설명 때문이다. 60대를 넘어가면서 행복도가 더 낮아지는 것은 나이가 들면서 발생하는 결과(연령효과)일 수도 있고, 현재 60대, 70대인 코호트의 삶의 만족도가 후세대에 비해 낮기 때문(코호트효과)일 수도 있다. KDI 보고서에 따르면 고령층의 행복도 저하는 상당 부분 코호트효과에서 기인하는 것으로 보인다고 분석하고 있다(Helliwell et al., 2014).

그렇다면 왜 여성 노인들의 삶의 만족도가 남성에 비해 더 빠르게 떨어지는 것일까? 먼저 한국 사회의 성차별적 요소를 생각해볼 수 있다. 여성 노인들이 더 불행한 것은 한국 사회의 가부장적 요소가 고령층에서 더 강하게 남아 있기 때문이라는 것이 제기할 수 있는 가설이다. 또 다른 가설적 설명은 유배우율 구성비의 변화이다. 2013년 생명표 기준 한국 사회에서 여성의 기대수명이 남성보다 6.5년 더 길다. 그렇다면 남자가 배우자와 사별하고 혼자 지내는 경우가, 여자가 배우자와 사별하고 혼자 지내는 경우보다 더 많을 것이다. 대체로 배우자 간 아내보다 남편의 나이가 더 많은 점을 고려하면 더욱 그렇다. 즉 배우자와 사별을 경험할 가능성은 여성에게서 더 높다. 이는 자료에서도 알 수 있다. 〈그림 3-2〉에서 보듯이 남성의 유배우율은 60대 초반 89%에서 80대 이상 81%로 소폭 감소할 뿐 노후 일생의 대부분을 배우자와 함께 지내고 있다. 그러나 여성의 경우는 다르다. 60대 초반 여성의 유배우율은 73%인 데 반하여 70대 초반은 52%로 줄어들고, 80대 이상에서는 16%에 불과하다. 만약 배우자가 없는 노인들에 비해 배우자가 있는 노인들의 삶의 만족도가 확연히 높

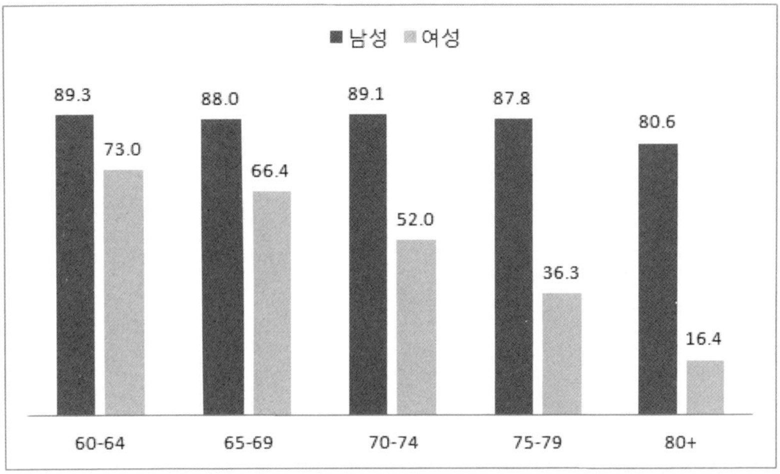

〈그림 3-2〉 60세 이상 성별 유배우 비율

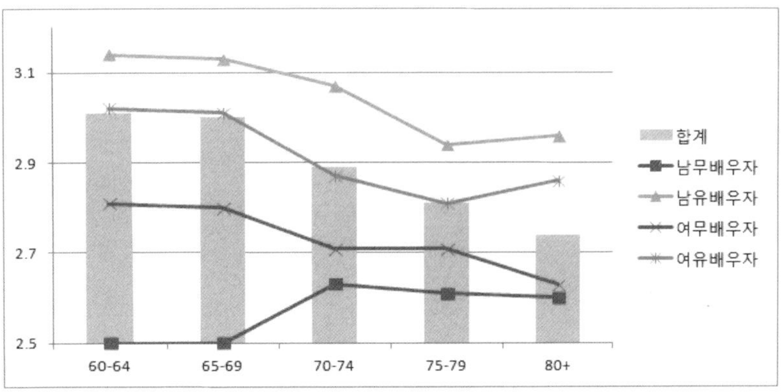

〈그림 3-3〉 60세 이상 성별 혼인상태별 삶의 만족도

다면, 여성 노인들에게서 연령증가와 함께 급격히 삶의 만족도가 떨어지는 것은 배우자와 사별한 여성노인의 비중이 급격히 증가한다는, 유배우 구성비의 변화에 기인한 것일 수 있다.

〈그림 3-3〉은 60세 이상 노인을 대상으로 혼인상태별 삶의 만족도를 남녀로 구분해서 보여준다. 가장 삶의 만족도가 높은 집단은 배우자가 있는 남성이다. 두 번째로 만족도가 높은 집단은 배우자가 있는 여성이다. 배우자가 없는 여성은 만족도도 낮은 편이고 그 정도는 나이가 들수록 더 심해진다. 가장 삶의 만족도가 낮은 집단은 배우자 없는 남성이다. 즉 노인들이 나이가 들수록 삶의 만족도가 떨어지는 것은 배우자를 잃고 홀로되는 경우에서 기인한 바도 크다. 특히 낮은 삶의 만족도를 보이는 배우자 없는 여성 노인의 비중이 나이가 들어가면서 빠르게 증가한 탓에 전체 여성 노인의 평균적인 삶의 만족도가 떨어지는 것으로 보인다.

한편 〈그림 3-4〉는 또 다른 행복 지표인 네 가지 정서경험 여부를 13세 이상 한국인을 대상으로 조사한 결과이다. 조사시점에서 하루 전날 동안에 긍정적인 경험을 한 비중이 즐거움 71%, 평안함 74%

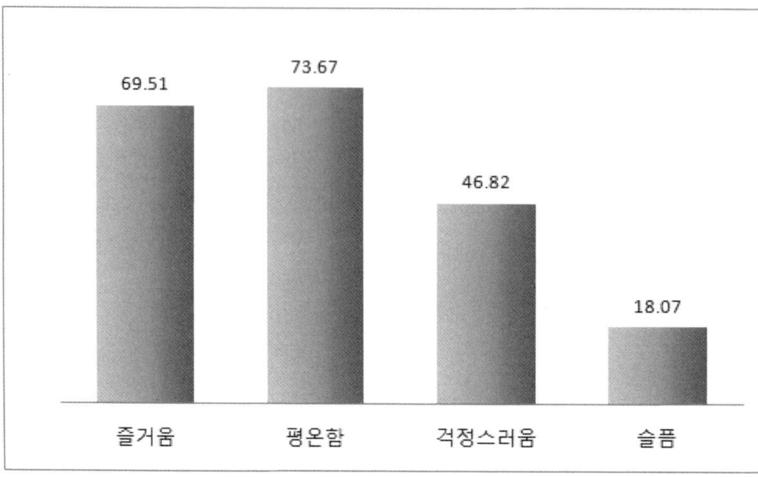

〈그림 3-4〉 어제 하루 동안 해당 정서를 경험한 비율(13세 이상을 대상)

로 대다수를 차지하였다. 그러나 동시에 부정적인 경험인 걱정스러움을 경험한 경우는 49%로, 절반 가까운 사람이 무언가를 걱정한 적이 있었음을 알 수 있다. 전날 슬픔을 경험한 경우는 18%로, 앞서 다른 세 가지 경험에 비하여 드물게 느끼는 감정임을 알 수 있다.

〈그림 3-5〉는 어제 하루 동안의 정서경험 여부를 연령대별로 세분하여 보여준다. 흥미로운 점은 연령대에 따른 정서경험 추세가 감정의 종류에 따라 크게 다르다는 것이다. 즐거움은 젊을수록 높았다. 십대에 해당하는 15~19세 집단은 80% 이상이 '즐거움'을 경험하였다. 이에 반해 70대를 넘어서면 60% 밑으로 내려온다. '평온함'은 연령과 상관없이 70%대에서 안정적으로 나타났다. 부정적인 감정인 슬픔은 20% 밑으로 유지되다가 60대 이후에 소폭 증가하는 추세를

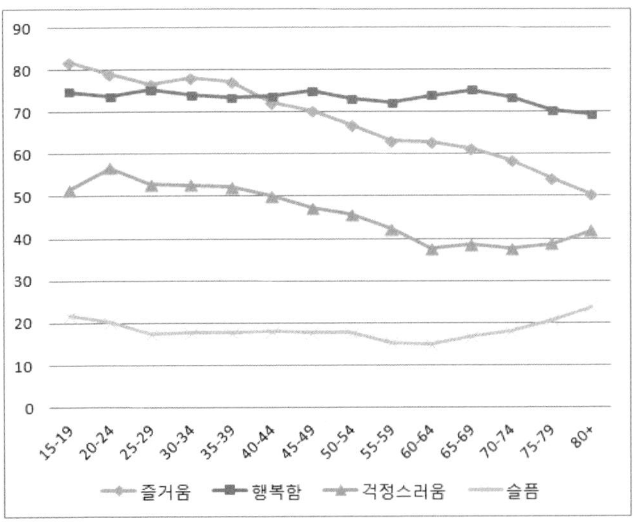

네 가지 정서경험에 '예'라고 응답한 비율.

〈그림 3-5〉 연령대별 정서경험

보인다. 놀라운 부분은 '걱정'이다. 한국에서 가장 걱정을 많이 경험하는 연령대는 20대 초반 그룹으로 60% 가까이 되었고, 그 다음 연령대는 20대 초반 전후 세대인 10대 후반과 20대 후반에서 40대 초반으로 걱정 경험이 50%를 넘어섰다. 한국의 젊은 세대가 불행하다는 것은 여러 가지 객관적 지표를 통해서도 논의되지만, 걱정이라는 감정을 경험하는 비중을 보아서도 그러함이 드러난다. 미래에 대한 불안이 걱정을 경험하게 만드는 것으로 보인다. 10대 후반의 학생들은 입시경쟁의 중압감으로 걱정을 많이 하고 대학에 진학한 이후에도 취업에 대한 걱정이 계속되는 것으로 해석된다. 성공적으로 진학을 하고 취업을 한 소수를 제외하고는 10대 후반에 시작된 진학과 취업에 대한 걱정이 20대와 30대까지도 내내 지속되는 셈이다. 걱정경험은 노후에 접어든 60대에 도달해서야 40% 미만으로 줄어들었다. 걱정은 젊은 세대에게서 더 강한 정서경험이라고 할 수 있다.

〈그림 3-6〉에서는 10대들의 삶의 만족도를 세분해서 확인해 보기 위해 성별, 학교별로 나누어 살펴보았다. 가장 만족도가 높은 시절은 중학교 때였다. 5점 척도에서 3.7 부근으로 매우 만족도가 높았고 남학생이 여학생보다 조금 더 만족도가 높았다. 고등학교에 진학하면서 삶의 만족도는 3.43으로 크게 떨어졌으며 남녀 간 차이는 거의 나타나지 않았다. 우리나라에서는 대학입시라는 중압감 때문에 고등학생들의 삶의 만족도가 낮게 형성되는 것으로 보인다.

대학 진학과 함께 삶의 만족도는 다시 반등하게 된다. 중학교 시절처럼 크게 오르지는 못하지만 4년제 대학에 다니는 경우 삶의 만족도는 3.49에 이른다. 남녀 간 차이도 보이지 않는다. 주목할 부분은 전문대 진학의 경우이다. 4년제가 아닌 대학에 진학할 경우 삶의 만족도는 오히려 감소한다. 이는 전문대학에 다니는 여성의 삶의 만족

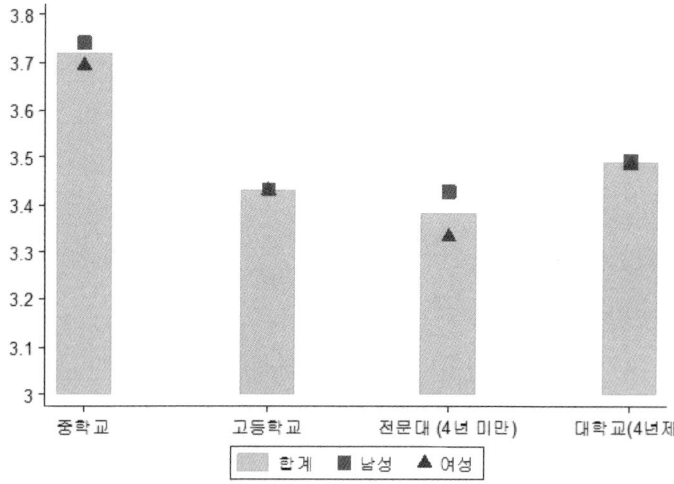

〈그림 3-6〉 학생들의 삶의 만족도

도 변화 탓에 기인한다. 남성의 경우는 고등학교 수준과 크게 다르지 않지만 여성의 경우에는 고등학교 때보다도 오히려 더 낮은 수준의 만족도를 보인다.

전문대 재학 중인 여성은 왜 삶의 만족도가 고등학교 시절보다도 더 낮아질까? 50%를 넘어서는 걱정으로 채워진 10대 후반과 20대의 삶에서 가장 스스로 불우하게 여기는 집단은 어쩌면 전문대에 다니는 여성들일지 모른다. 가부장적 가치관의 잔존 속에서 미래에 대한 불안을 극복하기보다는 좌절하고 있는 집단이 이들일 수 있다.

사회조사에서는 소득, 직업, 교육, 재산 등을 고려하여 자신의 사회경제적 지위를 상중하로 나누고 각각을 다시 상하로 세분하여 모두 6등급으로 응답토록 하였다. 〈그림 3-7〉은 이러한 주관적 계층의식과 각 집단별 삶의 만족도를 보여준다. 삶의 만족도는 사회경제적 지

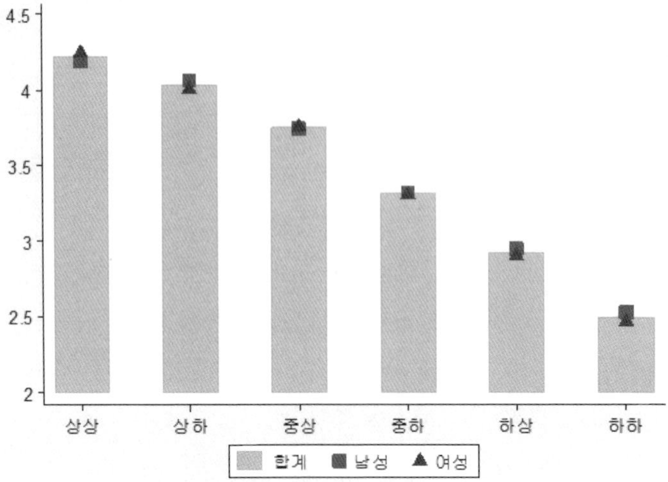

〈그림 3-7〉 사회경제적 지위와 삶의 만족도

위 순에 그대로 따르고 있다. 물질적인 풍요도가 높은 상 중의 상 집단에서 가장 삶의 만족도가 높았고 가장 낮은 하 중의 하 집단에서 삶의 만족도도 가장 낮았다.

사회경제적 지위 차이에 따른 삶의 만족도 차이에서 한 가지 더 주목할 부분이 있다. 상 중의 상과 상 중의 하 간의 차이보다 하 중의 상과 하 중의 하 간의 차이가 더 크다는 점이다. 즉 지위가 낮아질수록 삶의 만족도 격차도 더 커진다. 고소득 계층보다도 저소득 계층에서 한 단계 사회경제적 지위 변화에 더 민감하게 반응한다고 해석된다. 일정 수준 이상 소득이 올라가면 사회경제적 지위가 삶의 만족도에 미치는 영향력은 줄어든다고도 볼 수 있다. 상상-상하-중상 간에는 한 단계 지위 변화에 따른 삶의 만족도 변화 폭이 상대적으로 작지만, 중상-중하-하상-하하 간에는 삶의 만족도 변화 폭이 더 크게

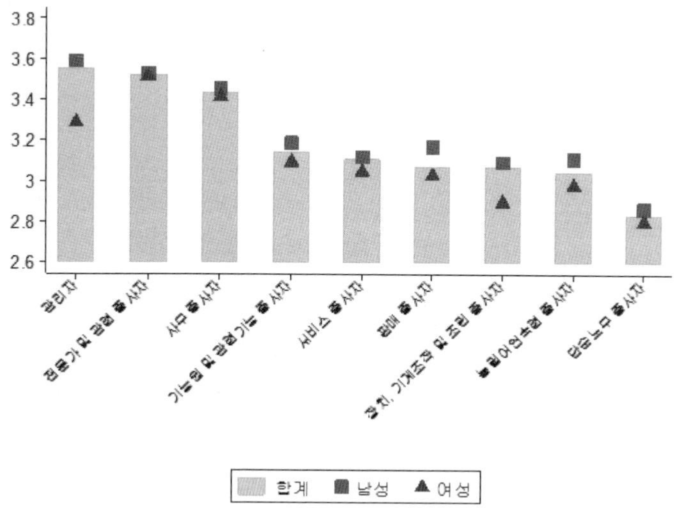

19세 이상 취업자를 대상.

〈그림 3-8〉 직업별 삶의 만족도

나타났다.

〈그림 3-8〉은 직업별 삶의 만족도를 보여준다. 관리자의 삶의 만족도가 가장 높고 다음이 전문가 및 관련 종사자, 세 번째는 사무종사자이다. 흔히 화이트칼라로 불리는 직업에서 만족도가 높은 편이었다. 네 번째 순위부터는 큰 폭으로 만족도가 떨어졌다. 가장 낮은 순위는 단순노무종사자였다. 이 결과에 따르면 삶의 만족도와 사회적으로 인식되는 직업위계의 순위가 일치하는 것으로 보인다.

흥미로운 지점은 남녀의 차이이다. 여성의 경우 가장 삶의 만족도가 높은 직업이 전문가 및 관련 종사자이다. 대체로 사회적 소수자 집단의 경우 조직 내에서 성장해야 하는 관리자보다는 소그룹 내지 개별로 활동하는 전문가 집단을 더 선호하는 경향이 여성에게서도 발현되는 것으로 보인다. 관리직군의 경우 남녀 간 삶의 만족도가 확연히 차이가 난다. 여성의 경우 사무종사자보다도 관리자 직업군에서 더 낮은 삶의 만족도를 보인다. 관리자로 성장한 여성들도 자신의 지위를 유지하고 발전시키기 위해서는 상당 수준의 주관적 삶의 질을 포기하고 있음을 시사한다. 그리고 이러한 점은 상대적으로 낮은 우리나라 여성의 사회적 지위와도 연관되는 문제로 보인다. 남녀 간 삶의 만족도가 확연히 차이나는 또 하나의 직업군은 장치, 기계조작 및 조립 직군 종사자이다. 대표적인 남성 중심의 직업군이다. 여성이 이 직업군에 취업하기 어려움을 차치하고, 이 직업군에 일자리를 얻게 되더라도 남녀 차별적 문화가 강하게 남아 있고 고군분투하고 있는 여성이 많음을 시사한다.

〈그림 3-9〉는 직업을 산업별로 세분하고 각각의 삶의 만족도와 소득 간의 산점도를 그린 것이다. 산업별 직업의 평균소득은 2013년도 고용형태별 근로실태조사 자료에서 산출하였다. 남녀별로 구분하여 남성은 사각형 점으로 여성은 삼각형 점으로 표시하였다. 서로 모양이 다른 점들은 산업별 직업을 구분하지 않고 성별 해당 직업군 전체의 위치를 보여준다.

두 개의 선은 각각 성별로 소득과 삶의 만족도의 관계를 보여준다. 우선 남자에 비해 여성의 경우가 소득변화에 더 민감하게 삶의 만족도가 반응함을 알 수 있다. 각각의 선의 위쪽에 위치한 점들은 성별로 소득 수준 대비 행복도가 높은 직업군이다. 반대로 선의 아래쪽에 위치한 점들은 소득 수준 대비 행복도가 낮은 직업군이다. 남녀 공히 단순노무직군이 행복도가 가장 낮게 나타났다. 그러나 그들의 행복도가 낮은 것은 단지 소득수준이 낮아서만이 아니다. 소득으로 설명하지 못한 여러 가지 사회적인 이유가 섞여 있다고 할 수 있다. 흥미로

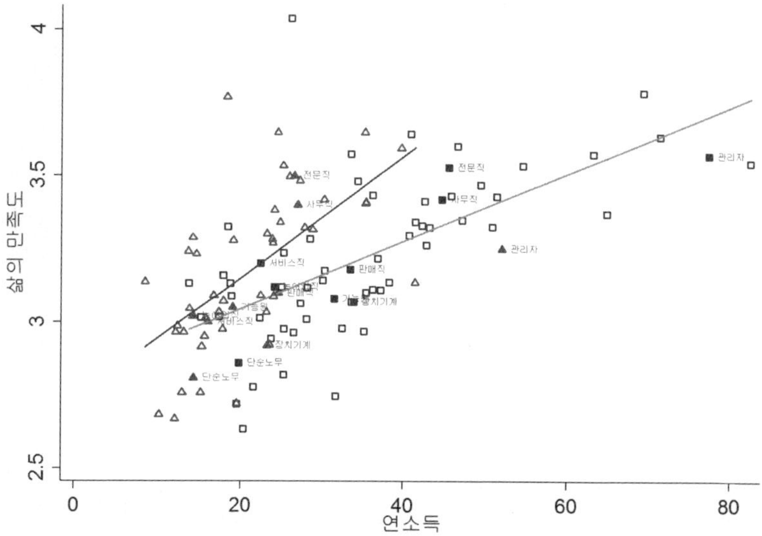

〈그림 3-9〉 성, 산업, 직업별 삶의 만족도와 소득 간의 관계

운 점은 관리직과 전문직군이다. 관리직군은 대체로 소득대비 삶의 만족도가 낮았고 전문직군은 반대로 만족도가 높았다. 특히 여성의 경우에 소득 수준에서 예측되는 위치보다 편차가 크게 나타났다.

여성에게서 가장 삶의 만족도가 높은 직군은 교육서비스 전문직과 제조업 전문직이었다. 교육서비스 전문직은 제조업 전문직에 비해 평균소득은 크게 낮았지만 삶의 만족도는 별 차이가 없었다. 다음으로 만족도가 높은 직군은 금융 및 보험 사무직이었다. 이 직군은 관리직과 금융 및 보험 판매직 다음으로 소득 수준이 높은 여성 직업이었는데 소득수준에 걸맞게 높은 삶의 만족도를 보였다. 그러나 여성 관리직과 여성 금융 및 보험 판매직은 높은 소득에도 불구하고 삶의 만족도는 기대수준보다 크게 떨어졌다. 소득과 행복의 상관관계 불일치 현상은 우리나라의 사회조사 데이터에서도 상당한 수준으로 드러남을 알 수 있다.

마지막으로 〈그림 3-10〉은 광역시도별 삶의 만족도를 성별로 구분해서 보여준다. 가장 삶의 만족도가 높은 지역은 대전이었고 가장 낮은 지역은 전북이었다. 그러나 성별로 나누어 보면 순위가 크게 달라진다. 남성에게서 삶의 만족도가 가장 높은 지역은 울산광역시였다. 이후 강원도, 충청북도, 제주도의 순서였다. 가장 낮은 곳은 광주광역시였다. 그러나 여성의 경우 대전광역시, 서울특별시, 경기도 순서로 삶의 만족도가 높았다. 가장 낮은 곳은 전라북도였다. 남녀 차이가 특히 크게 벌어지는 지역은 전라남도, 충청남도, 전라북도였다. 삶의 만족도가 높은 지역 중에서는 울산과 강원도가 남녀 차이가 큰 편이었다. 대체로 광역시에서는 남녀 차이가 크지 않은 반면 도 지역에서는 남녀 차이가 두드러지게 나타났다. 이는 도시 지역에 비해 비

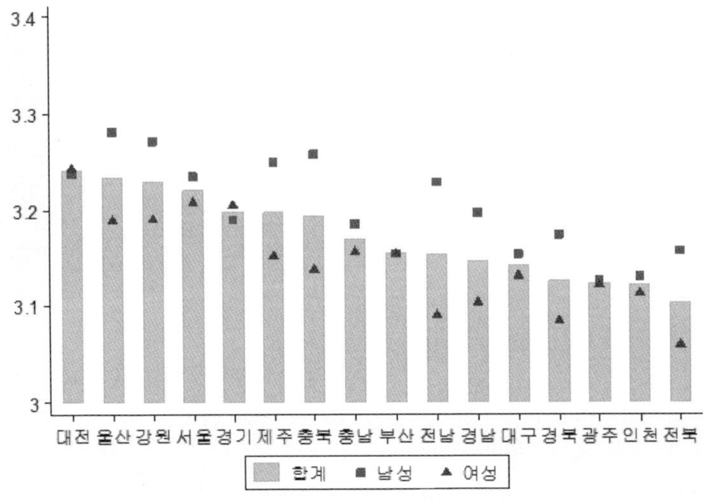

〈그림 3-10〉 시도별 성별 삶의 만족도

도시 지역이 전통적인 여성관이 상대적으로 강하게 나타나는 경향 때문으로 여겨진다. 도 지역 중에서 남녀 차이가 크지 않은 곳은 경기도와 충청남도이다. 광역시 지역 중 예외적으로 남녀 격차가 심한 곳이 울산인데 이것은 남성 중심의 기계 장치 산업이 발달한 울산의 지역적 특성이 반영된 것으로 보인다.

3. 한국인의 집단별 행복수준 비교

앞서 2절에서는 주요 요인별로 한국에서 행복도가 어떻게 분포하는지를 살펴보았다. 그렇다면 이 요인들을 종합적으로 고려했을 때 한국에서 가장 행복한 집단은 누구일까? 반대로 가장 불행한 집단은 누구일까?

행복은 다양한 측면에서 측정이 가능함을 앞 장에서 언급하였다. 즉 전반적 삶의 만족감으로 측정하는 방법, 생활 속의 긍정적이거나 부정적인 여러 감정 경험 여부를 통해 측정하는 방법, 마지막으로 삶의 의미를 통해 파악하는 방법이 있다. 여기에서는 2013년 통계청 사회조사에서 파악된 전반적 삶의 만족감과 어제 걱정을 경험했는지 여부를 활용하여 행복하거나 불행한 집단을 찾아보고자 한다. 구체적으로 전반적 삶의 만족감은 매우만족(1점)에서 매우불만족(5점)의 5점 척도로 측정되었다. 분석의 편의를 위해 매우만족을 5점으로 매우불만족을 1점으로 변환하여 집단 간 평균치를 구하였다. 걱정 경험은 어제 하루 동안 해당되는 감정 경험 여부를 묻는 질문을 통해 파악된 집단간 평균 경험치를 활용하였다.

고려하는 변수들은 연령, 성, 결혼 상태, 학력, 취업 여부, 소득수준이다. 이 중 결혼 상태와 취업 여부 변수들은 연령대에 따라 그 의미가 다르게 작동할 수 있다. 즉 연령에 따른 생애주기에 따라 결혼 상태가 달라지고 취업 여부가 달라진다. 결혼과 취업에 대한 연령규범이 작동할뿐더러 동년배의 상당수가 상황이 달라짐에 따라 개개인이 자신의 상황으로부터 받는 영향이 다를 수 있다. 또한 연령을 세대로 간주할 수 있다면, 세대에 따라 학력의 의미도 다를 수 있다. 대학교육이 보편적인 젊은 세대와 소수만이 진학할 수 있었던 노년세대 간에는 같은 학력이어도 그 의미가 다를 수 있다. 이처럼 각 변수의 의미가 연령에 따라 다를 수 있음을 고려하여 연령대별로 구분하여 집단별 행복수준을 비교하고자 한다.

연령 구분은 20세 이상 성인을 대상으로 20~30대, 40~50대, 60대 이상의 세 집단으로 나누었다. 20~30대는 사회진출과 가족을 형성하는 시기로 동일한 생애과업을 경험하는 시기로 간주하였다. 다만 20~30대에서 대학교에 재학 중인 학생은 사회진출이나 결혼 이전이 대부분이어서 분석에서 제외하였다. 40~50대는 가장 왕성히 사회활동을 하고, 자녀가 성장하고, 소득도 많은 시기라는 특징이 있다. 60대 이후는 은퇴하거나 은퇴를 준비하는 시기로, 자녀가 분가해 떠나고, 배우자와 사별하는 등 가족이 축소되어 가는 시기라는 공통성이 있다.

결혼 상태는 배우자 있음과 배우자 없음으로 크게 대별하였다. 이 경우 배우자 없음은 미혼뿐 아니라 사별이나 이혼한 경우를 포함한다. 20~30대는 미혼이 주요한 원인이겠지만, 60대 이후엔 사별이 원인이 되는 경우가 많을 것이다. 학력은 20~30대는 중졸이 매우 드물기에 이를 관찰사례에서 제외하였다. 전문대를 4년제와 분리하여, 고졸, 전문대졸, 4년제 대졸로 구분하였다. 40~50대와 60대 이상에서는 중졸을 별도 범주로 두는 대신, 전문대졸을 4년제 대졸과 합쳐서 범주를 구성하였다. 소득수준은 두 개의 집단으로 단순화하여 주관적인 계층인식으로 파악된 상+중층과 하층으로만 구분하였다.

3개 연령은 범주별로 성, 결혼 상태, 학력, 취업 상태, 소득수준으로 각각 구분되므로 이론상 48가지 집단으로 나뉜다. 다만 각 집단의 관찰 사례가 30개 미만인 경우는 집계된 행복도의 대표성이 낮으며, 해당 사례 자체가 드문 것으로 간주하여 분석에서 제외하였다.

1) 20~30대 한국인 중 가장 행복한 집단과 가장 불행한 집단

〈표 3-2〉는 20~30대 한국인 중 생활만족도와 걱정경험의 집단별 순위를 1위에서 5위까지 보여준다. 가장 생활만족도가 높은 집단은 기혼여성으로 4년제 대졸 학력에 일자리를 갖고 있으며 상층이나 중층에 속하는 경우로 나타났다. 이들의 전반적 생활만족도는 3.859로 매우 높았다. 다음으로는 기혼남성으로 1위의 여성의 경우와 그 외 조건인 결혼 상태, 학력, 취업 여부, 소속 계층의 조건이 똑같은 경우였다. 한국의 젊은 남녀는 고학력에 일자리를 갖고 소득수준이 높은 경우가 가장 바람직한 상태로 인식하고 있다고 볼 수 있다.

생활만족도가 상위 5위에 들어간 집단은 모두 배우자가 있으며, 상층이나 중층에 해당하는 계층을 보이는 경우였다. 20~30대에 결혼과 안정적인 경제력을 갖추는 것이 이들의 생활만족도를 높이는 데 중요한 요인으로 보인다.

흥미로운 점은 3위에 올라온 집단이다. 기혼여성으로 대졸이며 계층으로는 상층이나 중층이지만 미취업인 경우이다. 실업 상태로 인식하고 일자리를 찾기보다는 전업주부로 있으면서 만족감이 높은 상태로 보인다. 비록 여성 취업이 늘어가고 있는 현실이지만 소득수준이 일정 이상이라면 고학력 전업주부의 생활만족도는 상당이 높은 편이

〈표 3-2〉 20~30대 한국인 중 생활만족도와 걱정경험 집단별 순위

순위	성	배우자 유무	학력	취업여부	계층	행복도	관찰사례 수
전반적 생활만족도가 가장 높은 집단							
1	여성	있음	4년제대졸	취업	상+중층	3.859	460
2	남성	있음	4년제대졸	취업	상+중층	3.742	709
3	여성	있음	4년제대졸	미취업	상+중층	3.693	381
4	여성	있음	전문대졸	취업	상+중층	3.615	291
5	남성	있음	전문대졸	취업	상+중층	3.588	345
전반적 생활만족도가 가장 낮은 집단							
1	여성	없음	고졸	미취업	하층	2.596	89
2	남성	없음	고졸	미취업	하층	2.650	117
3	남성	없음	대졸	미취업	하층	2.687	83
4	여성	없음	전문대졸	미취업	하층	2.689	61
5	남성	없음	전문대졸	미취업	하층	2.719	64
걱정을 경험한 비중이 가장 작은 집단							
1	남성	없음	고졸	취업	상+중층	0.382	220
2	남성	없음	전문대졸	취업	상+중층	0.427	225
3	여성	없음	고졸	취업	상+중층	0.439	115
4	남성	없음	4년제대졸	취업	상+중층	0.4386	371
5	남성	없음	고졸	취업	하층	0.445	292
걱정을 경험한 비중이 가장 큰 집단							
1	남성	없음	전문대졸	미취업	하층	0.719	64
2	여성	없음	4년제대졸	미취업	하층	0.714	70
3	여성	있음	4년제대졸	취업	하층	0.672	64
4	남성	없음	고졸	미취업	하층	0.6581	117
5	남성	있음	전문대졸	취업	하층	0.6580	193

라고 할 수 있겠다.

가장 생활만족도가 낮은 집단은 고졸 여성으로 미혼이며, 미취업상태로 계층도 하층에 속하는 경우로 평균 수치는 2.596에 불과하였다. 2위로 낮은 집단은 고졸 남성으로 미혼이며 미취업이며 계층도 하층

인 경우였다. 20~30대 집단에서 상대적으로 낮은 학력을 갖고 있으며 생애주기상 과제로 주어진 결혼도 취업도 하지 못했으며 계층도 낮은 경우가 가장 낮은 1, 2위를 기록한 셈이다.

생활만족도가 낮은 하위 5위까지 집단은 모두 배우자가 없었으며, 미취업상태로 하위 계층에 속하는 상태였다. 이 경우에 해당하는 남성은 고졸이 가장 만족도가 낮았고(전체 2위), 다음으로는 대졸(전체 3위)이었으며 전문대졸은 그 다음(전체 5위)이었다.

전날 걱정을 경험한 비중으로 본 행복도에서는 생활만족도와는 다른 특성을 지닌 집단이 상위권에 올라왔다. 가장 걱정을 안 하는 20~30대 집단으로는 취업한 상층이나 중층의 고졸 남성으로 배우자가 없는 경우였다. 이들 중 전날 걱정을 경험한 비율은 38.2%에 불과했다. 2위는 1위와 같은 조건의 전문대졸 남성들이었다. 같은 조건의 대졸 남성은 4위에 해당하였다. 3위는 고졸 여성으로 취업 중이며 상층이나 중층에 미혼인 상태였다. 걱정을 경험한 비중이 적은 상위 5위까지 집단들은 일자리를 갖고 있고, 상층이나 중층에 해당하는 계층일 뿐 아니라 배우자가 없다는 공통점을 보였다. 20~30대에 결혼은 생애과제로 주어지기도 하지만, 때로는 걱정거리를 만드는 요인이 되기도 하는 것으로 보인다. 배우자가 없는 단순한 관계가 20~30대에게는 취업과 소득이 보장된다면 걱정을 덜어 주는 역할을 하는 것으로 이해된다.

반대로 걱정을 가장 많이 하는 집단에서는 결혼 상태가 다양하게 섞여 있었다. 가장 걱정을 많이 하는 집단은 전문대졸 학력에 미취업 상태로 하위 계층에 속하는 미혼 남성이었다. 생애주기상 주어진 과제를 하나도 해결 못한 상태이며 상대적으로 낮은 학력으로 인해 미래에 대한 전망도 밝지 못한 남성들이 걱정을 경험하는 비중이 높은 것으로 이해된다. 두 번째로 걱정을 많이 하는 집단은 미혼 여성으로 미취업 상태이며 하층 계층에 속한 경우였다. 흥미로운 점은 이들의 학력 수준이 4년제 대졸로 상대적으로 높은 학력을 보인 집단이라는 점이다. 고학력 여성으로서 취업이 어려운 현실을 반영한 것으로 보인다. 세 번째로 걱정을 많이 하는 집단은 4년제 대졸 학력에 취업여성이었다. 그러나 계층은 하층에 속하고 결혼을 한 경우였다. 취업은 하였지만 소득수준이 낮고, 일과 가정을 병행하면서 겪는 어려움 탓으로 보인다. 걱정을 많이 하는 상위 5위까지 집단은 모두 하층 계층에 속한다는 공통점을 보였다.

2) 40~50대 한국인 중 가장 행복한 집단과 가장 불행한 집단

〈표 3-3〉은 40~50대 한국인 중 생활만족도와 걱정경험의 집단별 순위를 보여준다. 가장 생활만족도가 높은 집단은 상층이나 중층 계층에 속한 기혼여성으로 대졸학력에 일자리를 갖고 있는 경우였다. 행복도는 3.738이었다. 2위는 1위와 같은 조건에서 미취업상태의 여성으로 행복도는 비슷한 3.713이었다. 기혼, 대졸, 상층이나 중층 여성이라면 취업 상태는 굳이 중요한 요인이 아님을 알 수 있다. 1~5위까지 모두 배우자가 있었고, 상층이나 중층 계층에 속하였다. 다만 여성의 경우는 미취업 대졸(2위)과 미취업 고졸(4위)에 해당하는 전업주부의 경우에도 행복도가 높게 나타났다.

가장 생활만족도가 낮은 집단은 배우자가 없는 중졸, 미취업, 하층에 속하는 남성이었다. 이들의 생활만족도는 2.082에 불과했다. 두 번째로 낮은 집단은 1위와 같은 조건의 대졸 남성이었다. 4위에 해당하는 집단은 1위와 같은 조건의 고졸 남성이었다. 학력과 상관없이

〈표 3-3〉 40~50대 한국인 중 생활만족도와 걱정경험 집단별 순위

순위	성	배우자 유무	학력	취업 여부	계층	행복도	관찰사례 수
전반적 생활만족도가 가장 높은 집단							
1	여성	있음	대졸	취업	상+중층	3.738	783
2	여성	있음	대졸	미취업	상+중층	3.713	513
3	남성	있음	대졸	취업	상+중층	3.613	1921
4	여성	있음	고졸	미취업	상+중층	3.466	786
5	남성	있음	고졸	취업	상+중층	3.413	130
전반적 생활만족도가 가장 낮은 집단							
1	남성	없음	중졸	미취업	하층	2.082	186
2	남성	없음	대졸	미취업	하층	2.083	67
3	남성	있음	고졸	미취업	하층	2.363	113
4	남성	없음	고졸	미취업	하층	2.373	36
5	남성	없음	중졸	취업	하층	2.409	85
걱정을 경험한 비중이 가장 작은 집단							
1	남성	있음	중졸	취업	상+중층	0.319	332
2	여성	있음	중졸	취업	상+중층	0.335	454
3	여성	없음	중졸	취업	상+중층	0.353	68
4	남성	없음	대졸	취업	상+중층	0.371	132
5	여성	있음	중졸	미취업	상+중층	0.373	244
걱정을 경험한 비중이 가장 큰 집단							
1	남성	없음	대졸	미취업	하층	0.750	36
2	여성	없음	대졸	미취업	하층	0.675	40
3	여성	있음	대졸	취업	하층	0.669	151
4	여성	없음	대졸	취업	하층	0.656	64
5	여성	없음	고졸	미취업	하층	0.655	116

배우자도 없고 일자리도 없는 하층 계층에 속하는 남성들이 생활만족도가 매우 낮았다. 이들 중에서는 중졸, 대졸, 고졸순으로 낮았다. 생활만족도가 낮은 1~5위 집단은 모두 남성들로 계층으로는 하층에 속하는 공통점을 보였다. 40~50대 남성들에게 배우자가 없는 점은

생활만족도를 낮추는 중요한 요인으로 작동하고 있는 것으로 보인다.

걱정을 경험할 비중이 가장 작은 집단으로는 배우자가 있는 중졸 학력의 남성으로 일자리를 갖고 있고 상층이나 중층 계층에 속하는 경우였다. 두 번째로 걱정을 안 하는 집단은 1위와 같은 조건의 여성이었다. 상대적으로 학력은 낮지만 배우자가 있고 일자리를 갖고 있고, 소득수준이 일정 수준 이상이라면 별 걱정 없이 사는 경우가 많다고 할 수 있다. 걱정을 잘 하지 않는 상위 5위 이내 집단은 모두 계층이 상층이나 중층에 속하였다. 주목할 점은 저학력인 경우가 많다는 것이다. 4위인 대졸 남성의 경우를 제외하고는 1, 2, 3, 5위가 중졸 학력이었다.

반대로 가장 걱정을 많이 하는 집단은 대졸 남성으로 배우자가 없고, 취업도 못한 계층으로는 하층에 속하는 경우였다. 흥미로운 점은 같은 조건의 고졸이나 중졸 남성은 걱정을 많이 하는 상위 5위 안에 들지 않았다는 것이다. 두 번째로 걱정을 많이 하는 집단은 1위와 마찬가지 조건인 여성이었다. 3위와 4위는 일자리는 있으나 하층에 속하는 대졸 여성이었다(배우자가 있는 경우가 3위, 없는 경우가 4위임). 앞서 걱정을 덜하는 집단에 사회적으로 안정적인 지위를 획득한 중졸 학력자의 경우들이 있었던 반면, 걱정을 많이 하는 집단에는 하층에 속한 대졸자가 많았다. 40~50대에는 학력에서 비롯한 기대와 현실속의 경쟁 안에서 획득한 계층지위가 하루하루 걱정을 경험하는 데 중요한 요인으로 작용하고 있는 것으로 보인다.

3) 60대 이상 한국인 중 가장 행복한 집단과 가장 불행한 집단

〈표 3-4〉는 60대 이상에서 한국인 중 생활만족도와 걱정경험의

집단별 순위를 보여준다. 60대부터는 점차 은퇴자가 늘어나면서 취업 여부의 중요도보다는 계층의 중요도가 더욱 높아질 것으로 여겨진다. 또한 사별이 늘어나면서 배우자가 있다는 의미도 더욱 중요하게 작용할 것으로 보인다.

〈표 3-4〉 60대 이상 한국인 중 생활만족도와 걱정경험 집단별 순위

순위	성	배우자 유무	학력	취업 여부	계층	행복도	관찰사례 수
전반적 생활만족도가 가장 높은 집단							
1	남성	있음	대졸	취업	상+중층	3.790	181
2	남성	있음	대졸	미취업	상+중층	3.609	220
3	여성	있음	대졸	미취업	상+중층	3.538	106
4	여성	있음	고졸	취업	상+중층	3.446	56
5	남성	있음	고졸	취업	상+중층	3.390	323
전반적 생활만족도가 가장 낮은 집단							
1	남성	없음	중졸	취업	하층	2.329	85
2	남성	없음	중졸	미취업	하층	2.402	199
3	여성	없음	중졸	미취업	하층	2.508	1308
4	남성	없음	고졸	미취업	하층	2.518	56
5	여성	있음	중졸	미취업	하층	2.544	704
걱정을 경험한 비중이 가장 작은 집단							
1	남성	있음	중졸	취업	상+중층	0.257	573
2	남성	있음	대졸	미취업	상+중층	0.259	220
3	남성	있음	고졸	취업	상+중층	0.269	323
4	남성	있음	대졸	취업	상+중층	0.282	181
5	여성	있음	고졸	미업	상+중층	0.294	235
걱정을 경험한 비중이 가장 큰 집단							
1	여성	없음	고졸	미취업	하층	0.526	78
2	여성	있음	중졸	미취업	하층	0.509	704
3	남성	없음	중졸	취업	하층	0.494	85
4	남성	있음	중졸	미취업	하층	0.492	553
5	남성	없음	중졸	미취업	하층	0.462	199

가장 생활만족도가 높은 상위 1, 2위와 가장 생활만족도가 낮은 상위 1, 2위가 모두 남성이었다. 배우자가 있고, 대졸학력에 상층이나 중층에 속한 남성들이 생활만족도가 매우 높았다. 취업자가 1위였지만 2위가 같은 조건의 미취업자인 것처럼 취업의 중요도는 크지 않았다. 반대로 가장 생활만족도가 낮은 집단은 배우자가 없는 중졸학력의 하층에 속하는 남성이었다. 취업자가 가장, 미취업자가 두 번째로 낮았다. 보통은 일자리를 갖고 있는 경우가 생활만족도를 높이는 방향으로 작동하였다. 하지만 고령의 하층민에게 미취업자보다도 취업자의 경우에 생활만족도가 낮다는 것은 주목할 만하다.

걱정을 경험할 비중이 가장 작은 1위에서 4위에 해당하는 집단은 상층이나 중층에 속하는 배우자가 있는 남성들이었다. 반면에 걱정을 경험할 비중이 가장 큰 집단은 하층에 속하는 배우자가 없는 미취업 고졸 여성이었다. 특이한 점은 2위에 해당하는 집단이 하층에 속하는 배우자가 있는 미취업 중졸 여성이라는 점이다. 배우자가 있음에도 불구하고 경제적으로 어려움이 이들을 자주 걱정하도록 만드는 것으로 보인다.

걱정을 잘 경험하지 않는 집단은 모두 계층으로는 상층이나 중층이며 배우자가 있는 경우였다. 반대로 걱정을 많이 한 집단은 하층 계층에 속하며 학력이 낮은 경우가 많았다. 또한 하층임에도 미취업인 경우에 해당했다.

4. 소결

전체 144개 성인 집단 중에서는 대졸학력의 일자리를 가진 상층이나 중층 계층에 속하는 20, 30대 기혼여성이 가장 생활만족도가 높았다. 이들의 경우는 심지어 중・고등학생 중 가장 높은 생활만족도를 보인 중1 여학생의 경우(3.842)보다도 높은 수치(3.859)를 보였다. 반대로 가장 불행한 집단은 배우자도 없고 일자리도 없는 하층민에 속하는 40, 50대 중졸 남성들이었다(2.082). 같은 조건의 대졸 남성들도 비슷한 수준으로 만족도가 낮았다(2.083). 한국 사회의 경쟁에서 밀린 남성들에게서 가장 낮은 만족도가 발견된다고 할 수 있다.

전체 한국 성인들 중 가장 걱정을 안 하는 집단은 배우자가 있고 일자리도 있으며 상층이나 중층 계층에 속하는 60, 70대 중졸 남성들이었다. 이들 중 전날 걱정을 경험한 비율은 25.7%에 불과하였다. 비록 학력은 낮지만 소득원을 갖고 안정적인 경제적 기반을 바탕으로 걱정없는 생활을 누리는 것으로 보인다. 두 번째로 낮은 집단은 배우자가 있고, 미취업이며 상층이나 중층 계층에 속하는 60, 70대 대졸 남성들이었다. 은퇴 이후에 삶을 즐기고 있기 때문으로 보인다. 반대로 가장 걱정을 많이 하는 집단은 배우자가 없는 하층에 속하는 대졸 미취업 40, 50대 남성들이었다. 전날 걱정을 경험할 비율이 75%에 달하였다. 20대부터 50대까지 걱정을 많이 하는 상위 집단은 70~60% 정도가 전날 걱정이라는 감정을 경험하였다. 고등학교 3학년 여학생이 전날 걱정을 경험하는 비율은 62%이다. 입시를 앞둔 고3 여학생보다도 걱정을 많이 하게 되는 집단이 존재하는 것이다.

제 4 장

센(Sen)의 삶의 역량 이론과 행복방정식

제4장 센(Sen)의 삶의 역량 이론과 행복방정식[1]

본 연구의 출발점이 되었던 이스털린 패러독스에 대한 해답은 지난 수십 년간 많은 학자의 탐구 대상이 되었다. 제2장의 말미에서 소개된 바와 같이 경제학자들은 이스털린(Easterlin)이 던진 질문의 답을 개인의 비교성향과 상대소득에서 찾으려고 하였고 정치학자들은 20세기 후반 이후 지속적으로 하락해 온 사회적 신뢰에서 찾으려고 하였다. 이러한 기존의 접근은 이스털린의 두 가지 질문 중 한 국가의 평균적 행복수준이 왜 소득의 지속적 증가에도 불구하고 거의 변화가 없는지를 설명하는 데에는 유용할 수 있으나 국가 간 행복수준의 차이가 왜 소득수준에 의해 충분히 설명되지 않는지에 대해서는 의미 있는 설명을 제시하지 못한다. 본 장에서는 이러한 질문에 대한 해답의 출발점이 될 수 있는 센의 역량이론(capability theory)에 대하여 간략히 소개한다.

1) 4장의 내용은 구교준 외(2014)를 중심으로 수정·보완하여 구성함.

1. 삶의 역량 이론

삶의 역량(capability of life) 개념은 노벨 경제학상을 수상한 아마르티아 센(Amartya Sen)의 삶의 질과 형평성을 어떤 관점에서 논의할 것인가에 대한 유명한 강연을 통해 소개되었다(Sen, 1980). 역량 개념을 설명하기 위해서는 먼저 센이 삶의 기초 구성 요소라고 언급한 삶의 기능(functioning)을 설명해야 하는데, 기능이란 개인이 가치를 두고 추구하는 행위나 상태(doings and beings)를 의미한다. 역량이란 바로 이러한 기능, 즉 개인이 가치를 두고 추구하는 행위나 상태를 달성할 수 있도록 하는 기회의 집합(opportunity set of achievable potential functionings)이라고 정의할 수 있다(Robeyns, 2005). 역량 개념에 대한 이러한 정의는 몇 가지 중요한 의미를 가진다. 우선 역량이 기회의 집합이라는 점에서 아직 실현되지 않은 비현시 행위 혹은 상태라는 점이다. 개인은 선호와 가치에 따라 이들 기회의 집합 중 일부를 선택하게 되며, 이렇게 해서 현시된 기능(achieved functionings)은 개인에 따라 많이 다를 수 있다. 센은 기능이 아닌 역량에 초점을 맞춤으로 해서 개인의 가치와 선호에 따른 다양한 삶의 양식이 존재할 수 있음을 강조하였으며, 이는 센의 이론이 기본적으로는 자유주의적인 뿌리를 가지고 있음을 잘 보여준다(Robeyns, 2006). 둘째, 역량 개념이 개인의 선호와 가치를 담고 있다는 측면에서 앞에서 언급한 eudaimonic한 행복과 폭넓은 접점을 가진다는 점이다. 개인이 가치를 두고 있는 바를 추구하여 실현하는 것은 eudaimonic한 성격의 행복이 중시하는 개인 잠재력의 실현 혹은 자아실현과 일맥상통하는 부분이 있다. 셋째, 개인의 선호와 가치는 국가나 문화가 가지는 고유한 특성에 영향을 받을 수 있으므로 전 세계의 모든 국가와 문화에 공통적으로 적용될 수 있는 일반화된 삶의 역량을 도출하기 어렵다는 점이다. 이는 센과 함께 역량이론을 개척한 너스바움(Nussbaum)의 견해와는 다소 상반되는 부분으로 역량이론의 현실 적용가능성과 관련된 논쟁의 중요한 주제가 되고 있다.

센의 역량 개념은 삶의 질을 바라보는 기존의 관점들과 뚜렷한 차이점을 가진다(Cohen, 1993). 우선 삶의 질을 후생(welfare), 특히 심리적 만족감으로 해석하는 공리주의의 관점과 비교해 보자. 삶의 후생이 심리적 만족감으로 평가되는 경우 정상적인 선호의 만족을 통해 얻어지는 심리적 만족과 집단 따돌림 같이 도덕적으로 비난받을 만한 선호를 충족시켜 얻는 비이상적 심리적 만족을 구분하는 것이 불가능해진다. 또한 공리주의가 관심을 가졌던 최대 다수의 최대 행복이라는 접근은 심리적 만족의 총량에만 관심이 있을 뿐 그것이 어떻게 배분되는지는 관심을 기울이지 않는다는 비판을 받는다. 설령 공리주의의 틀 안에서 분배 문제에 초점을 맞추더라도 심리적 만족이라는 개념으로는 한계점이 많다. 예를 들면 개인의 선호체계가 상이하기 때문에 동일한 수준의 후생을 만족시키기 위해서도 개인별로 다른 양의 재화가 요구될 수 있다는 문제점을 들 수 있다. 이러한 문제점을 해결하기 위하여 롤스나 드워킨 등은 삶의 질과 형평성에 대한 논의를 기초재화(primary good) 혹은 자원(resource)을 중심으로 진행해야 한다고 주장한다(Clark, 2005). 즉 기초재화와 자원이 모든 사람들에게 얼마나 균등하게 배분되어 있는지에 관심을 두는 것이다.

센은 롤스나 드워킨의 이러한 접근에 한계가 있다고 지적한다. 재화나 자원도 결국은 개인이 가치를 두고 있는 행위나 상태, 즉 삶의 기능을 달성하기 위한 수단인데, 동일한 수준의 재화나 자원이 투입된다 하더라도 이를 기능으로 전환시키는 능력은 개인마다 혹은 사회마다 모두 다를 수 있고 이에 따라 그 결과로서 나타나는 기능의 수준 역시 상이할 수 있기 때문이다. 교육 분야를 예로 들자면, 모든 개인이 글을 읽고 쓸 수 있는 기능을 가질 수 있도록 교육을 시킨다고 할 때 지적 장애인의 경우에는 일반인과 비교해서 더 많은 시간과 자원이 투입되어야 다른 사람들과 유사한 수준의 능력을 갖출 수 있게 된다. 따라서 재화나 자원 중심의 접근을 할 경우 개인이나 사회의 능력 차이로 인해 나타나는 보다 본질적인 기능의 불평등 문제를 제대로 다루지 못한다는 문제가 제기될 수 있다. 실제로 센은 역량이론의 연구 초기에 멕시코나 브라질의 기대수명, 영아사망률, 유아사망률과 같은 기본적 삶의 기능이 1인당 소득이 이들 국가의 7분의 1에 불과한 스리랑카나 인도보다 오히려 낮은 현실에 주목하고 소득이나 자원 중심의 접근이 가지는 한계점을 지적하였다(Sen, 1985). 이러한 이유로 투입에 해당되는 자원이나 산출에 해당되는 후생이 아닌 아직 현시되지 않은 기회의 집합으로서 삶의 역량을 통해 삶의 질을 평가하는 것이 보다 바람직하다는 것이 센의 삶의 역량 접근의 요체이다.

센은 〈그림 4-1〉 같은 도식화를 통하여 자원, 역량, 기능, 효용(후생) 등의 개념을 구분하여 설명한다. 자원을 통해 개인이 이루고자 하는 행위인 역량을 확보할 수 있고, 이것이 현시되었을 때 개인의 기능이 되며, 그리고 이러한 기능을 통해 효용을 얻고 따라서 개인의 후생이 증진된다는 것이다(Clark, 2002). 이 같은 역량 개념이 삶의 질을 바

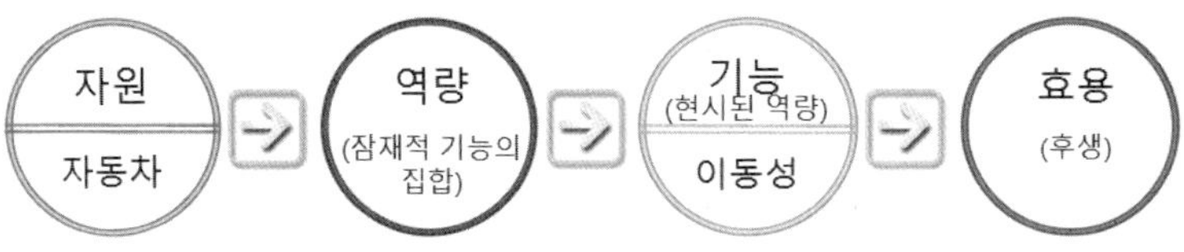

〈그림 4-1〉 삶의 역량 개념의 도식화

라보는 기존의 관점과 두드러지게 구별되는 특징은 기존의 접근이 자원의 유무 혹은 이를 통해 달성되는 후생같이 실제 상태(actual state)에 주로 초점을 맞추었다면 역량 접근은 바람직한 행위와 상태를 달성할 수 있는 기회에 초점을 맞추고 있다는 점이다.

예를 들어 개인의 이동성을 아직 현시되지 않은 역량으로 본다면, 이를 가능하게 해 주는 자동차는 자원이고, 자동차를 사용해서 얻게 되는 이동성은 개인의 기능이 되며, 자유로운 이동을 통해 얻는 만족감이 개인의 효용 내지는 후생이 된다. 이러한 측면에서 볼 때 자원이나 부는 개인이 원하는 삶을 추구하기 위한 도구나 수단일 뿐이며, 개인의 행복은 자원과 부 같은 수단을 통해 달성한 바람직한 상태에 직접적인 영향을 받는다. 따라서 삶의 역량 개념은 삶의 질의 투입과 산출의 중간에 위치하는 일종의 중간 개념이라고 볼 수 있으며, 따라서 삶의 역량 개념에 초점을 맞춘 삶의 질 분석은 삶의 질의 투입과 산출의 불일치 현상에 대한 이해에 중요한 출발점이 될 수 있다.

센이 삶의 질과 형평성의 문제를 논하는 데 역량 개념의 중요성을 강조한 것은 사회정의와도 일맥상통하는 부분이 있다. 사회적 형평성의 문제를 후생이나 자원이 아닌 역량의 측면에서 바라보는 것이 가장 윤리적이고 의미 있는 결론에 도달할 수 있다는 것이 센의 기본적인 입장이기 때문이다. 그러나 역량이론이 기존의 후생이나 자원 중심 접근의 문제점을 피해갈 수 있을지는 모르겠으나 현실 문제의 해결을 위한 실질적 함의를 제공해 주지 못한다는 측면에서는 여전히 한계를 가진다. 특히 사회 정의를 위해서는 어느 정도 수준의 역량이 확보되어야 하는지와 같은 문제에 대한 언급은 거의 찾아볼 수 없다. 그 결과 센의 접근 방식을 택한 연구에서 보건, 교육 등의 역량에 대한 상대적 비교 연구는 활발히 이루어지고 있으나 정의로운 사회를 만들기 위해 이러한 분야의 서비스를 어느 정도 제공해야 하는지에 대한 논의는 거의 결여되어 있다(Nussbaum, 2003).

역량 개념과 사회 정의와의 연관성은 너스바움(Nussbaum, 2003)으로 오면서 좀 더 명확해진다. 너스바움은 역량 개념 안에 직업 선택의 자유, 집회결사의 자유, 양심의 자유와 같은 인간의 기본권에 속하는 내용이 상당 부분 포함되어 있다고 설명한다(뒤에 제시된 너스바움의 역량리스트를 보면 이러한 기본권과의 연관성을 뚜렷하게 볼 수 있음). 특히 역량 개념을 통해 인간의 기본권 개념을 보다 명확하게 정의할 수 있다고도 주장한다. 따라서 이같이 역량이 인간의 기본권과 연결된다면, 기본적 삶의 역량의 충족 없이 사회정의를 논의하는 것은 불가능해진다.

2. 삶의 역량의 조작화

삶의 역량 접근은 인간의 후생과 삶의 질을 이해하는 새로운 프레임을 제시했다는 의의에도 불구하고 실제 현실에서의 적용에는 한계가 있다는 비판을 많이 받아왔다. 이러한 비판의 가장 큰 이유는 모든 국가와 사회에 적용할 수 있는 일반화된 역량의 목록이 존재하지 않는다는 점인데, 특히 센은 역량은 상대적이기 때문에 국가, 사회, 시대, 개인에 따라 그 양태가 달라질 수 있으며 따라서 구체적으로 정의할 수 없다고 주장하였다(Vallentyne, 2005). 이에 반하여 너스바움(Nussbaum, 2000)은 인간으로서의 기본적인 가치를 영위하기 위하여 보편적으로 요청되는 삶의 역량이 존재한다고 강조하면서 일반화된 삶의 역량 리스트를 제시하였고, 이후 여러 연구에서 보편적인 역량의 측정을 시도하였다(Clark, 2002). 이러한 측면에서 삶의 역량은 크게 두 가지 그룹으로 범주화가 가능하다. 의식주 및 건강 등 인간으로서 최소한의 기본적 가치를 영위하기 위해 필요한 기초역량(basic capability)과 이성적 사유와 자유, 예술작품의 감상같이 기본적 가치가 충족된 이후에 추구할 수 있는 상위역량(advanced capability)이 그것이다.[2)] 그 중에서도 특히 기초역량 개념은 빈곤 연구에 중요한 함의를 제공한다. 만약 기초역량과 소득의 관계가 뚜렷하게 확립되어 있지 않다면, 빈곤을 단순히 소득 기준으로 정의하는 것이 적절한 접근이 아닐 수도 있기 때문이다.

주관적 행복과 관련하여 역량이 가지는 흥미로운 역할은 인간적인 삶을 위한 최소 조건이라고 할 수 있는 기초역량은 결핍될 경우 행복 수준에 상당히 부정적인 영향을 끼치지만 일단 어느 정도 충족되고 나면 당연하게 받아들여서 삶의 만족도에 미치는 긍정적인 영향이 제한적이 되는 경향을 가지고 있다는 점이다. 이러한 특징은 허즈버그(Herzberg, 1966)의 동기이론(motivation theory)에서 개인의 만족 수준에 긍정적인 영향은 크지 않지만 결핍될 경우 부정적으로 작용하는 위생요인(hygiene factor)과도 일맥상통한다고 볼 수 있다. 이에 비하여 상위역량은 그 내재적인 가치로 인하여 허즈버그의 동기요인(motivator)같이 삶의 만족 수준에 지속적으로 긍정적인 영향을 끼칠 수 있다.

그렇다면 역량 개념은 실증연구에서 어떻게 조작화되어 사용되었을까? 개념의 조작화를 위해선 일단 역량 개념이 명확하게 정의되어야 한다. 그러나 앞에서도 언급하였듯이 센이 제시한 역량 개념은 뛰어난 확장성과 유연성으로 다양한 개인의 가치와 선호를 담을 수 있다는 장점이 있지만 그로 인해 명확한 역량의 분야를 제시하지 못한다는 한계를 동시에 가지고 있다. 그리고 이러한 한계는 역량 개념의

2) 센(Sen, 1987)도 이러한 구분을 인정하고 기초역량(basic capability)과 일반역량(general capability)이라는 용어를 사용하였다.

조작화와 현실 적용가능성에 큰 제약요인으로 작용한다. 역량 개념의 이러한 한계를 극복하고 현실 적용가능성을 제고하기 위해 너스바움(Nussbaum, 2003)은 어느 나라 혹은 어느 사회에 살고 있건 인간이 인간으로서의 존엄과 가치를 누리는 삶을 영위할 수 있도록 해주는 가장 기본적이고 일반적인 역량을 10가지로 정리하여 제시하였다.

- 생명(life): 인간의 정상적인 수명을 다할 수 있어야 함.
- 신체건강(bodily health): 충분한 의식주를 통해 건강한 신체를 유지할 수 있어야 함.
- 신체보전(bodily integrity): 신체에 불필요한 위해로부터 자유로울 뿐 아니라 자유로운 신체의 이동이 가능하여야 함. 또한 성적 만족과 출산에 대한 선택의 자유가 보장되어야 함.
- 상상과 사유(sense, imagination, thought): 교육과 과학적 사고에 대한 훈련을 통해 형성된 사고력을 바탕으로 자유롭게 상상하고 사유할 수 있어야 함.
- 감정(emotion): 타인이나 사물에 대한 애착을 형성할 수 있어야 함. 사랑하고 아끼는 대상을 잃었을 때, 그러한 상실에 슬퍼하고 아파할 수 있어야 함. 또한 개인의 감정이 공포나 걱정에 의해 제약받지 않아야 함.
- 이성(practical reason): 옳고 그름을 판단하고 비판적 사고를 통해 자신의 삶을 스스로 계획할 수 있어야 함.
- 관계(affiliation): 다른 사람들과 적극적으로 교류하며, 타인에 대한 배려를 실천할 수 있어야 함. 즉 다른 사람의 입장을 역지사지하여 이해할 수 있어야 함. 또한 인간이 공통적으로 가지는 가치를 고려하여 차별 없이 다른 모든 사람들과 동등하게 대우받을 수

있어야 함.

- 자연동화(other species): 동식물 등 자연환경을 아끼고 동화될 수 있어야 함.
- 유희(play): 웃고 즐길 수 있는 활동에 참여할 수 있어야 함.
- 환경통제(control over one's environment): 정치적으로, 개인의 삶의 성격을 정의하는 정치과정에 참여할 수 있어야 함. 물질적으로, 개인이 원하는 직업을 추구할 기회가 균등하게 주어지고, 자유롭게 자산을 소유하고 처분할 수 있어야 함. 마지막으로 개인의 신체자유에 이유 없는 제약이 가해지지 않아야 함.

한편 본 연구에서는 8장의 국민총행복지수 도출을 위하여 구교준 외(2015)의 연구에 따라 너스바움의 10개 역량 분야를 8개로 재구성하고 이를 기초역량과 상위역량으로 구분하였다. 구교준 외의 연구에서 제시한 역량 재구성의 원칙은 ① 너스바움의 기본 틀을 최대한 유지한다는 점과 ② 실증분석을 위하여 측정가능성을 최대한 고려한다는 점이다.

〈기초역량〉

- 생명/건강: 너스바움의 생명과 신체건강을 통합하여 생명/건강 영역을 구성하였으며, 건강을 유지하면서 평균적인 수명을 누릴 수 있는지 여부를 의미한다. 의료서비스에 대한 열악한 접근성으로 인하여 건강을 유지하기 어렵거나 지나치게 일찍 사망하는 경우 혹은 낙태로 인한 영아사망률이 높다면 생명/건강 역량이 부족한 것으로 평가할 수 있다.
- 안전: 너스바움의 신체보전 영역에 해당되며, 이는 주로 개인의

신체에 대한 자유와 권리를 포함한다. 즉 다양한 형태의 폭력으로부터 자유로울 뿐 아니라 성적 자기결정권까지 포함하는 개념이며, 따라서 살인, 강도, 성폭력 등 강력범죄에 쉽게 노출되는 환경이라면 안전 역량이 부족한 것으로 평가할 수 있다.

- 환경: 너스바움의 자연동화에 해당하는 영역으로, 다른 동식물 등 자연환경과의 교감과 공존을 의미한다. 따라서 공해와 자연환경에 대한 위해요인에 노출될 가능성이 높은 환경이라면 환경 역량이 부족한 것으로 평가할 수 있다.
- 경제: 너스바움의 환경통제 영역을 경제와 정치참여의 두 분야로 나누었다. 경제 분야에서는 소유권을 인정받고 자유롭게 부를 축적할 수 있는 공정한 기회를 강조한다. 이는 나아가서 안정적인 소득을 올릴 수 있는 양질의 직업과도 연결될 수 있다. 따라서 어쩔 수 없이 생활임금에 못 미치는 비정규직 일자리에서 일해야 하는 환경이라면 경제 역량이 부족하다고 평가할 수 있다.

〈상위역량〉

- 교육: 새롭게 재구성된 역량 중 가장 포괄적인 영역이 교육이라고 할 수 있는데 여기에는 너스바움의 상상과 사유, 감정, 이성의 세 가지 영역이 포함된다. 즉 교육 역량은 감정을 느끼고 자유롭게 표현할 수 있으며 이성적으로 사유하고 과학적으로 추론할 수 있는지 여부를 의미한다. 따라서 기본적인 문자해독 능력이나 수리 능력을 기를 수 있는 교육에 대한 접근이 어려운 환경이라면 교육 역량이 부족한 것으로 평가할 수 있다.
- 관계: 너스바움의 관계 영역에 해당되며, 이는 타인과 상호작용하고 다른 사람의 입장을 공감할 수 있는지를 강조한다. 이를 위

해서는 타인을 인정하고 존중하며, 자기 자신도 타인으로부터 인정받고 존중되는 환경이 갖추어져야 한다. 따라서 타인으로부터 도움을 주고받는 등의 상호작용을 기대하기 어려운 환경이라면 관계 역량이 부족하다고 평가할 수 있다.

- 여가: 너스바움의 유희 영역에 해당되며, 웃고 즐길 수 있는 활동을 통해 기분전환을 할 수 있는 환경을 강조한다. 따라서 생명/건강, 안전, 경제 등의 기본적인 역량의 충족이 전제된다고 할 수 있다. 생계를 위해 여러 개의 직업을 가지고 하루 12시간 이상 주말도 없이 일해야 하는 상황이라면 여가 역량이 부족하다고 평가할 수 있다.
- 정치참여: 너스바움의 환경통제 영역 중 정치분야에 해당되며, 이는 자신의 선호를 소득, 성별, 출신성분에 따라 차별받지 않고 포괄적으로 정치과정에 투영할 수 있는지 여부를 강조한다. 따라서 정치참여 역량에서는 언론 및 정치적 자유의 보장과 같은 전통적인 정치의 영역뿐 아니라 소외와 차별로부터 자유로운 환경이 강조된다.

너스바움이 제시한 인간의 존엄과 가치를 누리기 위해 요구되는 가장 기본적인 역량의 리스트는 좋은 삶(good life)이란 무엇인가에 대한 연역적 고민으로부터 도출된 것으로서 아리스토텔레스의 사상으로부터 많은 영향을 받았다. 한편 역량의 개념을 정의하고 역량리스트를 만들기 위한 노력은 정반대의 접근을 통해 이루어지기도 하였다. 클락(Clark)은 남아프리카공화국의 빈곤층을 대상으로 한 설문을 통해 어떤 요인들이 좋은 삶을 위해 필요한지에 대한 연구를 진행하였다. 설문 결과는 이들이 일자리, 건강, 교우관계, 의식주, 유희, 안전, 경제적 안정 등을 통해 좋은 삶을 정의한다는 것을 발견하였다. 흥미로운 점은 클락의 연구결과에 의하면 대부분이 개인이 '좋은 삶'이라는 개념이 가지는 불확실성과 모호함에도 불구하고 '좋은 삶'에 대해 거의 유사한 비전을 공유하고 있었다는 점이다. 그리고 이같이 귀납적으로 도출된 인간의 존엄과 가치를 유지하기 위한 가장 기본적인 역량의 리스트는 센의 접근에서와 같이 연역적으로 도출된 리스트와 크게 다르지 않았다(Clark, 2002).

역량의 개념 정의와 무엇이 역량리스트에 포함되어야 하는지에 대한 의문이 해결되면 센의 역량이론은 조작화 가능한 것일까? 역량이론의 조작화는 너무나 다양한 기능의 관점과 좋은 삶을 어떻게 바라봐야 하는지에 대한 개인적 선호의 다양성으로 인해 근본적으로 불가능한 작업이라는 비판이 끊임없이 제기되어 왔지만(Roemer, 1996; Sugden, 1993), 센 자신을 비롯한 여러 후속 연구를 통해 역량 개념의 조작화 노력은 지속적으로 이루어져 왔다.

우선 센(Sen, 1985)은 자신이 제시한 역량을 평균수명, 영아사망률, 유아사망률의 세 가지 지표로 조작화하여 인도, 스리랑카가 1인당 소득이 7배나 더 많은 멕시코, 브라질보다 이들 지표에서는 더 앞선다는 사실에 주목하였다. 단순한 소득 및 자원 중심의 접근이 가질 수 있는 한계를 실증적으로 보여준 것이다. 역량 접근이 조작화되어 실증 연구에 적용된 사례로 가장 잘 알려진 것은 아마도 인간개발(human development) 개념과 다양한 관련 지수들일 것이다. 흔히 사용되는 지수만을 예로 들어도 Human Development Index, Human Freedom Index, Gender-related Development Index, Human Poverty Index 등 10여 종에 이른다(Robeyns, 2000).

이 밖에도 많은 연구에서 다양한 관점에서 센의 역량이론에 대한 조작화를 시도하였다. 대표적인 예로 엘만(Ellman, 1994)은 구소련의 사망률에 대한 분석을 통해 역량이론의 유용성을 실증적으로 보여주었다. 슬로체(Slottje, 1991)는 센의 역량이론의 틀을 활용하여 개인의 후생을 측정할 수 있는 20개 지표를 만들고 이를 통해 전 세계 126개국을 대상으로 한 삶의 질 분석을 시도하였다. 발레스트리노와 쉬클로네(Balestrino and Sciclone, 2001)도 이태리의 20개 지역을 대상으로 소득과 삶의 기능 간에 상관관계가 그리 높지 않음을 보여준 바 있다. 너스바움의 역량리스트를 활용한 실증 연구도 활발하게 이뤄졌는데, 대표적으로 아난드 외(Anand et al., 2009)는 너스바움의 역량리스트에 포함된 10개 기본 역량의 내용을 개인 수준에서 구체적으로 평가할 수 있는 설문을 디자인하여 이들 역량과 삶의 만족도와의 관계를 실증적으로 분석하였다.

역량 개념을 측정하기 위한 이러한 다양한 시도는 역량이론의 조작화가 쉬운 작업은 아니지만 몇몇 학자가 비판적으로 주장하는 것같이 불가능한 작업 또한 아님을 잘 보여준다. 역량리스트에 포함된 역량개념을 조작화하기 위해 다양한 계량 지표들이 오래전부터 활용되어 왔고, 또한 최근에는 설문조사 기법도 활용되어 왔음을 알 수 있다.

3. 삶의 역량과 행복방정식

본 절에서는 지금까지 논의한 삶의 역량 개념을 이스털린 패러독스로 대표되는 행복방정식을 이론적으로 설명하는 데 적용해보고자 한다. 기존 연구는 행복의 패러독스에 대한 해답을 소득 같은 삶의 상대적 조건(상대적 위치가 중요시되는 행복의 결정요인들)에서 찾는다. 행복의 결정요인으로서 삶의 상대적 조건이 작동하는 메커니즘은 적응(adaptation)과 열망(aspiration)이라는 개념에 기초한 쳇바퀴효과(treadmill effects)를 통해 설명될 수 있다(Bruni & Porta, 2005).

우선 이스털린(Easterlin, 2001)은 심리학에서 발전된 기준점(set point) 이론에 기초하여 상당한 수준의 삶의 변화가 생기더라도 대부분의 개인은 곧 새로운 삶의 조건에 적응하며, 따라서 삶의 주관적 만족도에는 큰 변화가 없다고 주장한다(adaptation). 즉 소득, 사회적 지위, 주거환경 등의 변화는 주관적 만족도에 일시적인 영향을 끼칠 수는 있어도 그로 인한 개인의 행복수준 변화가 영속적이지 않다는 것이다. 게다가 더 큰 문제는 개인의 주관적 효용이 소득이나 사회적 지위 같은 삶의 조건의 절대적 수준이 아니라 상대적 수준의 영향을 더 많이 받는다는 점이다. 현재 나의 절대적 삶의 조건보다는 과거보다 나은 삶 혹은 다른 사람보다 나은 삶이 개인의 주관적 행복에 더 의미 있는 영향을 끼치는 것이다(aspiration). 예를 들어 듀젠베리(Duesenberry, 1949)가 지적한 바 같이 개인의 효용은 자기 자신의 절대적 소비수준이 아니라 다른 사람과의 비교를 통한 상대적 소비수준에 의해 결정된다. 이런 상황에서는 나의 소득이 증가하더라도 다른 사람들의 소득도 비슷하게 증가하면 나의 주관적 효용은 변하지 않기 때문에 좀 더 나은 삶의 조건을 위해 혹은 다른 사람과의 차별화를 위해 끊임없이 노력하게 되는 것이다(treadmill effects). 따라서 삶의 상대적 조건을 추구하는 삶은 제로섬 관계를 중심으로 형성되며 다분히 경쟁적인 성격을 가지게 된다. 이 같은 주장은 삶의 조건의 상대성을 중시한다는 점에서 베블렌(Veblen, 1899)의 과시적 소비(conspicuous consumption) 개념이나 허쉬(Hirsch, 1977)의 위치재(positional good) 개념과 일맥상통하는 부분이 많이 있다. 프랭크(Frank, 2005)와 클락(Clark, 2008) 등은 이러한 이유에서 개인의 행복수준을 결정하는 데 절대적 소득이 아닌 상대적 소득의 중요성을 강조하기도 하였다.

적응, 열망, 쳇바퀴 효과를 통한 삶의 상대적 조건에 대한 논의는 소득과 행복의 관계에 이스털린이 제기한 질문에 대한 해답의 중요한 출발점이 된다. 지난 수십 년간의 시계열 자료를 통하여 관찰된 주관적 소득 수준과 행복의 불일치 현상은 바로 절대적인 삶의 조건이 아닌 상대적인 삶의 조건에서의 차별화를 추구하는 개인의 선택행위를 통해 설명 가능하다는 것이다. 즉 특정 국가에서 지난 수십 년 동안 소득 증가가 있었다 하더라도 개선된 삶의 환경에 대한 개인의 적응 혹은 절대적 소득이 아닌 상대적 소득의 중요성 등으로 인하여 행복수준에는 그리 큰 변화가 없었다는 것이다. 나의 소득이 증가하였으나 나의 이웃의 소득도 동일하게 증가하였다면, 증가된 소득이 나에게 그다지 큰 효용을 주지 못하며, 효용을 주더라도 곧 변화된 삶의 양식에 익숙해지므로 효용이 오래 지속되지 못하는 것이다.

삶의 조건의 상대성에 기반을 둔 기존 논의는 특정 국가의 시계열 자료에서 관찰되는 소득과 행복 간의 불일치 현상을 설명할 수 있어도 국가 간 횡단면 자료 분석에서 관찰되는 소득과 행복 간의 불일치 현상에 적용하기에는 무리가 따른다. 횡단면 자료의 국가 간 비교에서 나타나는 소득과 행복 간의 불일치 현상은 적응, 열망, 쳇바퀴 효과로 설명되는 특정 국가의 시계열 자료에서 나타나는 소득과 행복 간의 불일치 현상과는 성격이 다소 다르기 때문이다. 즉 국가 간 비교에서 나타나는 정태적 현상을 설명하기 위해서는 기존의 동태적 이론과는 차별화되는 또 다른 이론적 논의가 필요하다. 본 연구의 가장 중요한 목적은 바로 횡단면 자료에 나타나는 이러한 소득과 행복의 불일치 현상을 설명하는 데 있다. 본 연구는 이를 위하여 상대적 수준보다는 절대적 수준이 더 중요하게 작용하는 또 다른 성격의 삶의 조건들에 주목하고, 이를 센과 너스바움의 삶의 역량 이론에 접목시켜 삶의 절대적 조건이 행복 방정식에서 어떻게 작동하는지 분석하려는 것이다.

삶의 조건으로서 다양한 삶의 역량이 가지는 특징 중 하나는 앞에서 언급한 삶의 상대적 조건에 해당하는 요인들과는 달리 상대적 위치가 아닌 개인이 부여한 절대적인 내재적 가치가 더 중요한 의미를 가진다는 점이다. 이러한 특징은 특히 상위역량에서 두드러지게 나타난다. 예를 들어 얼마나 좋은 차를 소유하고 있는지는 다른 사람과 비교 대상이 되고 따라서 다른 사람의 차가 나의 행복수준에 영향을 미칠 수 있지만, 문학작품을 감상한다든가 자신의 감정을 글이나 그림 등으로 자유롭게 표현하는 등의 행위는 다른 사람과 굳이 비교하지 않고 그 자체의 내재적 가치를 위해 추구하게 된다. 즉 삶의 조건으로서 삶의 역량을(특히 상위역량) 추구하는 과정에서는 삶의 상대적 조건에 대한 설명에서 언급한 적응, 열망, 쳇바퀴 효과가 작동하지 않는 것이다. 따라서 삶의 상대적 조건의 충족이 가져다주는 만족감과는 달리 삶의 역량을 추구하는 과정에서 얻어지는 만족감은 일시적이지 않고 보다 영속적인 성격을 가진다. 이러한 측면에서 삶의 역량을 통해 얻을 수 있는 행복을 eudaimonic한 후생의 속성을 가진다고 하여 공리주의에서 말하는 hedonic한 후생과 차별화하기도 하며, 실제로 너스바움이 제시한 인간의 보편적인 삶의 역량은 eudaimonic한 후생 논의의 뿌리라고도 볼 수 있는 아리스토텔레스의 저작을 기초로 하고 있다(Clark, 2005). 지금까지 논의한 삶의 상대적 조건과 절대적 조건, 행복과의 관계는 〈그림 4-2〉 같이 정리될 수 있다.

삶의 상대적 조건과 절대적 조건의 충족이 서로 다른 메커니즘을

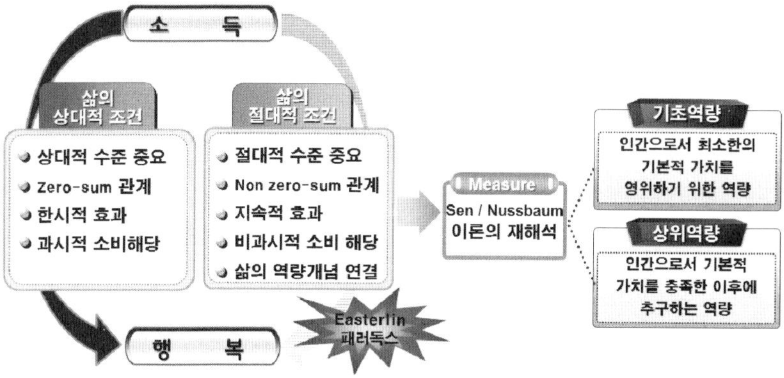

〈그림 4-2〉 행복과 삶의 조건

통해 개인의 행복수준에 영향을 미칠 수 있다는 사실은 횡단면 자료에 나타난 소득과 행복의 관계를 설명하는 데 중요한 단서를 제공한다. 예를 들어 삶의 상대적 조건을 대변한다고 할 수 있는 소득수준이 같더라도 삶의 절대적 조건을 대변할 수 있는 다양한 분야에서 삶의 역량 수준이 다른 사회라고 한다면 사회 전체의 행복수준도 달라질 수 있기 때문이다. 또한 한 사회의 한정된 자원이 삶의 상대적 조건과 절대적 조건 중 어느 쪽을 위하여 더 많이 사용되는지도 사회 전체의 행복수준에 영향을 미칠 수 있다. 따라서 소득이 얼마만큼 국민의 행복수준에 영향을 미치는지의 문제, 즉 소득의 한계효과에 대한 질문은 삶의 역량 수준에 대한 고려가 함께 이루어져야 풀 수 있는 다차원 방정식인 것이다.

제 5 장

행복방정식의 실증분석

제5장 행복방정식의 실증분석

본 장에서는 지금까지의 이론적 논의를 바탕으로 주관적 행복감에 대한 두 가지 국가 간 실증분석을 시도한다. 주관적 행복감의 국가 간 변이를 설명하기 위한 이러한 실증분석은 서론에서 제시한 이스털린 패러독스를 이해하는 중요한 단초를 제공할 수 있을 것이다. 우선 첫째는 소득과 행복의 관계에 대한 분석이다. 〈그림 4-2〉에 의하면 소득은 중요한 자원으로 삶의 상대적 조건을 위해 주로 사용되는지 혹은 절대적 조건을 위해 주로 사용되는지에 따라 다른 결과를 가져올 수 있다. 즉 같은 규모의 소득이더라도 어느 곳에 사용되는지가 주관적 행복에 미치는 소득의 효과를 달라지게 할 수 있다는 것이다. 1절에서는 이같이 자원으로서 소득의 한계효과가 달라지는 양태를 삶의 역량의 조절효과를 통해서 보여준다.

한편 2절에서는 소득을 기본적으로 hedonic한 성격을 가진 삶의 상대적 조건을 대표하는 변수로 상정하고 다른 시각에서 분석을 시도한다. 2장에서도 소개했듯이 소득은 절대적인 위치뿐 아니라 상대적인 위치도 매우 중요하며, 따라서 삶의 상대적 조건으로서 작용하는 경우가 많다. 이러한 측면에서 한 사회의 불평등 정도가 상대적 조건으로서 소득의 역할에 어떤 영향을 끼치는지 살펴본다.

1. 소득과 행복 간의 실증 관계 분석[1)]

1) 행복의 결정요인과 행복방정식

본 연구의 출발점은 국가 간 횡단면 자료에서 왜 소득 같은 투입으로서의 객관적 삶의 질과 산출로서의 주관적 삶인 행복 간에 뚜렷한 연관성이 보이지 않느냐는 이스털린(Easterlin)의 질문이었다. 그러나 이는 소득이 행복과 무관하다는 의미는 아니다. 많은 선행 연구를 통해 지금까지 밝혀진 사실은 소득은 여전히 행복의 중요한 결정요인이지만 그 효과가 기대만큼 크지 않다는 점이다(Diener et al., 1993; Inglehart, 1997). 실제로 일인당 소득 상위 30개국의 사례를 통해 살펴보면 소득이 행복수준 변량 중 기껏해야 50% 정도를 설명할 수 있을 뿐이다. 즉 횡단면 자료에서 나타나는 국가 간 행복수준의 변량 중 나머지 절반은 소득이 아닌 다른 투입 요인에 의해서 결정되며, 2장에서 자세히 소개되었듯이 기존 연구들은 이러한 여백을 채우기 위하여 다음과 같은 개인수준과 사회(환경)수준의 두 가지 그룹의 변수들에 주목하고 있다. 본 절에서는 행복 결정요인에 대한 논의를 통해 소득과 행복의 관계에 대한 분석모델을 도출하기 위하여 2장의 내용을 간략하게 요약한다.

많은 연구가 개인수준에서 공통적으로 주로 관심을 가져온 변수들로는 경제적인 부, 건강, 교육의 세 가지를 들 수 있다. 이 세 가지 변수는 기본적으로 개인이 자신의 삶을 영위할 수 있는 기본적인 능력에 관한 것으로서 유엔 개발 계획(United Nations Development Program, 이하 UNDP)이 발표하는 인간개발지수(Human Development Index, 이하 HDI)

1) 본 절의 내용은 구교준 외(2014)의 내용을 중심으로 수정 · 보완하여 구성함.

의 핵심 지표이다(Hopkins, 1991). 첫째, 경제적 부와 소득은 효용 개념을 중심으로 한 경제학자들의 행복 연구에서 가장 핵심적인 행복 결정요인이다. 소비 행위는 효용을 가져다주고 따라서 소비를 가능하게 하는 경제적인 부와 소득은 곧 효용의 원천이라고 할 수 있다. 그러나 이스털린(Easterlin, 1974)을 비롯하여 많은 경제학자가 주관적 삶의 질의 결정요인으로서 절대적인 수준의 소득뿐 아니라 다른 사람과 비교했을 때 상대적 수준의 소득이 가지는 중요성도 역설하기 시작하였다(Clark et al., 2008; Clark & Oswald, 1998; Frank, 2005; Stutzer, 2004). 즉 이들 연구에 의하면 개인의 행복수준은 자기 자신의 소득이나 이를 통한 소비활동뿐 아니라 다른 집단과 비교하였을 때 자신이 가진 부의 상대적 위치에 중요한 영향을 받는다는 것이다. 또한 이러한 경향의 연장선상에서 사회적 불평등이 국가의 평균적 행복수준에 부정적인 영향을 끼친다는 것을 보여주는 연구도 2000년대 이후 꾸준히 소개되고 있다(Alesina et al., 2004; Graham & Felton, 2006; Hopkins, 2008).

둘째, 2장에서 언급한 바와 같이 육체적 정신적 건강은 행복과 밀접하게 연관된 개인 수준 변수 중 하나이다. 어찌 보면 건강과 직결된 유전을 비롯한 개인의 생물학적 특성은 행복에 가장 직접적인 영향을 끼친다고 할 수 있다. 예를 들어 수브라마니안 외(Subramanian et al., 2005)는 개인 및 지역사회의 평균적인 육체적 건강이 행복수준과 밀접한 연관이 있음을 밝혔다. 또한 게르트함과 요하네슨(Gerdtham and Johannesson, 2001)도 5,000여 명의 스웨덴 국민을 대상으로 한 설문에서 건강을 비롯한 나머지 두 가지 개인수준의 변수, 즉 소득과 교육이 행복수준에 중요한 영향을 끼침을 보여주었다. 한편 행복은 정신적 건강과도 밀접하게 관련되는데, 자존감이나 성격 같은 정신적인 영역에서의 연구는 디너를 중심으로 한 심리학 분야에서 많이 이루어졌다(Diener & Diener, 1995; Diener & Lucas, 1999).

셋째, 교육은 행복에 의미 있는 영향을 주는 또 다른 변수이다. 하지만 교육의 영향은 소득과 건강에 비하면 명확하지 않다. 2장에서 언급한 바와 같이 기존 연구들은 정규교육이 행복에 미치는 영향에 대해서는 뚜렷한 주장을 하고 있지 않다(Furnham & Cheng, 2000; Hartog & Hessel, 1998; Veenhoven, 1996). 다만 교육의 개념을 좀 더 폭넓게 정의하여 교육이 기본적인 정규 학교교육뿐 아니라 일반인의 고등교육, 직업교육, 취미교육 등을 포함하는 경우에는 행복수준에 영향을 끼칠 수 있다고 보고된 바 있다(Hartog & Hessel, 1998; Michalos, 2008). 이러한 기존 연구 결과는 센의 역량개념과 상당 부분 일맥상통하는 부분이 있다. 교육은 인간의 생존을 위해 필요한 기본적 요건을 뛰어넘는 대표적인 상위역량이라고 볼 수 있는데, 특히 자기 스스로 필요에 의한 자유로운 선택을 통해 참여하는 고등교육이나 직업교육, 취미교육의 경우 상위역량 개념에 보다 가깝고 따라서 정규교육에 비하여 행복수준에 보다 의미 있는 영향을 끼칠 가능성이 높다.

행복의 결정요인으로서 사회수준에 대한 연구에서는 민주주의나 사회적 안정, 자유같이 정치 사회적 환경에 대한 논의가 많이 이루어져 왔음은 이미 지적하였다. 첫째로 많은 정치학자가 민주주의(Dorn et al., 2007; Frey & Stutzer, 2000a)나 자유(Inglehart et al., 2008; Veenhoven, 2003) 같은 정치사회적 환경을 중요한 행복의 결정요인으로 제시하고 있다. 흥미로운 점은 이들 연구의 결과가 결국 센의 역량 개념과 상당 부분 일맥상통한다는 것이다. 개인의 자존감이나 개인을 중시하는 문화는 결국 개인이 자신이 가치를 두고 있는 삶의 기능을 좀 더 적극적으로 추구할 수 있는 필요조건이라고 할 수 있으며, 민주주의나 자유가 의미하는 정치적 환경은 그 과정에서 개인이 자신이 원하는 삶의 기능을 좀 더 자유롭게 선택할 수 있음을 의미하기 때문이다. 특히 이러한 환경은 인간의 생존과 직결되는 의식주에 대한 필요가 충족된 이후에 추구되는 가치이므로 앞에서 언급한 상위역량과 연결되는 조건이라고 할 수 있다. 실제로 센(Sen, 1999)은 자유가 인간 역량의 확장에 기여하는 도구적 성격에 주목하고, 다양한 분야의 삶의 역량이 자유를 통해 어떻게 영향받을 수 있는지 분석하기도 하였다.

둘째, 국가 간의 행복수준 차이를 그 사회의 안정성(stability)을 통해 설명하려는 시도가 있어 왔다. 예를 들어 잉글하트(Inglehart, 2009)는 구공산권 국가들의 변화 과정에 대한 예를 통해 정치사회적 변동성이 큰 경우 민주화가 행복에 별 영향을 끼치지 못함을 보여주었다. 또한 렐케스(Lelkes, 2006)도 1990년 동유럽 국가들이 겪었던 사회적 변동이 이들 국가의 평균 행복수준에 부정적인 영향을 미쳤음을 보여주었다. 사회적 불안정은 개인이 가치를 두고 있는 삶의 추구를 어렵게 할 가능성이 높고 따라서 민주화가 되었더라도 행복에 미치는 효과가 뚜렷하게 드러나지 않는 것이라고 해석할 수 있다.

마지막으로 많은 기존 연구가 사회적 신뢰수준이 행복에 영향을 끼칠 수 있다고 지적하였다. 2장에서도 언급했듯이 도쿠다 외(Tokuda et al., 2010)는 아시아 29개국의 설문자료를 분석하여 사회적 신뢰 수준이 높은 국가에 사는 국민들이 평균적으로 보다 행복하다는 사실을 증명하였다. 이는 아시아 국가에서만 발견되는 현상은 아니며, 미국과 유럽을 대상으로 한 연구에서도 비슷한 결과가 보고된 바 있다(Bjornskov, 2008; Hudson, 2006). 비슷한 맥락에서 태비츠(Tavits, 2008), 웰시(Welsch, 2008) 등은 한 국가의 부패수준이 공공부문을 비롯한 사회 전반의 신뢰수준을 낮춰서 국민들의 후생에 비용으로 작용할 수 있다고 주장하기도 하였다.

행복이 무엇인지에 대한 철학적인 고민은 아리스토텔레스나 플라톤 같은 고대 그리스 철학자들까지 거슬러 올라가지만(Kesebir & Diener, 2008), 이에 대한 과학적 성찰의 역사는 그리 깊지 않은 편이다. 심리학과 경제학 분야에서 행복에 대한 연구가 시작된 것은 1970년대이고[2] 많은 학자의 본격적인 연구가 이루어진 것은 1980년대 이후라고 볼 수 있다. 더군다나 주제 자체가 워낙 학제적인 성격을 가지다 보니 연구분야도 심리학, 경제학, 사회학, 정치학 등 사회과학 전반에 걸쳐 있다. 이러한 이유로 우리나라에서의 행복 연구도 그 역사가 매우 짧은 편이며, 특히 박근혜 정부가 행복을 화두로 내세우면서 많은 조명을 받기 시작하였다.

우선 행복 연구의 흐름을 조망하고 행복 개념의 응용 가능성을 탐구한 종합적인 연구로는 우창빈(2013)을 들 수 있으며, 그 외에 문화와 행복 간의 연관성을 탐구한 이륜희(2011), 불평등이 행복수준에 미치는 영향을 분석한 조연상(2012), 이양호 외(2013), 이스털린이 제기했던 고전적인 소득과 행복의 관계를 분석한 문진영(2012) 등의 연구가 있다. 흥미로운 점은 국내 연구에서는 내적인 주관성을 띠는 행복 개념보다는 보다 포괄적이고 객관적 성격이 강하다고 할 수 있는 삶의 질 개념을 중심으로 한 연구가 보다 많이 이루어져 왔다는 점이다.[3] 예를 들어 윤은기(2012)는 AHP 기법을 적용하여 한국인의 삶의 질에 영향을 끼치는 요인들의 상대적 중요성을 분석한 바 있고, 삶의 질에 대한 영향요인으로서 고명철(2013)은 공공서비스 만족도를, 안동

---

2) 심리학과 경제학 분야에서 행복 연구의 출발점이라고 볼 수 있는 대표적인 연구로는 브릭먼과 캠벨(Brickman and Campbell, 1971)과 이스털린(Easterlin, 1974)을 들 수 있다.

3) 행복과 삶의 질 등 관련 유사 개념의 구분과 체계적 정의 논의는 빈호벤(Veenhoven, 2000)을 참조.

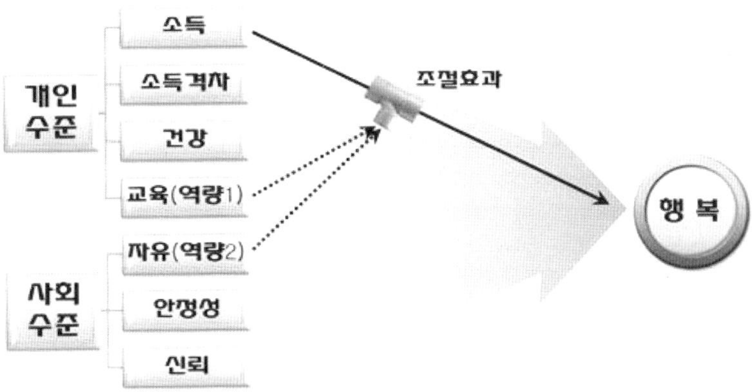

〈그림 5-1〉 행복의 결정요인

근(2005)은 인터넷 활용정도를 제시하였다. 또 한 가지의 특징은 지방자치가 시작되면서 지역수준의 삶의 질 결정요인에 관심이 눈에 띄게 높아졌다는 점인데, 대표적인 예로 임근식(2012), 이영균 외(2007), 송건섭(2008), 문경삼 외(2000) 등을 들 수 있다.

행복 결정요인에 대한 기존 연구에 드러난 주요 변수들 간의 관계를 요약하면 〈그림 5-1〉과 같다. 행복은 개인 수준 변수로서 소득, 소득격차, 건강, 교육 그리고 사회 수준 변수로서 자유, 안정성, 신뢰의 함수로 정의될 수 있다. 본 장에서는 특히 대표 상위역량으로서 개인 수준 변수 중 교육이, 그리고 사회수준 변수 중 자유가 가지는 소득의 조절효과에 주목한다. 앞에서도 설명하였듯이 교육, 그중에서도 고등교육과 자유의 수준은 센의 삶의 역량 중 상위역량의 속성을 뚜렷하게 가지고 있다. 우선 교육은 인간의 생존을 위해 필요한 기본적 요건을 뛰어 넘는 대표적인 상위역량이라고 볼 수 있는데, 특히 자기 스스로 필요에 의한 자유로운 선택을 통해 참여하는 고등교육이나 직업교육, 취미교육의 경우 상위역량 개념에 보다 가깝고 따라서 정규교육에 비하여 행복수준에 보다 의미 있는 영향을 끼칠 가능성이 높다. 또한 민주주의나 자유가 의미하는 정치적 환경은 그 과정에서 개인이 자신이 원하는 삶의 기능을 좀 더 자유롭게 선택할 수 있음을 의미한다. 특히 이러한 환경은 인간의 생존과 직결되는 의식주에 대한 필요가 충족된 이후에 추구되는 가치이므로 인간의 상위역량과 연결되는 조건이라고 할 수 있다. 따라서 행복방정식에서 이들 변수들의 행태에 대한 분석은 이스털린 패러독스를 보다 잘 이해하는 데 중요한 단서를 제공해줄 수 있을 것이다.

2) 분석모델 및 자료

본 절에서는 이스털린이 제기한 행복방정식의 패러독스를 설명하기 위하여 삶의 역량 개념을 활용한 주관적 삶의 질 결정모델의 추정을 〈그림 5-1〉을 기초로 시도하려 한다. 이를 위하여 개인수준과 사회수준의 행복결정 요인 중 상위역량 개념에 가장 가까운 두 변수를 선정하여 아래 식 (1)과 같이 분석에 활용한다.

$$H_i = \beta_0 + \beta_1 \mathrm{Inc}_i + \beta_2 \mathrm{Cap\_}I_i + \beta_3 \mathrm{Cap\_}S_i + \beta_4 \mathrm{Inc}_i * \mathrm{Cap\_I(S)}_i + \Sigma \beta_j \mathrm{Fac}_{ji} + e_i \quad (1)$$

식 (1)에서 Inc_i는 국가별 소득을, $\mathrm{Cap_I}_i$는 국가별 개인수준의 역량을, $\mathrm{Cap_S}_i$는 국가별 사회수준의 역량을, $\mathrm{Inc}_i*\mathrm{Cap_I(S)}_i$는 소득과 개인수준 역량 혹은 소득과 사회수준 역량 간의 교호작용을[4], Fac_{ji}는

4) Cap_I(S)는 개인수준 역량(Cap_I) 혹은 사회수준 역량(Cap_S) 변수를 의미하며, 두 변수가 동시에 식(1)에 포함된다는 의미는 아니다. 실제 분석에서는 다중공선

그 외의 행복결정 요인 벡터를 의미한다. 본 연구에서는 앞 절의 이론적 논의를 바탕으로 대표적인 개인수준 상위역량으로서 교육을 또한 대표적인 사회수준 상위역량으로서 자유를 식(1)의 분석에 활용하였다.[5)]

한편 소득과 역량 간의 교호작용 항은 식(1)에서 특히 중요한 의미를 가진다. 소득이 행복에 미치는 영향을 평가하기 위해선 소득의 한계효과를 나타내는 β_1만이 아니라 소득*역량 교호작용의 한계효과인 β_4까지 함께 고려해야 한다. 즉 ($\beta_1 + \beta_4$Cap_I(S))가 소득의 총한계효과가 되는 것이다. 그런데 국가별로 개인수준 혹은 사회수준의 역량변수에서 차이가 존재할 수 있으므로, 소득이 행복에 미치는 영향인 한계효과는 바로 삶의 역량의 수준에 따라 달라지게 된다. 즉 동일한 소득을 가지고 있는 사회라 할지라도 역량수준이 높은지 낮은지에 따라 평균적인 행복 정도가 달라질 수 있다. 역량 수준이 높은 사회의 경우 소득이 삶의 절대적 조건에 해당하는 분야에 좀 더 사용이 될 것이고, 삶의 절대적 조건의 경우 상대적인 수준의 영향을 덜 받으므로 결과적으로 사용된 자원의 효과가 좀 더 지속가능할 것이라고 예측할 수 있다.

좀 더 구체적으로 분석에 사용된 변수와 자료출처는 다음과 같다. 우선 국가별 행복수준의 측정을 위해서는 세계갤럽조사(Gallup World Poll, 이하 GWP)의 삶의 주관적 만족도 설문의 국가별 평균값을 사용

성을 피하기 위하여 개인수준 역량과의 교호작용이 포함되는 회귀식과 사회수준 역량과의 교호작용이 포함되는 회귀식을 분리하여 추정한다.

5) 본 연구의 핵심 포인트 중의 하나는 기초역량과 상위역량 중 후자를 통해 소득의 한계효과가 영향을 받는다는 것이다. 교육과 자유는 기존 연구에서 충분히 논의된 바 있는 대표적인 상위역량으로 교호작용에 사용되었으나 다른 변수들의 경우 기초역량 내지는 통제변수에 가까워 교호작용 분석에서 제외되었다.

하였다. 이 지표는 대표적인 주관지표로서 삶의 만족도에 대한 응답자의 주관적인 응답 내용에 기초하고 있으며, 응답자가 현재시점에서 인지하고 있는 삶의 질 수준과 향후 미래 시점에서 기대되는 삶의 질 수준에 대한 0~10 스케일의 응답을 토대로 산정된다.

주요 독립변수 중에서 소득은 세계은행에서 발표하는 국가별 1인당 GDP를 사용하였다(단위: $1,000). 또한 삶의 역량 변수로는 개인 수준에서는 교육, 그중에서도 특히 세계은행에서 발표하는 고등교육기관 진학률을, 사회수준에서는 프리덤 하우스(Freedom House)에서 발표하는 국가별 자유 수준을 사용하였다. 프리덤 하우스의 자료는 정치적 자유와 시민 자유의 분야에서 1~7 스케일의 두 가지 변수로 나뉘는데, 본 연구에서는 이들 두 변수를 단순 합산하여 하나의 변수로 사용하였다. 또한 원래 자료에는 자유로운 국가일수록 변숫값이 적은데, 해석의 편의를 위하여 자유로운 국가일수록 값이 커지도록 역코딩하여 분석을 진행하였다.

앞에서도 언급하였듯이 본 절에서 초점을 맞추고 있는 삶의 상위 역량은 인간의 생존에 요구되는 기본적인 필요조건 이상의 것으로서 개인이 가치를 두고 있는 삶을 영위해 나갈 수 있도록 해주는 요인들이라고 정의할 수 있다. 예를 들어 이는 개인수준에서는 개인의 자아실현과 직결되는 고등교육이나 직업교육, 취미교육 등을 의미할 수 있으며, 바로 이 점이 기본적인 초등교육이 아닌 고등교육을 역량 변수 중 하나로 선정한 이유이다. 또한 사회수준에서는 센이 강조한 바와 같이 개인이 가치를 두고 있는 행위나 상태에 대한 자유로운 선택이 가능하도록 해주는 정치적 · 사회적 자유를 의미할 수 있다. 이들 두 변수는 개인이 가치를 두고 있는 삶을 자유롭게 선택할 수 있도록 해주는 중요한 요인으로서, 기본적으로 자유주의적인 사상적 전통에 뿌리를 두고 있는 삶의 역량 접근을 부족하나마 잘 대변해 준다고 할 수 있다. 삶의 역량을 어떻게 정의하고 어떤 변수를 통해 측정할 것인지에 대해서는 많은 논란의 여지가 있고, 이는 센과 너스바움(Nussbaum)의 논쟁에서도 이미 잘 드러난 바 있다(Robeyns, 2005). 가장 이상적으로는 분석의 대상이 되는 사회의 개인들에 대한 설문을 통해 도출할 수 있겠으나, 100여 개 국가를 분석대상으로 하는 본 연구의 경우 설문에 기초한 삶의 역량 정의는 현실적으로 불가능하다. 따라서 본 연구에서는 삶의 역량 개념의 핵심이라고 할 수 있는 개인의 자유로운 선택이라는 측면에서 연역적으로 교육과 자유라는 두 가지 역량 변수를 추출하여 사용하였다.

한편 본 절의 분석의 핵심 변수인 소득과 역량 이외에 〈그림 5-1〉 같이 행복에 중요한 영향을 끼치는 요인으로서 고려되어 분석에 포함된 변수들은 다음과 같다. 우선 개인수준에서 행복수준에 영향을 끼치는 상대소득을 반영하기 위하여 국가별 지니계수를 사용하였다. 국가별 지니계수는 세계은행에서 발간하는 세계발전지표(World Development Indicator, 이하 WDI)의 일부인데 원자료에 포함된 국가의 수가 많지 않아 원자료에서 빠진 국가의 경우 CIA 국가별 현황 보고서(CIA Fact Book)의 자료를 활용하였다. 소득, 교육과 함께 HDI의 기초자료로 활용되는 건강수준을 반영하기 위해선 세계은행에서 WDI의 일부로 발간하는 국가별 평균기대수명을 활용하였다. 사회수준 변수의 선정도 앞 절의 이론과 선행연구에 대한 논의에 기초하여 이루어졌다. 우선 한 사회의 전반적이 안정성을 반영하기 위하여 세계은행의 세계 거버넌스 지수(World Governance Indicator, 이하 WGI)에 포함된 정치적 안정성 변수를 활용하였다. 정치적 안정성 변수는 전 세계 100여 개 국가들의 일반시민과 전문가들을 대상으로 한 현 정치

체제의 전복 가능성에 대한 설문에서 도출되며 대략 -2.5에서 2.5 사이의 표준화된 점수의 형태로 제공된다. 한 사회의 전반적인 신뢰수준은 WDI의 사회적 신뢰 변수를 활용하여 측정하였다. 사회적 신뢰 변수는 GWP를 기초로 구축되었으며, 전 세계 100여 개 국가를 대상으로 한 설문에서 국가별로 타인을 신뢰한다고 응답한 사람들의 비율을 포함하고 있다.

본 절의 분석에 포함된 대상 국가는 전 세계 110개국이었으며, 2011년을 기준으로 삼아 횡단면 분석을 시행하였다. 분석 대상 110개국의 선정은 여러 가지 데이터베이스를 활용한 분석자료의 성격상 모든 변수의 자료가 존재하는 국가만을 분석에 포함시키는 방식으로 진행되었다. 국가에 따라서는 2011년 자료가 존재하지 않는 경우도 있었는데, 이 경우에는 2000년도 이후에 발간된 자료 중 가장 최신자료를 대신 활용하였다. 핵심 변수들을 중심으로 분석에 활용된 국가들을 살펴보면 우선 전체 국가들의 평균소득은 $13,390이며, 소득이 $30,000 이상 되는 고소득 국가가 17개국, $10,000에서 $30,000 사이의 중간소득 국가가 22개국, $5,000에서 $10,000 사이의 중저소득 국가가 15개국, $5,000 이하의 저소득 국가가 56개국이 포함되어 저소득 국가에서 고소득 국가에 이르기까지 고른 분포를 보인 다. 또한 전체 국가들의 평균 행복수준은 10점 만점 스케일에서 4.96이며, 분석 대상 국가들은 가장 행복한 덴마크의 7.6과 가장 불행한 탄자니아의 2.8 사이에서 상당한 편차를 보여주었다. 특히 행복수준 상위 10%에 해당하는 국가들을 살펴보면 덴마크, 스위스, 핀란드, 스웨덴 등 복지제도가 잘 갖추어져 있고 부유한 북유럽 국가들뿐 아니라 파나마, 이스라엘, 코스타리카, 베네수엘라 등 중위권 소득 국가들도 포함되어 있어 소득과 행복의 관계가 그렇게 단순하지 않음을 시사한다. 한편 식(1)에서 제시된 모델의 추정을 위해서는 회귀분석을 시행하였으며, 횡단면 분석에서 흔히 문제가 되는 이분산성의 가능성을 통제하기 위하여 Huber-White correction을 통한 robust standard error를 적용하였다.

3) 분석결과

앞에서 제시된 모델의 분석을 시행하기 전에 모델에 포함된 각 변수들이 이론적 논의를 통해 도출된 고유 개념을 적절하게 대변하는지 평가하기 위하여 변수 간 상관관계를 검토하였다. 분석에 사용된 일곱 개 독립변수들 간에는 0.8 이상의 높은 상관관계가 존재하지 않는다. 이는 독립변수들이 나름대로 고유한 개념을 충분히 반영하고 있음을 보여주며, 동시에 제시된 모델에 심각한 다중공선성 문제의 가능성도 높지 않음을 의미한다.

종속변수인 행복과 나머지 독립변수들 간의 관계를 간단히 살펴보

〈표 5-1〉 핵심 변수 간 상관관계

변수	행복	소득	소득격차	건강	교육	자유	안정성	신뢰
행복	1.0000							
소득	0.6836	1.0000						
소득격차	-0.1536	-0.2906	1.0000					
건강	0.6949	0.5634	-0.3131	1.0000				
교육 (역량1)	0.6211	0.4475	-0.3599	0.7459	1.0000			
자유 (역량2)	0.5264	0.4900	-0.1600	0.5426	0.6209	1.0000		
안정성	0.5200	0.6272	-0.2083	0.5443	0.5748	0.6926	1.0000	
신뢰	0.2231	0.3376	-0.2648	0.0395	0.1040	0.0631	0.2321	1.0000

〈표 5-2〉 회귀분석 결과

변수	모델1	모델2	모델3	모델4
소득	0.0406** (-0.0034)	0.0257** (-0.005)	0.0141** (-0.0047)	0.0122** (-0.0048)
소득격차		0.0256** (-0.0098)	0.0255** (-0.0098)	0.0273** (-0.0098)
건강		0.0433** (-0.0122)	0.0476** (-0.0119)	0.0438** (0.0112)
교육 (역량1)		0.0105** (-0.0042)	0.004 (-0.0052)	0.0104** (-0.0043)
자유 (역량2)		0.0269 (-0.0282)	0.0096 (-0.0284)	0.0041 (-0.0311)
안정성		0.1566 (-0.1104)	-0.1141 (-0.1111)	0.1323 (-0.1122)
신뢰		0.0108* (-0.0066)	0.0036 (-0.0067)	0.0083 (-0.0076)
소득*교육 (역량1)			0.0003** (-0.0001)	
소득*자유 (역량2)				0.0015** (-0.0007)
R^2	0.49	0.66	0.68	0.67

주) **, *는 유의수준 5%, 10%에서 각기 유의하다는 의미이며 괄호 안은 표준 오차를 의미함.

면, 우선 행복의 결정요인으로 제시된 독립변수들이 모두 행복수준과 이론적으로 부합되는 연관성이 있음을 알 수 있다. 특히 주목할 만한 점은 건강, 교육, 자유, 안정성 등의 요인들도 행복수준과 소득 못지않은 높은 관련성을 가지고 있다는 것이다. 이는 소득과 다른 독립변수들 간의 높은 상관관계를 의심하게 만드는 요인이기도 하지만, 앞에서도 지적하였듯이 독립변수들 간의 상관관계는 그리 높지 않다.

〈표 5-2〉는 행복수준을 종속변수로 하는 OLS 회귀분석 결과를 보여준다. 우선 모델 1은 행복과 소득 간의 단순회귀 결과를 보여주는데 R^2가 0.49로서 행복 변수의 변화량 중 약 50% 정도만이 소득을

통해 설명 가능함을 알 수 있다. 이는 앞에서도 논의하였듯이 소득만으로는 국가 간의 행복수준 차이를 충분히 설명할 수 없다는 이스털린 패러독스의 일면을 잘 보여준다. 모델 2는 이론적 논의 및 선행 연구를 통해 도출한 일곱 가지 변수를 독립변수로 한 분석의 결과이며, 모델 3과 4는 삶의 역량을 반영하기 위해 도출한 교육과 자유의 두 가지 변수가 소득의 한계효과를 어떻게 조절하는지 평가하기 위해 추가로 소득과 이 두 변수 간의 교호작용항을 추가한 분석 결과이다.

모델 2의 결과를 살펴보면 기존 연구에서와 같이 소득, 건강, 교육과 같은 개인수준의 변수들이 행복에 지대한 영향을 끼치는 점을 알 수 있다. 한 사회의 자유나 정치적 안정성은 통계적으로 유의미하지 않은 것으로 드러났고, 다만 신뢰수준의 경우 유의수준 10% 선에서 의미가 있는 것으로 나타났다. 이 같은 변수들을 통해 소득만을 가지고 행복의 변량을 설명한 모델 1에 비하여 종속변수의 변량을 약 20% 정도 추가적으로 설명할 수 있다. 한편 교육과 자유로 대변되는 삶의 역량 변수들 중에는 교육만이 행복수준과 통계적으로 의미 있는 관련성을 가지는 것으로 나타났으나, 가설을 통해 제시한 삶의 역량의 조절효과를 평가하기 위해서는 모델 3과 4의 교호작용항에 대한 고려가 추가적으로 필요하다.

모델 3과 4는 소득의 한계효과가 삶의 역량 수준에 따라 어떻게 변할 수 있는지를 잘 보여준다.[6] 이들 모델에는 소득과 교육 그리고

---

6) 모델 3과 4에서 교육과 자유의 교호작용항을 나누어 별개의 회귀식으로 추정한 것은 두 모델을 비교하기 위한 것이 아니라 다중공선성의 가능성을 피하기 위함이다. 교호작용항은 이미 모델에 포함된 변수를 곱하여 만들기 때문에 흔히 다중공선성 문제를 야기하며, 따라서 다수의 교호작용항이 분석에 포함된 경우 이를 하나씩만 포함한 별개의 모델을 추정에 사용한다. 따라서 해석에서도 이들 모델을 별개의 모델로 하나씩 분리 해석하기보다는 각각의 교호작용항을 종합적으로 고려하는 접근이 요구된다.

소득과 자유의 교호작용항이 포함되어 있으므로 소득의 한계효과를 평가하기 위해서는 단순히 β_1이 아니라 $\beta_1 + \beta_4$Cap_I(S)를 고려하여야 한다. 즉 소득의 한계효과는 역량의 수준, 즉 그 사회의 교육이나 자유의 수준에 따라 변하게 되는 것이다. 모델 3과 4에서 소득뿐 아니라 소득과의 교호작용항들이 모두 통계적으로 유의미하고 양의 값을 가지므로 소득의 한계효과가 교육과 자유의 수준이 높아짐에 따라 점진적으로 증가함을 알 수 있다.[7] 즉 동일한 소득수준을 가진 사회라 할지라도 교육수준이 높고 좀 더 자유로운 사회일수록 소득이 행복에 미치는 영향이 크다는 것이다. 이 같은 결과는 교육과 자유와 같은 삶의 역량에 대한 고려가 삶의 만족도 제고에 소득에 대한 고려 이상으로 중요할 수 있음을 강하게 시사한다. 소득이 높더라도 역량 수준이 낮은 사회라면 높은 소득이 국민들의 행복수준 제고로 이어지지 않을 수 있기 때문이다. 이러한 점은 1인당 국민소득은 세계 최고 수준이지만 여성의 교육수준이 낮고 정치적 자유에 대한 제약이 상당한 중동국가의 행복수준이 상대적으로 낮다는 사실을 통해서도 잘 드러난다.

〈그림 5-2〉는 지금까지 논의한 $\beta_1 + \beta_4$Cap_I(S)로 표현되는 교육과 자유 수준에 따른 소득의 한계효과 변화를 그래프를 통해 시각

7) 모델 3의 경우 소득과 교육의 교호작용항이 추가되면서 교육 변수의 통계적 유의미성이 사라지는데 이는 해석에 다소 주의를 요한다. 교호작용항은 기존 변수의 곱으로 만들어지기 때문에 다중공선성의 가능성이 존재하며, 따라서 교호작용항이 포함된 경우 원래 변수의 통계적 유의성을 상실시키는 현상은 흔히 발생할 수 있다. 그러나 이는 다중공선성으로 인해 교육과 교육의 교호작용항의 영향이 서로 중첩되어 생기는 현상으로 모델 1에서 교육이 통계적으로 강한 유의미성을 보이는 것을 고려할 때 모델 3에서의 유의미성 상실을 있는 그대로 해석하기에는 무리가 따를 수 있다. 따라서 이 경우에는 통계적 유의미성을 상실한 원래 변수를 결과에 따라 단정적으로 의미가 없다고 해석하기보다는 이러한 상황을 설명하고 해석에 있어 주의가 요구됨을 상기시켜 줄 필요가 있다.

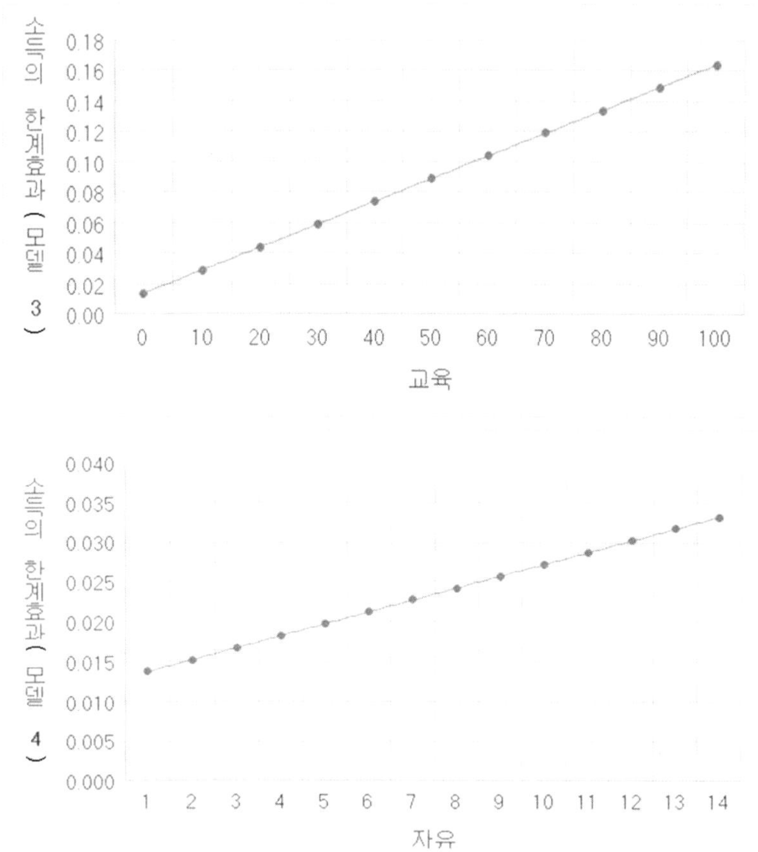

〈그림 5-2〉 교육과 자유 수준에 따른 소득의 한계효과 변화

적으로 보여준다. 그래프의 y축은 소득의 한계효과로서 모델 3과 4에서 추정된 소득의 계수값이 교육과 자유 수준에 따라 변화하는 모습인데, 교육과 자유 수준이 높아짐에 따라 소득의 한계효과도 증가함을 뚜렷하게 볼 수 있다. 즉 교육과 자유 수준이 높은 사회일수록 소득 증가가 행복에 미치는 영향이 커지는 것이다. 교육의 경우 전체

국가의 평균 수준이 38.75이며, 따라서 평균적인 고등교육 수준을 가진 국가의 경우 소득의 한계효과가 0.0722가 된다. 이에 비하여 고등교육 수준이 상위 10%(76.41)에 해당하는 국가들의 경우 소득의 한계효과는 0.1287로 거의 두 배 가까이 증가한다.[8] 이는 1인당 소득이 $10,000에서 $20,000로 증가하는 경우 평균적인 고등교육 수준을 가진 국가의 경우 행복지수에서 0.7 정도의 향상을 기대할 수 있는 반면 고등교육 수준이 상위 10%에 해당하는 국가들의 경우에는 행복지수에서 거의 1.3 만큼의 향상을 기대할 수 있음을 의미한다. 전체 국가들의 행복지수 평균이 4.96임을 감안하면 평균적인 고등교육 수준을 가진 국가와 상위 10%에 해당하는 국가 간의 소득 한계효과 차이는 상당한 수준임을 알 수 있다.

한편 자유 수준에 따른 소득의 한계효과 변화에서도 유사한 패턴을 관찰할 수 있다. 전체 국가의 평균 자유 수준은 7.42이며, 따라서 평균적인 자유 수준을 가진 국가의 소득 한계효과는 0.0233이 된다. 그러나 자유 수준이 상위 10%(12.0)에 해당하는 국가들에서는 소득의 한계효과가 0.0302로 평균적인 자유 수준을 가진 국가들의 소득 한계효과와는 상당한 차이가 있다.[9] 두 그룹의 국가에서 1인당 소득이 동일하게 $10,000에서 $20,000로 증가하더라도 자유의 수준에 따라 소득 증가가 행복에 끼치는 영향의 정도, 즉 소득 한계효과는 0.23과 0.3으로 30% 정도의 차이를 가져옴을 알 수 있다. 이 같은

8) 고등교육의 수준이 상위 10%에 해당하는 국가엔 우리나라를 비롯하여 핀란드, 미국, 그리스, 스페인, 네덜란드, 슬로베니아 등이 포함된다.

9) 자유의 수준이 상위 10%에 해당하는 국가는 동점 국가가 다수 존재하는 관계로 24개국에 이른다. 여기엔 코스타리카, 체코, 슬로베니아 등의 예외가 있긴 하지만 룩셈부르크, 스위스, 독일, 프랑스, 영국, 덴마크, 네덜란드, 핀란드, 스웨덴, 미국 등 대부분의 서방국가가 포함된다.

사실은 정책 목표를 단순히 국민소득 증가에만 맞추는 것이 국민 전체의 행복수준을 높이는 데 그리 효율적인 접근이 아닐 수 있음을 시사한다. 동일하게 소득이 두 배가 증가한 경우라도 교육이나 자유 같은 역량의 수준에 따라 증가된 소득이 가져다줄 효과의 크기가 적게는 30%에서 크게는 두 배 가까이 차이 날 수 있기 때문이다. 따라서 소득 증가를 통한 삶의 만족도를 극대화하기 위해서는 소득수준뿐만 아니라 교육이나 자유 같은 전반적인 삶의 역량을 제고하기 위한 보다 종합적인 정책목표의 설정이 요구된다.

마지막으로 해석에 주의를 요하는 변수는 소득격차이다. 행복의 결정 요인에 대한 기존 연구에서 소득격차는 논란의 여지를 가진 변수이다. 앞에서도 언급하였듯이 상대소득의 중요성으로 인하여 소득격차가 행복에 부정적인 영향을 끼친다는 연구가 있는 반면, 실증적으로 상대소득과 행복의 관계를 찾을 수 없다거나 둘 사이에 양의 상관관계가 존재한다는 연구도 존재한다(Clark, 2003; Tomes, 1986). 본 연구의 결과에서는 소득격차가 행복에 크지는 않지만 유의미한 양의 영향요인으로 나타났다. 기존 연구에서 이같이 모순적인 결과가 발견되는 것은 불평등이 가지는 이중적인 성격에 기인한 듯하다. 포브스(Forbes, 2000)의 지적 같이 소득격차가 흔히 경제발전과 양의 상관관계를 가진다는 점을 고려할 때, 소득격차는 상대소득의 차이를 드러내는 비교의 척도인 동시에 향후 발전방향과 기회를 보여주는 이정표로서의 역할을 동시에 할 수 있기 때문이다. 이러한 점은 소득격차와 삶의 만족도 간의 양의 상관관계가 특히 최근 소득수준의 변화를 많이 겪은 개인이나 국가들에 더 뚜렷하게 나타난다는 점을 통해서도 잘 드러난다. 그러나 기존 연구에서 통일된 결과를 보여주고 있지 못한 만큼 소득격차가 비교의 척도로 작용하는지 아니면 기회의 이정표로 작용하는지, 혹은 어떤 상황에서 둘 중의 한 역할을 하게 될 가능성이 높아지는지 등에 대한 후속연구가 필요하다.

4) 소결

본 절에서는 약 40년 전에 이스털린이 던진 소득과 행복의 관계에 대한 질문의 답을 삶의 역량 개념을 활용하여 기존 연구와 차별화된 보다 다차원적인 행복 결정요인의 실증 분석을 통해 찾으려고 시도하였다. 행복에 대한 소득의 한계효과는 교육이나 자유 같은 삶의 역량 수준에 따라 달라질 수 있으며, 따라서 행복 결정요인 분석에서도 이러한 메커니즘에 대한 고려가 있어야 국가 간 횡단면 자료에서 나타나는 이스털린 패러독스의 일부를 해결할 수 있다.

이론적인 측면에서 본 절의 분석은 기존 행복연구에서 고려하지 못했던 행복방정식에서 삶의 역량이 가지는 조절효과를 구체화하고 실증분석을 통해 보여주었다는 측면에서 의의를 가진다. 평균적인 고등교육이나 자유의 수준을 가진 국가들과 비교했을 때 이 역량들이 상위 10%에 해당하는 국가의 경우 소득이 가지는 한계효과의 크기가 훨씬 크다는 것이 110개국에 대한 실증분석에서 드러났다. 이러한 접근은 핀란드와 일본과 같이 1인당 소득이라는 측면에서는 유사하지만(두 나라 모두 1인당 소득 $46,000 내외로 최상위권임) 행복이라는 측면에서는 현격한 차이를 보이는 사례들을 설명하는 데 중요한 이론적 모티브를 제공할 수 있다.

또한 정책적인 측면에서 본 절의 분석은 다차원적이고 종합적인 정책목표의 중요성을 잘 보여준다. 삶의 역량 요인들이 소득의 한계효과의 조절변수로서 작용하므로 경제만능주의에 기초한 소득 중심의 정책목표 설정은 사회적으로 상당한 비효율을 초래할 수 있다. 소득이 두 배로 증가하더라도 그 한계효과의 크기가 삶의 역량 수준에 따라 현격하게 달라질 수 있기 때문이다. 따라서 정책적인 측면에서 본다면 지난 정부와 현 정부를 관통하고 있는 1인당 소득 3만불 혹은 4만불 달성이라는 구호는 지나치게 표면적이고 단선적인 정책목표일 수 있다. 1인당 소득 4만불을 넘긴 국가들 중에도 일본, 싱가포르, 쿠웨이트와 같이 국민행복이라는 측면에서는 중하위권에 머무르는 국가들이 존재하기 때문이다. 1인당 소득 4만불 국가들 사이에도 삶의 역량에 기반한 질적 차이가 존재하며 이러한 질적 차이는 4만불이 가져다 주는 행복수준에도 많은 차이를 가져온다는 점을 고려할 때, 정책목표의 설정에 소득과 함께 삶의 역량 수준도 함께 고려하는 종합적이고 다차원적인 접근이 요구된다.

본 연구의 결과를 바탕으로 출범한지 얼마 지나지 않은 현 정부를 평가하기에는 다소 이르므로, 이전 정부인 박근혜 정부의 전반적인 정책기조를 비판적으로 평가하면 다음과 같은 논의가 가능하다. 우선 국민행복 증진을 정부 정책을 아우르는 중요한 지향점으로 삼은 것은 경제성장, 국민소득과 같은 경제성과 제일주의에 바탕을 둔 기존의 정책 패러다임과 차별화되는 것으로 나름 의미를 가졌다. 특히 이스털린 패러독스에서 나타난 바와 같이 소득이 국민행복으로 이어지는 연결고리가 뚜렷하지 않다고 할 때 정책목표를 소득이 아닌 국민행복에 맞추는 새로운 접근은 정책의 효율성 제고를 위한 중요한 변화라고 할 수 있다.

그러나 구체적으로 어떻게 국민행복 증진을 추구할지 각론으로 들어가면 평가가 달라질 수 있다. 본 연구에서는 행복 증진을 위해 상위역량의 제고를 통해 개인이 가치를 부여하는 행위를 좀 더 자유롭게 선택하고 추구할 수 있는 환경의 조성이 필요하다고 역설하고, 이를 위하여 교육과 자유 같은 역량의 중요성을 제시하였다. 그런데 국민행복 증진의 일환으로 박근혜 정부에서 추진했던 노인기초연금과 같은 복지 강화 노력은 저소득층의 최저생활을 보장하는 사회안전망 강화의 성격이 강하며, 이는 상위역량보다는 기초역량(혹은 위생요인)에 가깝다. 국민행복 증진이라는 정책목표와 관련하여 이러한 접근은 분명 필요하지만 동시에 한계점을 가질 수 있다. 앞에서도 설명하였듯이 의식주나 건강과 관련된 기초역량은 충족되지 않을 경우 삶의 만족도를 심각하게 저해할 수 있지만 일단 어느 정도 충족이 되면 행복수준을 제고하는 데 크게 기여하지 못하기 때문이다. 따라서 국민행복수준의 획기적인 제고를 위해선 저소득층 복지 강화와 함께 상위역량 강화를 위한 플러스 알파의 정책적 노력이 필요했다. 특히 본 연구에서 제시했던 상위역량인 교육과 자유라는 측면에서 박근혜 정부의 노력을 평가한다면 다소 부정적인 편이다. 박근혜 정부의 교육정책 기조는 이전 정부와 크게 다르지 않아 기존에 우리나라 교육제도가 가지고 있던 가장 심각한 문제점(지나친 경쟁으로 인하여 교육이 자아실현을 위한 자유로운 선택에 기여하는 바가 별로 없다는 점-내가 원하는 가치를 추구하기 위한 능동적 교육이 아닌 경쟁에서 뒤떨어지지 않기 위해 어쩔 수 없이 선택의 여지 없이 받는 수동적 교육) 해소에 그리 기여할만한 여지가 없고 또한 우리나라의 자유 수준이 수년간 뒷걸음질 쳤다는 프리덤하우스(Freedom House), 국제사면위원회(Amnesty International) 등 몇몇 비영리 민간국제기구의 평가가 이어졌다는 점 등을 미루어 볼 때 적어도 교육과 자유라는 상위역량의 측면에서는 박근혜 정부에서 충분한 개선이 이루어졌다고 평가하기 어렵다.

마지막으로 본 절의 분석은 행복의 결정요인 연구에 삶의 역량 개념의 접목을 새롭게 시도하였다는 의미가 있으나, 전 세계 100여 개국을 대상으로 횡단면 분석을 시도하다 보니 원래 센이 제시한 삶의 역량 개념을 분석에 충분히 담아내지 못했다는 한계를 가진다. 센이 주장한 바와 같이 삶의 역량의 내용은 사회 문화적 맥락의 영향을 받을 수 있으므로 이를 분석에서 구체화하기 위해선 국가별 개인 수준의 설문조사 등의 보다 구체적인 자료 조사가 요구된다. 이러한 한계점을 극복하기 위하여 6장에서는 행복 결정 요인으로서 삶의 역량에 대한 보다 심층적인 이해와 분석을 위해서 핀란드와 일본을 대상으로 한 추가적인 사례 분석을 시도한다.

2. 불평등과 행복의 실증 관계 분석[10)]

1) 불평등과 삶의 역량

우리나라는 지난 산업화 시기 동안 압축적인 경제성장을 달성하였다. 이러한 성장을 가능케 한 요인들로 국민들의 높은 교육열, 국가주도의 경제개발 및 대기업 위주의 수출육성 정책 등을 들 수 있다. 그 결과 우리나라는 전 세계적으로 유례를 찾기 힘들 정도의 경제적인 성공을 단기간에 거뒀지만, 그 과정에서 발생한 부작용이 가져온 사회갈등도 만만치 않게 경험하고 있다. 즉 과도한 교육경쟁 및 노동시장 양극화로 인한 인간관계의 변질, 개발위주의 정책으로 파생된 사회정책에 대한 무관심과 이로 인한 저투자, 그리고 대기업 위주의 수출중심 산업구조가 야기한 대기업—중소기업 간 양극화 등은 현재

10) 본 절의 내용은 임재영 외(2016)의 내용을 중심으로 수정・보완하여 구성함.

우리 사회의 주된 사회갈등 요인으로 인식되고 있으며 이는 우리 국민의 삶의 질에도 부정적인 영향을 미치고 있다. 실제로 삶에 대한 전반적인 만족도를 묻는 질문에 우리나라 국민들이 답한 점수는 1980년 10점 만점에 평균 5.34점이었고 1990년 6.69점으로 증가하였지만 2001년 6.21점, 2005년에는 6.35점으로 다시 감소한 것으로 나타났다(김미곤 외, 2014). 우리나라의 1인당 소득이 1990년에 6,303달러, 2005년에 17,531달러였던 점을 감안하면 소득이 3배 가까이 증가했음에도 행복수준은 큰 변화가 없거나 오히려 소폭 감소했음을 알 수 있다.

전술한 내용은 경제성장 과정에서 소득이 일정 수준을 넘게 되면 소득 수준 증가가 곧 국민들의 행복수준 증가로 이어지지 않는다는 이스털린의 주장과 일맥상통한다(Esterlin, 1974, 1995). 이러한 주장은 상대적 효용이론에 기초한 것으로 행복수준은 타인과의 비교를 통해 정해지며, 절대적인 소득이 일정수준에 도달하게 되면, 각 개인은 자신의 기대 수준을 타인과 상대적으로 비교하게 되어 그 이후 소득이 추가로 증가하더라도 행복수준에는 큰 변화가 없을 수 있다는 것이다. 이 경우 한 사회의 전반적인 행복수준을 결정하는 데 개인 소득 수준의 상대적인 위치, 즉 불평등 정도가 중요한 요인으로 작용할 것임을 쉽게 유추할 수 있다. 2장에서도 소개하였듯이 많은 기존 연구가 사회적 불평등이 행복에 부정적인 영향을 끼친다는 주장을 하고 있다(Alesina, Tella, & MacCulloch, 2004; Graham & Felton, 2006; Hopkins, 2008).[11]

---

11) 다만 클락(Clark, 2003) 등의 최근 연구 중에는 불평등과 행복 간에 뚜렷한 관계가 존재하지 않는 주장도 있다. 이는 절대소득과 상대소득의 중요성이 소득 수준에 따라 변화하는 패턴에 기인한 것으로 해석된다.

그러나 이 연구들은 불평등이 행복수준에 단순히 직접적인 영향을 미칠 뿐 아니라 소득의 성격에도 영향을 미칠 수 있다는 점을 간과하고 있다. 소득의 성격에 영향을 미치는 조절변수로서 작동하는 불평등의 메커니즘은 이러한 불평등 개념을 센의 역량이론(capability theory)과 연결시킬 때 이해가 가능하다. 4장에서 자세히 소개된 센의 역량 개념은 개인이 가치를 두고 있는 행위나 상태를 얼마나 자유롭게 추구하고 달성할 수 있는지로 정의되는데, 계층 이동이 어려운 구조적 불평등은 곧 이러한 역량이론에서 강조하는 개인이 각자의 가치를 자유롭게 추구할 수 있는 환경이 결여되어 있음을 의미한다고 볼 수 있기 때문이다.

4장에서 설명한 바와 같이 역량이론은 개인이 가치를 두고 있는 여러 삶의 조건들을 자유롭게 추구하고 선택할 수 있는 환경을 중요시한다(구교준 외, 2014). 이처럼 센의 역량 개념이 가지는 가장 큰 특징을 개인의 자유로운 선택과 기회의 보장이라고 이해한다면 역량은 불평등과 밀접한 연관성을 가진다. 특히 개인이 스스로의 가치를 적극적으로 추구하는 것을 어렵게 만드는 사회적 환경이 존재하고 이로 인해 자유로운 선택과 기회가 보장되지 않는 구조적 불평등이 발생한다면, 이는 바로 센이 강조한 역량이 결여된 사회라고 볼 수 있기 때문이다. 즉 심각한 불평등의 존재는 자유로운 선택과 기회가 결여된 사회적 환경을 암시하고, 이는 곧 그 사회에 속한 개인들에게 중대한 역량의 결핍이 있음을 의미한다.

이러한 관점에서 본 절에서는 한 사회에 존재하는 여러 종류의 불평등 정도를 사회 수준의 역량이라고 간주하고, 그 불평등에 대한 개인의 인지정도를 개인 수준의 역량으로 간주하여 불평등이 행복수준에 미치는 영향과 메커니즘에 대한 실증 분석을 시도하고자 한다. 먼저 사회 수준의 역량을 사회 내 존재하는 여러 불평등 정도로 표현하고자 하는 접근의 당위성은 다음같이 설명할 수 있다. 개인 혹은 가구 특성 이외에 개인이 속한 사회의 특성 역시 개인의 행복수준에 영향을 미친다. 이렇게 행복의 결정요인으로서 사회적 환경에 주목하는 논의는 흔히 정치학 분야에서 찾을 수 있는데, 이 연구들은 민주주의나 자유 등 정치사회적 환경을 개인이 가치를 두고 있는 삶의 기능을 적극적으로 추구하기 위해 필요한 사회적 환경 조건이라고 주장한다(Dorn et al., 2007; Inglehart et al., 2008). 따라서 개인이 스스로의 가치를 자유롭게 구현할 수 있는 사회적 환경에 대한 논의는 센이 제시한 역량 개념과 상당 부분 그 맥을 같이한다고 볼 수 있다.

전술한 내용을 토대로, 본 절에서는 각 국가별로 존재하는 불평등 정도를 개인의 행복수준에 영향을 미칠 수 있는 사회 수준의 역량을 반영하는 중요 변수로 활용하고자 한다. 클락 외(Clark et al., 2008)는 삶의 질 제고를 위해 개인이 가치를 두고 있는 다양한 삶의 조건들을 자유롭게 추구함에 있어 사회 내 존재하는 불평등 정도가 그 과정에 유의한 영향을 미칠 수 있음을 제시한 바 있다. 너스바움(Nusbaum, 2000)이 제시했던 삶의 역량 목록에서 기초역량으로 분류되어 있는 건강을 예로 들어 설명하면, 건강은 가치 있는 인간 생활을 가능하게 하는 필수적인 전제 조건이고 따라서 일차적으로 삶을 구성하는 핵심요소(기능)인 동시에 다른 기능을 선택하고 성취할 수 있는 자유와 연관된다. 따라서 건강 불평등은 개인의 선택을 제한하는 하나의 요인이 될 수 있다. 건강이 개인 수준의 기초역량을 나타내는 주요 요인이라면, 건강이 곧 상위 역량인 교육과 훈련을 위한 필요조건이 되고 교육과 훈련은 개인의 자아실현을 도모하는 역할을 수행하게 된다. 그런데 건강 불평등으로 인해 필수적인 건강 수준을 확보하지 못할 경우 이는 추후 교육 기회와 성과의 불평등으로 이어져 개인의 자아 실현을 제약하는 요인이 될 수 있다. 또한 성 불평등 역시 개인의 선택을 제한하는 요인이 될 수 있다. 만약 여성이 높은 수준의 고등 교육을 받아 개인 수준의 역량이 강화되었더라도, 만일 사회 내의 성 불평등으로 인해 이들의 계층 이동에 유리천장이 존재한다면 여성의 역량 실현은 제약을 받게 되는 것이다. 심지어 이러한 성 불평등 현상은 여성이 높은 수준의 고등 교육을 받을 수 있는 기회 자체를 제한하는 요인이 되기도 한다. 따라서 성 불평등 현상은 여성의 삶의 역량 형성 및 그 실현에 제약조건으로 작용할 가능성이 크다.

이러한 맥락에서 사회 내 존재하는 불평등은 개인이 자유로운 선택을 통해 자신의 가치를 실현해 나가는 역량의 현실화 과정에서 중요한 제약으로 작용한다고 할 수 있다. 불평등이 삶의 질을 제고하기 위한 개인의 자유로운 선택에도 영향을 줄 수 있기 때문이다. 따라서 본 절에서는 사회 내 존재하는 불평등을 사회 수준의 역량을 보여주는 중요한 변수로 간주하여 실증분석을 시도한다.

본 절의 연구에서는 또한 불평등 현상에 대한 개인의 인지정도를 개인 수준의 역량으로 간주한다. 센의 역량 이론은 자원과 삶의 질, 즉 행복수준을 연결할 수 있는 새로운 기제를 제공했다는 데 의의가 있지만, 실제 현실에서 이를 적용하는 것에는 여러 어려움이 존재한다(구교준 외, 2014). 비록 너스바움(Nusbaum, 2000)에 의해 역량을 구체화하는 작업이 이루어졌지만 이 또한 일반적인 합의에 도달한 것이라고 판단하기는 어렵다. 이렇듯 개인의 역량 수준을 제대로 나타낼 수 있는 변수를 선정하기 어렵다면, 그 대안으로 개인이 특정 사회 현상에 인지하는 내용을 개인의 역량으로 간주하는 방법을 생각해 볼 수 있다.

예를 들어, 소득 불평등이라는 사회 현상에 대하여 어떤 사람에게는 소득 불평등 현상이 자신의 역량을 제고할 좋은 기회로 인지될 수 있는 반면, 어떤 이에게는 이 현상이 자신의 역량 강화에 일종의 제한점으로 작용하고 있다고 인지될 수 있다. 즉 동일한 현상에 각 개개인의 이질적인 인식은 곧 그가 현재 보유하고 있는 삶의 역량 수준에 따라 결정될 수 있다는 것이다. 비슷한 맥락에서 장승진(2011)은 2009년 제7차 한국종합사회조사를 사용해 한국 사회의 소득격차 및 빈부갈등에 대한 부정적인 인식이 삶의 만족도에 부정적인 영향을 끼친다는 것을 통계적으로 확인했다. 또한 이양호(2013)는 기회불평등에 대한 인식이 삶의 만족도에 유의한 영향을 미치고 있다고 밝히고 있다. 따라서 전술한 대로 본 절의 연구는 사회 내 존재하는 여러 불평등 현상을 사회 수준의 역량을 나타내는 대리변수로 간주하고, 이러한 불평등 현상에 대한 개인의 인지 정도는 곧 개인이 스스로 추구하고자 하는 일들을 얼마나 자유롭게 선택할 수 있는지를 나타낼 수 있다고 판단하여 개인 수준의 역량을 나타내는 대리변수로 사용하고자 한다.

지금까지의 논의를 바탕으로 불평등이 소득의 성격을 변화시키는 메커니즘을 다음과 같이 설명할 수 있다. 다만 여기서 앞의 분석과 구분하여 이해해야 하는 부분은 앞에서는 소득의 성격을 hedonic한 활동이나 eudaimonic한 활동 어느 곳에든 활용될 수 있는 중립적인 자원으로 가정하였다면, 본 절에서는 소득의 성격을 기본적으로 hedonic한 것으로 가정한다. 따라서 삶의 역량을 대변하는 불평등의 정도나 인식 수준에 따라 상대적인 조건으로서 소득의 중요성은 변화할 수 있다. 우선 앞 절에서 설명한 것처럼 불평등이 사회적, 개인적 수준의 역량을 보여주는 대리지표라고 한다면, 불평등의 수준에 따라 행복 결정요인으로서 소득이 갖는 중요성, 즉 소득효과의 크기가 달라진다. 불평등 수준이 높은 사회의 경우 삶의 절대적 조건과 행복 간의 연결고리가 약하다는 것을 의미하므로, 행복의 결정요인으로서 소득 같은 삶의 상대적 조건이 갖는 중요성이 더 커지게 되는 것이다. 즉 상대적인 위치가 강조되는 소득의 hedonic한 성격이 강화되는 것이다. 그러나 불평등 정도가 낮은 사회의 경우 삶의 절대적 조건과 행복 간의 연결고리가 강함을 의미하므로, 행복의 결정요인으로서 소득 같은 삶의 상대적 조건이 갖는 중요성은 줄어들게 된다. 즉 소득의 hedonic한 성격이 약화되는 것이다. 이때, 소득이나 사회적 지위와 같은 삶의 상대적 조건이 행복에 미치는 영향은 열망, 적응, 쳇바퀴효과로 인해 단기적이고 지속가능하지 않기 때문에, 상대적으로 평등한 사회의 경우 행복 결정요인으로서 hedonic한 성격의 소득이 갖는 중요성이 불평등한 사회에 비하여 작아질 것이라고 예측할 수 있다. 이와 같이 행복의 결정요인으로서 소득의 상대적 중요성이 줄어든다는 것은 상당한 함의를 가진다. 즉 단기적이고 지속가능하지 않은 삶의 상대적 조건에 행복을 의존하는 정도가 낮아진다는 의미로, 이에 따라 상대적으로 평등한 사회의 경우 행복 패러독스에 직면할 가능성이 줄어들게 된다.

2) 분석모델 및 변수

전술한 대로, 본 연구는 불평등이 행복수준에 미치는 영향을 삶의 역량 개념을 활용하여 실증적으로 분석하고자 한다. 이러한 맥락에서 본 절은 각 사회 내에 존재하는 사회 경제적 불평등 현상을 사회 수준의 역량으로, 그리고 이러한 불평등 현상에 대한 개인의 인지 정도를 개인 수준의 역량으로 간주하여 이들 역량이 소득과 행복수준 간 인과관계에 어떠한 영향을 미치는지 고찰한다.

우선 다음 식 (2)와 (3)은 앞에서 제시한 이론적 논의를 바탕으로 본 절에서 추정하고자 하는 행복결정방정식을 나타낸다. 식 (2)는 사회 수준의 역량 개념을 활용하여 소득이 행복수준에 미치는 영향에 불평등이 어떠한 조절효과를 나타내는지 고찰하기 위해 설정된 추정식이며, 식 (3)은 개인 수준의 역량 개념을 활용하여 소득이 행복수준에 미치는 영향에 불평등이 어떠한 조절효과를 갖는지 고찰하기 위해 설정된 추정식이다.

$$H_i = \beta_0 + \beta_1 Y_i + \beta_2 ID_i + \beta_3 STA_i + \beta_4 IEQ_i + \beta_5 (Y_i \times IEQ_i) + \epsilon_{1i} \quad (2)$$

$$H_i = \alpha_0 + \alpha_1 Y_i + \alpha_2 ID_i + \alpha_3 STA_i + \alpha_4 PEQ_i + \alpha_5 (Y_i \times PEQ_i) + \epsilon_{2i} \quad (3)$$

위의 식에서 종속변수 H_i는 i국가의 행복수준을 나타낸다. 본 연구에서 각 국가별 행복수준으로 활용한 자료원은 GWP에서 2011년 조사한 각국의 행복수준이다. 이 자료원은 전 세계 147개국을 대상으로 각 국가의 주관적 행복수준을 측정한 것이다. 각국의 행복수준은 1,000명 이상의(중국과 러시아의 경우 2,000명 이상) 개인에게 설문을 통해 현재 인지하고 있는 삶의 만족도와 앞으로 예상되는 삶의 만족도를 0~10점 척도로 주관적 응답한 내용에 기초하여 얻어진다. 따라서 GWP는 일반적으로 주관적인 삶의 만족도, 즉 행복에 대한 가장 종합적인 자료원으로 평가된다.

Y_i는 조사대상 국가의 2011년 소득 수준을 1인당 GDP 수준으로 나타낸 것이며, ID_i는 각국 국민 개인 수준의 행복결정요인들을 나타내는 것으로, 전술한 선행연구 결과를 토대로 각국 국민들의 건강 및 교육 수준을 나타내는 변수들을 활용하였다. 즉 건강 수준을 나타내

는 변수들로는 각국의 2011년 기준 평균기대수명과 만성질환사망률을 활용하였다. 만성질환사망률은 30세에서 70세까지의 연령대에 속한 전체 인구 중에서 심혈관계 질환이나 암, 당뇨 혹은 만성호흡기계 질환으로 사망한 사람들의 비율을 의미한다. 이 자료는 WHO에서 발간되는 자료로 2011년 자료가 존재하지 않아 2011년에 가장 근접한 기간의 자료인 2012년 자료를 분석에 활용하였다. 또한 교육 수준을 나타내는 변수로는 각 국가별 15세 이상 국민의 문자해독률을 활용하였다.

STA_i는 국가 i의 사회 수준 행복결정 요인들을 나타내는 것으로, 본 연구에서는 각 국가별 시민자유 수준, 부패 수준 및 정치적 안정성을 나타내는 변수들을 활용하였다. 각 국가별 시민자유 수준은 프리덤 하우스에서 발표하는 국가별 자유 수준을 사용하였다. 프리덤 하우스(Freedom House)의 자료는 1~7점 척도로 값이 클수록 자유 수준이 높다고 할 수 있으며 본 연구에서는 2011년에 발간된 자료를 활용하였다. 해당 국가의 부패 정도를 나타내는 변수로 부패 수준은 공권력이 사적인 이익 등을 위해 동원될 수 있다고 믿는 정도를 나타내는데, 점수가 높을수록 부패 정도가 높은 것으로 해석된다. 이 자료는 세계은행의 WGI에서 구할 수 있으며 해당 기간인 2011년 자료를 분석에 활용하였다. 마지막으로 각 국의 정치적 안정성을 고려하기 위해, 역시 세계은행의 WGI에 포함된 정치적 안정성 변수를 활용하였다. 이 변수는 전 세계 100여 국가의 시민과 전문가들을 대상으로 현 정치 체제의 전복 가능성에 대한 설문을 통해 도출된다.

위 식 (2), 즉 소득이 행복수준에 미치는 영향에 사회 수준의 역량이 어떠한 조절효과를 나타내는지 고찰하기 위해 설정된 추정식에서 사회 수준의 역량을 나타내는 변수로 본 연구에서는 소득 불평등과 성 불평등 현상을 이용하였다, 먼저 소득 불평등 현상의 경우 세계은행에서 발간하는 WDI에 포함된 각 국가별 2011년도 지니계수를 사용하였고, 성 불평등 현상의 경우 UNDP에서 발간하는 성 불평등 지수를 사용하였다. 성 불평등 지수의 경우 2011년에 가장 근접한 연도인 2013년의 자료를 분석에 활용하였다.

식 (3), 즉 소득이 행복수준에 미치는 영향에 개인 수준의 역량이 어떠한 조절효과를 나타내는지 고찰하기 위해 설정된 추정식에서 개인 수준의 역량을 나타내는 변수로 본 연구는 각종 사회 불평등 현상에 대한 각국 국민들의 인지 정도를 이용하였다. 이를 위해 사용된 변수는 구체적으로 두 가지인데, 첫 번째는 레가툼 번영 지수(Legatum Prosperity Index)를 구성하기 위해 그 하부 지수로 사용된 Entrepreneurship and Opportunity 지수이다. 이 지수는 각 국가의 기업 환경, 즉 창업의 용이성 및 기업가에 대한 사회의 인식 등에 대한 설문을 통해, 각 개인이 성공적인 기업 활동을 함으로써 더 높은 수준의 소득을 창출할 수 있는 기회가 어느 정도 균등하다고 인식하고 있는지 측정한다. 즉 자신에게 실력이 있다면 그 사회에서 성공할 가능성이 어느 정도라고 믿고 있는지를 통해 각 국가의 기회 불평등 현상에 대한 개인 인식 정도가 측정되는 것이다. 본 연구에서는 분석 기간인 2011년도와 가장 근접한 2014년 자료를 활용하였다. 두 번째로는 세계가치관조사(World Value Survey, 이하 WVS)에 포함된 사회 내 계층 이동의 가능성에 대한 개인의 인지 정도를 활용하였다. WVS 자료를 보면 "열심히 일하면 궁극적으로 성공할 수 있다"에 대한 개인의 신뢰 정도를 0에서 10점 사이에 측정한 항목이 포함되어 있는데, 이는 사회 내 계층 간 이동성 혹은 사회 내 소득 불평등 현상에 대한 개인의 인식 정도를 반영한다고 할 수 있다. 비외른스코프(Bjørnskov,

2012)의 연구에서도 이 변수를 사회 내 계층이동성에 토대를 둔 소득 불평등 현상에 대한 개인의 인식 정도를 나타내기 위해 활용하였다.

식 (2)과 (3)에 나온 소득 수준과 개인 혹은 사회 수준의 역량 간 교호항은 소득이 행복수준에 미치는 인과관계에 개인 혹은 사회 수준의 역량이 미치는 조절효과를 측정하기 위한 목적으로 포함되었다. 즉 각국의 소득 수준이 행복수준에 미치는 영향은 소득 수준이 행복수준에 직접 미치는 부분과, 개인 혹은 사회 수준의 역량을 나타내는 변수와의 교호작용을 통한 부분으로 구분할 수 있다. 이는 곧 각국의 개인 혹은 사회 수준의 역량, 즉 불평등 정도에 따라 각국의 소득 수준이 행복수준에 미치는 영향은 상이할 수 있음을 의미한다. 다시 말해, 개인이나 사회 수준의 불평등이 높을 경우 삶의 상대적 조건으로서 소득이 행복에 미치는 영향력의 정도도 달라질 수 있다는 것이다. 특히 본 연구의 이론적 고찰에 따르면 불평등한 사회일수록 소득이 가지는 hedonic한 성격이 강해지며, 따라서 행복방정식에서 삶의 상대적 조건으로서 소득의 중요성은 커질 것으로 예상된다.

1) 기초통계량

〈표 5-3〉은 본 분석에서 사용된 변수의 기초통계량을 보여준다. 전술한 대로 각국의 행복수준에 영향을 미치는 변수로 소득 수준 이외에 개인 수준 변수와 사회 수준 변수가 분석에 활용되었으며, 사회 불평등 정도를 사회 수준의 역량을 나타내는 변수로, 불평등 현상에 대한 개인의 인식을 개인 수준의 역량을 나타내는 변수로 사용하였다. 종속변수인 각국 국민들의 주관적 안녕 정도는 0에서 9점까지의 점수로 구성된 척도로 측정되었다. 해당국의 국민들이 측정한 행복점

〈표 5-3〉 기초통계량

구분	변수설명	평균	표준편차	최소값	최대값
	종속변수				
행복	산술평균 행복지수	5.39	1.17	2.8	7.8
	독립변수				
소득	1인당 GDP(US $)	14,853.01	20,441.67	237	107,206
개인 수준 변수	15세 이상 문자해독률(%)	83.63	17.62	31.09	99.79
	평균기대수명	69.94	9.60	45.10	83.42
	10만 명당 만성질환 사망자	18.87	5.94	9.06	10.83
사회 수준 변수	시민자유 수준	3.34	1.81	1	7
	부패 수준	-0.04	1.02	-1.68	2.45
	정치적 안정성	-0.11	0.96	-2.81	1.51
사회 수준 역량	소득 불평등	0.39	0.08	0.25	0.64
	성 불평등	0.37	0.19	0.02	0.73
개인 수준 역량	기회균등에 대한 인식	0.42	1.92	-3.76	4.19
	계층이동 가능성에 대한 인식	4.23	0.83	2.11	6.54

수를 산술평균한 값을 분석에 활용하였는데, 이러한 산술평균값의 분석대상 국가 평균은 5.39점이었다. 그리고 소득 수준은 2011년 기준 1인당 국민소득으로 나타내었으며, 분석대상 국가의 평균 1인당 국민소득은 $14,853이었다.

2) 소득과 행복의 관계

우선 개인 수준 혹은 사회 수준의 역량(즉 불평등)이 행복수준에 미치는 영향을 탐색하기 전에, 앞서 제시했던 소득이 행복에 미치는 한계효과가 소득 수준에 따라 상이할 수 있다고 주장한 이스털린의 역설을 고찰하기 위해 회귀분석을 수행하였다. 이를 위해 원래 설정한 회귀식과는 달리 소득의 제곱항을 분석과정에 추가하여 회귀분석

〈표 5-4〉 소득과 행복수준의 관계 (종속변수: 평균행복지수)

변수	추정계수	표준오차	t-value	P-value
소득변수				
1인당 GDP	0.0000446**	0.0000215	2.07	0.042
1인당 GDP2	-2.08×10-10	2.77×10-10	-0.75	0.456
개인 수준 변수				
15세 이상 문자해독률	0.0083	0.0076	1.09	0.278
평균기대수명	0.0280*	0.0147	1.91	0.061
10만 명당 만성질환사망자	-0.0712***	0.0187	-3.80	0.000
사회 수준 변수				
시민자유 수준	0.0579	0.0770	0.75	0.454
부패 수준	-0.6105***	0.2196	-2.78	0.007
정치적 안정성	0.4114**	0.1676	2.45	0.017
R^2	0.6111			

주) ***, **, *는 유의수준 1%, 5%, 10%에서 각기 유의하다는 의미임.

을 수행하였으며 각 국의 산술평균 행복지수를 종속변수로 활용한 추정결과는 〈표 5-4〉로 제시하였다.

〈표 5-4〉의 결과를 보면 소득변수는 여전히 통계적으로 유의하게 행복수준에 양의 영향을 미치는 것을 알 수 있다. 아울러 소득의 제곱항의 경우 비록 통계적으로 유의하지는 않았지만 추정계수가 음으로 나와 일정 수준까지만 소득의 증가가 행복수준에 긍정적인 영향을 미치는 것으로 보이고 그 한계효과는 소득 수준이 증가함에 따라 점차 감소하는 것으로 해석할 수 있다.

개인 수준 변수에서는 평균기대수명과 만성질환으로 인한 사망률이 통계적으로 유의하게 행복수준에 영향을 미치는 것으로 나타났으며, 사회 수준 변수에서는 각국의 부패도와 정치적 안정성이 유의한 영향을 미치는 것으로 나타났다. 그리고 그 영향의 방향은 예상한 방향과 크게 다르지 않은 것으로 나타났다.

3) 불평등이 소득의 한계효과(성격)에 미치는 영향

① 사회수준 역량의 경우: 전술한 대로 사회 수준의 역량을 나타내는 변수로 본 연구에서는 소득 불평등과 성 불평등 정도를 활용하였다. 우선 소득 불평등 정도를 사회 수준의 역량을 나타내는 변수로 설정하고 이 변수가 소득과 행복수준 간 관계에 미치는 영향을 고찰해보면 다음과 같다.

〈표 5-5〉는 소득 불평등 정도를 사회 수준 역량을 나타내는 변수로 활용하여 추정한 회귀식의 결과이다. 모델 1은 사회 수준 역량을 나타내는 변수를 고려하지 않을 때의 추정결과를, 모델 2는 사회 수준 역량을 나타내는 소득 불평등 정도를 활용했을 때의 추정결과를 보여준다. 또한 모델 3은 소득 불평등을 나타내는 변수뿐 아니라 불평등과 소득과의 교호항을 포함하여 불평등이 갖는 조절효과를 분석하였다.

우선 모델 1, 2, 3에서 모두 소득변수는 행복수준에 통계적으로 유의하게 양의 영향을 미치는 것으로 나타났다. 다음으로 사회 수준의 역량을 나타내는 소득 불평등 변수를 활용한 모델 2와 3의 추정결과를 고찰해 보면, 우선 모델 2의 경우 소득 불평등 수준을 나타내는 지니계수가 행복수준에 통계적으로 유의하게 양의 영향을 갖는 것으로 나타났다. 이는 소득 불평등의 정도가 행복수준에 긍정적인 영향을 미칠 수 있다는 기존 연구와는 다소 거리가 있는 결과이다. 그러나 사회 수준의 역량을 나타내는 소득 불평등 변수와 소득 변수 간 교호항을 분석에 활용하여 얻은 모델 3의 추정결과를 살펴보면 지니

〈표 5-5〉 소득불평등이 행복수준의 관계에 미치는 영향 (종속변수: 평균행복지수)

변수	모델 1	모델 2	모델 3
소득변수			
1인당 GDP	0.0000303*** (0.00001)	0.0000314*** (0.00001)	0.0000301*** (0.00001)
개인 수준 변수			
15세 이상 문자해독률	0.0097 (0.0073)	0.0034 (0.0082)	0.0045 (0.0081)
평균기대수명	0.0292** (0.0145)	0.0471** (0.0185)	0.0346* (0.0192)
10만 명당 만성질환사망자	-0.0718*** (0.0186)	-0.0329 (0.0236)	-0.0405* (0.0234)
사회 수준 변수			
시민자유 수준	0.0512 (0.0762)	0.0415 (0.0826)	0.0684 (0.0818)
부패 수준	-0.6029*** (0.2186)	-0.3811* (0.2297)	-0.3439 (0.2251)
정치적 안정성	0.4148** (0.1670)	0.3342** (0.1645)	0.3608** (0.1612)
사회 수준역량 변수			
지니계수		0.0386*** (0.0125)	0.0131 (0.0178)
1인당 GDP*지니계수			4.49×10-6* (2.30×10-6)
R^2	0.6078	0.6626	0.6837

주) ***, **, *는 유의수준 1%, 5%, 10%에서 각기 유의하다는 의미이며 괄호 안은 표준오차를 의미함.

계수의 통계적 유의미성이 사라지고 교호항이 통계적으로 유의한 양의 영향을 갖는 것을 알 수 있다. 특히 지니계수가 가지는 계수값의 크기가 교호항을 포함한 모델 3에서는 크게 줄어든 것을 볼 수 있는데, 이는 불평등의 영향이 대부분 소득효과를 조절하는 역할을 하고 있음을 의미한다. 더 구체적으로 모델 3의 추정결과는 한 국가의 소득 불평등 현상이 심화될수록 소득이 행복수준에 미치는 영향이 더욱 증폭될 수 있음을 말해 준다. 다시 말해, 소득 불평등 정도가 개선되어 국민들 간 빈부격차 및 양극화 문제가 해결될수록 소득이 가지는 hedonic한 성격이 감소하여 행복수준에 미치는 영향도 줄어들 것임을 시사하는데, 이러한 맥락에서 각 국가의 소득 불평등 정도는 소득수준이 행복에 미치는 영향을 조절하는 효과가 있다고 할 수 있다. 즉 불평등한 사회일수록 사회가 가지는 역량의 수준이 낮을 것이고, 따라서 소득 같은 삶의 상대적 조건이 행복에 미치는 영향력이 커진다는 것이다. 이러한 사회에서는 물질적 부같이 개인의 상대적 지위를 드러내 줄 수 있는 hedonic한 조건을 추구하는 경향이 매우 강해지는데, 이는 전술한 바와 같이 열망과 적응의 쳇바퀴 효과에 쉽게 노출되어 지속가능한 삶의 만족으로 이어지지 않는다.

한편 전술한 대로 본 절에서는 사회 수준의 역량을 나타내는 변수로 소득 불평등 이외에 성 불평등 정도도 활용하였다. 〈표 5-6〉에는 성 불평등 정도를 사회 수준의 역량을 나타내는 지수로 활용하여 추정한 결과가 제시되어 있다. 앞서와 마찬가지로 모델 1은 사회 수준의 역량을 나타내는 변수를 고려하지 않을 때의 추정결과를 의미하며, 모델 2는 사회 수준의 역량을 나타내는 성 불평등 정도를 활용했을 때의 추정결과를 나타내며, 마지막 모델 3은 성 불평등을 나타내는 변수뿐만 아니라 이 변수와 소득 간 교호항을 분석에 활용하여 사회 수준의 역량을 나타내는 변수가 갖는 조절효과를 고찰하였다.

먼저 모든 모델에서 소득변수는 행복수준에 통계적으로 유의하게 양의 영향을 갖는 것으로 나타났다. 모델 2의 경우 성 불평등 수준이 행복수준에 통계적으로 유의하게 양의 영향을 갖는 것으로 나타났다. 그렇지만 성 불평등 변수와 소득변수 간 교호항을 분석에 활용하여 얻은 모델 3의 추정결과를 고찰해 보면, 성 불평등도가 행복수준에

〈표 5-6〉 성불평등이 행복수준에 미치는 영향 (종속변수: 평균행복지수)

변수	모델 1	모델 2	모델 3
소득변수			
1인당 GDP	0.0000303*** (0.00001)	0.0000415*** (0.00001)	0.0000295** (0.00001)
개인 수준 변수			
15세 이상 문자해독률	0.0097 (0.0073)	0.0203** (0.0080)	0.0117 (0.0085)
평균기대수명	0.0292** (0.0145)	0.0512*** (0.0158)	0.0416** (0.0157)
10만 명당 만성질환사망자	-0.0718*** (0.0186)	-0.0513*** (0.0190)	-0.0597*** (0.0186)
사회 수준 변수			
시민자유 수준	0.0512 (0.0762)	0.0511 (0.0785)	0.0476 (0.0756)
부패 수준	-0.6029*** (0.2186)	-0.4626** (0.2243)	-0.5196** (0.2174)
정치적 안정성	0.4148** (0.1670)	0.5081*** (0.1780)	0.4688*** (0.1723)
사회 수준 역량			
성 불평등		3.1813*** (1.0300)	1.9037* (1.1271)
1인당 GDP*성 불평등			0.00015** (0.00006)
R^2	0.6078	0.6645	0.6937

주) ***, **, *는 유의수준 1%, 5%, 10%에서 각기 유의하다는 의미이며 괄호 안은 표준오차를 의미함.

미치는 양의 영향이 대폭 감소하고 통계적 유의미성도 거의 사라진 반면, 교호항은 행복수준에 통계적으로 유의한 양의 영향을 갖는 것으로 나타났다. 이러한 결과에서 성 불평등도가 행복수준에 미치는 영향의 상당 부분이 소득을 통한 효과임을 유추해 볼 수 있다. 즉 앞서 소득 불평등의 경우와 마찬가지로 한 국가의 성 불평등 현상이 심화될수록 소득이 행복수준에 미치는 양의 영향이 더욱 증폭될 수 있음을 의미한다. 다시 말해 이 추정결과는 성 불평등 정도가 개선되어 여성의 사회적 지위 향상 혹은 고전적인 성 역할로부터 여성이 자유로워질수록 소득 같은 삶의 상대적 조건이 행복수준에 미치는 영향이 감소할 것임을 시사한다. 이러한 맥락에서 각 국가의 성 불평등 정도는 앞서 살펴본 소득 불평등 정도와 마찬가지로 소득이 가지는 hedonic한 성격을 강화시키는 작용을 한다고 해석할 수 있다.

② 개인수준 역량의 경우: 개인 수준 역량을 나타내는 변수로 본 연구에서는 사회 불평등에 대한 개인의 인식 정도를 활용하였으며, 이를 위하여 기회균등에 대한 인식과 계층 이동 가능성에 대한 인식이라는 두 가지를 측정하였다. 두 변수 모두 값이 커질수록 기회의 정도에 대한 긍정적인 인식이 강해지고 계층 이동 가능성을 높게 평가하는 것으로 해석된다. 우선 기회균등에 대한 인식은 전술한 바와 같이 기업 활동을 통한 경제적 성공 기회가 얼마나 균등한지에 대한 레가툼 번영지수(Legatum Prosperity Index)의 설문을 바탕으로 평가하였다. 〈표 5-7〉은 기회균등에 대한 개인의 인식을 개인 수준의 역량을 나타내는 지수로 활용하여 얻은 추정결과를 제시한다.

우선 모델 1은 개인 수준의 역량을 나타내는 변수를 고려하지 않을 때의 추정결과를 의미하며, 모델 2는 개인 수준의 역량을 나타내는 기회균등에 대한 개인의 인식 정도를 활용했을 때의 추정결과를 나타내며, 마지막 모델 3은 개인 수준의 역량을 나타내는 변수뿐만 아니라 이 변수와 소득 간 교호항을 분석에 활용하여 개인 수준의 역량을 나타내는 변수가 갖는 조절효과를 고찰하고자 사용한 것이다. 소득변수는 모델 1, 2에서 행복수준에 통계적으로 유의하게 양의 영향을 갖는 것으로 나타났으나, 모델 3에서는 통계적 유의성을 상실하였다.

〈표 5-7〉 기회불평등에 대한 인식이 행복수준에 미치는 영향1 (종속변수: 평균행복지수)

변수	모델 1	모델 2	모델 3
소득변수			
1인당 GDP	0.0000303*** (0.00001)	0.0000177* (0.00001)	0.0000282 (0.00002)
개인 수준 변수			
15세 이상 문자해독률	0.0097 (0.0073)	0.0019 (0.0079)	0.0012 (0.0081)
평균기대수명	0.0292** (0.0145)	0.0087 (0.0168)	0.0086 (0.0169)
10만 명당 만성질환사망자	-0.0718*** (0.0186)	-0.0875*** (0.0194)	-0.0859*** (0.0198)
사회 수준 변수			
시민자유 수준	0.0512 (0.0762)	0.0728 (0.0753)	0.0773 (0.0763)
부패 수준	-0.6029*** (0.2186)	-0.7424*** (0.2222)	-0.7215*** (0.2277)
정치적 안정성	0.4148** (0.1670)	0.3532** (0.1677)	0.3491** (0.1689)
개인 수준 역량			
기회균등		0.3450** (0.1489)	0.3392** (0.1503)
1인당 GDP*기회균등			-3.01×10-6 (6.32×10-6)
R^2	0.6078	0.6296	0.6309

주) ***, **, *는 유의수준 1%, 5%, 10%에서 각기 유의하다는 의미이며 괄호 안은 표준오차를 의미함.

한편 개인 수준의 역량을 나타내는 변수를 활용한 모델 2와 3의 추정결과를 고찰해보면, 모델 2의 경우 기회균등에 대한 인식이 행복수준에 통계적으로 유의하게 양의 영향을 갖는 것으로 나타났다. 이는 곧 기회의 정도에 대하여 개인이 긍정적인 인식을 가질수록(즉 자신에게 실력이 있다면 그 사회에서 성공할 가능성이 높다고 인식하고 있을수록) 그 국가의 행복수준이 통계적으로 유의하게 높아질 수 있음을 의미한다. 따라서 이를 통해 개인 수준의 역량이 행복에 미치는 직접적인 효과가 존재하는 것을 알 수 있다. 그렇지만 개인 수준의 역량을 나타내는 변수와 소득 변수 간 교호항을 분석에 활용하여 얻은 모델 3의 추정결과를 고찰해 보면, 개인 수준의 역량이 행복수준에 미치는 직접적인 영향은 여전히 통계적으로 유의한 반면, 소득과의 교호항이 행복수준에 미친 영향은 통계적으로 유의하지 않았다. 이는 곧 개인 수준의 역량이 행복수준에 미치는 영향은 다소 직접적인 부분이라 할 수 있으며 소득이 행복수준에 미치는 영향에 대한 조절효과는 미미하다고 해석할 수 있다.

개인 수준의 역량을 나타내는 두 번째 변수로 본 연구에서는 계층이동 가능성에 대한 인식 정도를 활용하였다. 이 변수가 행복수준에 미치는 영향을 고찰해보면 다음과 같다. 전술한 바와 같이 사회 내 계층 이동 가능성에 대한 개인의 인식 정도는 "열심히 일하면 궁극적으로 성공할 수 있다"라는 WVS에 대한 응답을 바탕으로 평가하였다. 〈표 5-8〉은 계층 이동 가능성에 대한 개인의 인식을 개인 수준의 역량을 나타내는 지수로 활용하여 추정한 결과를 보여준다.

〈표 5-8〉에서 모델 1은 개인 수준의 역량을 나타내는 변수를 고려하지 않을 때의 추정결과를 의미하고, 모델 2는 개인 수준의 역량을 나타내는 계층이동에 대한 개인의 인식 정도를 활용했을 때의 추정결과를 나타내며, 마지막 모델 3은 개인 수준의 역량을 나타내는 변수뿐만 아니라 이 변수와 소득 간 교호항을 분석에 활용하여 개인 수준의 역량을 나타내는 변수가 갖는 조절효과를 고찰하고자 사용한 것이다.

우선 소득변수는 모든 모델에서 행복수준에 통계적으로 유의하게 양의 영향을 갖는 것으로 나타났다. 다음으로 개인 수준의 역량을 나

〈표 5-8〉 기회불평등에 대한 인식이 행복수준에 미치는 영향2 (종속변수: 평균행복지수)

변수	모델 1	모델 2	모델 3
소득변수			
1인당 GDP	0.0000303*** (0.00001)	0.0000376** (0.00001)	0.0000214** (0.00008)
개인 수준 변수			
15세 이상 문자해독률	0.0097 (0.0073)	0.0408* (0.0234)	0.0222 (0.0228)
평균기대수명	0.0292** (0.0145)	-0.0151 (0.0324)	0.0019 (0.0303)
10만 명당 만성질환사망자	-0.0718*** (0.0186)	-0.0537** (0.0255)	-0.0572** (0.0232)
사회 수준 변수			
시민자유 수준	0.0512 (0.0762)	-0.1308 (0.0900)	-0.0851 (0.0841)
부패 수준	-0.6029*** (0.2186)	-0.3112 (0.4312)	-0.3788 (0.3919)
정치적 안정성	0.4148** (0.1670)	-0.1057 (0.3450)	-0.0282 (0.3145)
개인 수준 역량			
계층 이동		-0.0224 (0.1689)	0.4623* (0.2667)
1인당 GDP*계층 이동			-4.09×10-5** (1.84×10-5)
R^2	0.6078	0.7072	0.7730

주) ***, **, *는 유의수준 1%, 5%, 10%에서 각기 유의하다는 의미이며 괄호 안은 표준오차를 의미함.

타내는 변수를 활용한 모델 2와 3의 추정결과를 고찰해 보면, 모델 2의 경우 계층 이동 가능성에 대한 개인의 인식을 나타내는 변수가 행복수준에 미치는 영향은 통계적으로 유의하지 않은 것으로 나타났다. 그렇지만 개인 수준의 역량을 나타내는 변수와 소득 변수 간 교호항을 분석에 활용하여 얻은 모델 3의 추정결과를 고찰해 보면, 개인 수준의 역량이 행복수준에 직접적인 영향을 미칠 뿐만 아니라 소득과의 교호항 또한 행복수준에 통계적으로 유의한 영향을 미치고 있음을 알 수 있다.

모델 3에서 개인 수준의 역량을 나타내는 계층 이동에 대한 인식의 추정계수가 양으로 나타난 사실은, 열심히 일해서 성공할 가능성이 높다고 인지할수록 그 사회의 행복수준이 증가한다는 것을 의미한다. 또한 소득 수준과 계층 이동에 대한 인식 간 교호항의 추정계수가 음으로 나타난 사실은, 자신에게 계층 이동을 할 수 있는 기회가 충분히 주어져 있다고 생각할수록 소득의 hedonic한 성격이 약화되어 삶의 상대적 조건이 행복수준에 미치는 영향이 적어질 수 있음을 의미한다. 다시 말해 개인 수준의 역량이 높은 사회일수록(즉 불평등 수준이 낮은 경우) 삶의 절대적인 조건과 행복의 연결고리가 강해지므로 소득과 같은 삶의 상대적인 조건의 영향력은 줄어들게 된다. 이에 반하여 계층 이동성이 보여주는 개인 수준 역량의 증가는 지속적으로 행복수준을 끌어올리는 요인으로 작용하게 된다.

지금까지의 논의는 삶의 역량을 나타내는 변수인 불평등이 행복에 대한 소득의 한계효과에 조절변수로서 상당 부분 작용하여 소득이 가지는 성격에 영향을 끼침을 잘 보여준다. 비록 사회 수준과 개인 수준의 역량을 대변하기 위해 본 절의 분석이 제시한 네 가지 불평등 변수 모두에서 예상했던 결과를 얻은 것은 아니지만, 그중 두 가지 변수(소득 불평등, 계층 이동)에서 공통적으로 불평등의 조절변수로서의 역할이 관찰되었다. 다시 말해 한 사회에서 불평등 수준이 낮을수록 행복의 결정요인으로서 hedonic한 성격을 가진 소득의 상대적 중요성이 감소하였다는 것이다. 이와 함께 또한 기회균등, 계층 이동과 같은 개인 수준의 역량이 행복수준 제고에 중요한 역할을 한다는 점도 관찰되었다. 즉 평등한 사회일수록 앞 절에서 서술한 바와 같이 삶의 상대적 조건과 행복의 연결고리는 약해지고 삶의 절대적 조건과 행복의 연결고리는 강해지게 된다는 것이다.

4) 소결

본 절은 센의 역량 이론의 관점에서 행복의 결정요인으로서 불평등의 메커니즘에 대한 설명을 시도하였다. 사회 내 존재하는 여러 불평등 정도를 사회 수준의 역량이라고 간주하고, 그 불평등에 대한 개인의 인지정도를 개인 수준의 역량으로 간주하였다. 그리고 이 같은 불평등이 어떻게 소득의 행복수준에 대한 한계효과에 조절변수로서 작용하고 있는지를 실증 분석하였다.

이러한 시도는 다음과 같은 두 가지 측면에서 의미를 가진다. 우선 이론적으로 행복의 결정요인으로서 불평등의 작동 메커니즘을 설명할 수 있다. 센의 이론은 이론으로서의 가치는 충분히 인정되고 있으나 현실에서의 적용가능성 문제로 인해 많은 비판을 받아 왔다. 본 연구는 이러한 비판을 고려하여 이론적 역량 개념을 현실에서의 불평등 현상과 연결시킴으로써 이론의 적용가능성을 높이는 데 기여하고 있다. 둘째, 정책적으로 국민 삶의 질적 측면에 대한 고려를 가능하게 해 준다. 본 연구의 분석결과는 한 사회의 불평등이 행복 결정요인으로서 지속가능하지 않은 물질적 부에 대한 추구 경향을 강화시킨다는 점을 보여주고 있으며, 따라서 지속가능한 국민행복수준의 제고를 위해서는 보다 평등한 사회를 만들려는 정책적 노력이 필요하다는 함의를 제시할 수 있다.

분석 결과, 사회 수준의 역량을 나타내는 사회 불평등 정도는 전체 국민의 행복수준에 통계적으로 유의한 영향을 미치고 있었다. 특히 소득이 행복에 미치는 영향에 일정 정도의 조절효과가 있는 것으로 나타나, 소득과 행복수준의 관계가 비선형일 수 있음을 지적한 이스털린 패러독스를 뒷받침하는 결과가 도출됐다. 이외에 한 사회의 불평등 정도가 높아질수록 삶의 상대적 조건 중 하나인 소득의 중요성이 커지는 현상이 관찰되었는데, 이는 사회적 역량 수준이 낮은 사회의 행복수준의 경우 상대적 삶의 조건에 의해 크게 영향받는다는 이론적 논의와 같은 맥락이라고 할 수 있다.

또한 본 연구의 분석 결과는 개인 수준의 역량을 나타내는 기회균등과 계층 이동 가능성에 대한 개인의 인식이 행복수준과 의미 있는 상관관계가 있음을 보여주었다. 특히 계층 이동의 가능성이 높게 평가되는 사회일수록 행복 결정요인으로서 hedonic한 성격을 가진 소득의 중요성이 줄어드는 현상이 관찰되었다. 이 같은 결과는 개인적 역량수준이 높은 사회의 행복수준 결정에서, 소득과 같은 상대적 삶의 조건의 영향은 점차 줄어들고 역량으로 대표되는 절대적 삶의 조건의 영향이 중요해진다는 이론적 논의와 같은 맥락으로 이해할 수 있다.

불평등의 정도가 심한 사회일수록 행복 결정에 소득의 중요성이 커지는, 다시 말해 물질적 가치를 강하게 추구하는 현상은 곧 동일한 소득일지라도 불평등한 사회에서 전반적인 행복수준이 낮다는 사실과 밀접하게 연관된다. 행복 결정요인으로서 소득과 같은 삶의 상대적 조건의 개선은 열망, 적응, 쳇바퀴효과로 인해 단기적 효과만을 나타낼 뿐이며, 결국 이렇게 삶의 상대적 조건을 주로 추구하는 삶은 지속가능한 만족감을 가져다줄 수 없다. 이러한 맥락을 통해 볼 때, 본 절의 분석 결과는 정책적인 측면에서 매우 중요한 함의를 가진다. 역량 중심의 삶의 절대적 조건에 대한 추구는 삶의 상대적 조건의 영향을 감소시켜, 보다 지속가능한 행복이 가능하게 해 준다. 불평등이 삶의 역량 수준을 보여주는 좋은 지표라고 한다면 개인 간, 계층 간 불평등의 해소를 위한 정책적 노력은 사회 전반에서 지속가능한 행복 수준의 제고로 이어질 수 있게 된다. 이는 앞으로 우리 사회의 정책이 어느 방향으로 나아가야 하는지에 대한 시사점을 제공한다. 즉 국민소득 2만 불, 3만 불과 같은 양적, 상대적 목표의 추구는 그 목표가 달성된다 하더라도 국민행복과 국민 삶의 질에 지속가능한 변화를 만들지 못한다. 결국 지속가능한 국민 삶의 질의 향상을 위해서 사회적 개인적 역량 강화와 불평등 해소와 같이 기존 접근과 차별화되는 역량 중심으로의 새로운 정책 방향 설정이 필요하다.

제 6 장

행복의 국가 간 비교분석:
핀란드와 일본 사례를 중심으로

제6장 행복의 국가 간 비교분석: 핀란드와 일본 사례를 중심으로[1)]

행복은 성적순이 아니다. 그렇다면 행복은 소득순일까? 많은 연구들이 소득이 행복에 미치는 영향에 대해서 회의적인 결과를 내놓고 있다. 대표적인 예가 앞 장에서 여러 차례 소개된 이스털린(Easterlin)의 연구인데 그는 1946년에서 1970년 사이에 미국의 1인당 소득이 60% 증가하였음에도 불구하고 자신의 삶이 행복하다라고 응답하는 미국인들의 비율에는 거의 변화가 없음을 보여주면서 행복에 대한 소득의 한계효과에 의문을 제시하였다(Easterlin, 1974).

소득과 행복의 관계가 가장 극적으로 대비되는 사례는 3장에서 간략히 언급된 바와 같이 핀란드와 일본에서 찾을 수 있다. 세계은행 자료에 의하면 핀란드와 일본의 2012년 1인당 소득은 각각 $46,098과 $46,736으로 거의 비슷한 수준이다. 그러나 세계갤럽조사(Gallup World Poll 이하 GWP), 세계행복데이터베이스(World Database of Happiness, 이하 WDH), 삶의 만족도 지수(Satisfaction with Life Index, 이하 SLI) 준을 측정하는 다양한 지표에서 핀란드는 거의 최상위권을 유지하는 반면

1) 본 장의 내용은 구교준 외(2017)의 내용을 중심으로 수정 · 보완하여 구성함.

일본은 중하위권에 무르고 있다. 동일한 소득이 가져오는 행복수준의 차이를 소득의 질로 표현한다면, 핀란드의 소득의 질이 일본의 소득의 질보다 월등히 높음을 알 수 있다. 그렇다면 왜 비슷한 소득 수준을 가진 두 나라 사이에 큰 행복 격차가 존재하는 것일까?

소득과 행복의 관계에 대한 기존의 접근은 주로 다양한 개인 수준의 국가별 설문이나 국가 간 비교 데이터를 활용한 실증분석을 통해 이루어졌다. 예를 들면 프레이와 스투처(Frey and Stutzer, 2000b)는 스위스 국민 6,000여 명을 대상으로 한 설문의 실증분석을 통해 소득의 한계효과가 $15,000을 전후하여 0으로 수렴함을 보여주었다. 또한 구교준 외(2014)는 전 세계 100여 개국을 대상으로 한 실증 회귀분석을 통해 행복에 대한 국가별 소득의 한계효과가 자유나 교육 같은 정치사회적 환경에 의해 영향받을 수 있다고 주장하였다. 그러나 이 같은 국가별 설문이나 국가 간 횡단면 실증 회귀분석 결과는 소득의 한계효과를 보여주기는 하지만, 비슷한 맥락의 다른 질문이라고 할 수 있는 동일한 수준의 소득을 가진 국가들 가운데서 왜 어떤 국가는 더 행복하고 어떤 국가는 덜 행복한지에 대한 질문에는 뚜렷한 해답을 제시하지 못한다. 분석 대상이 되는 국가의 수가 적을 뿐 아니라 실증 회귀분석이 보여주지 못하는, 보다 심층적인 요인 간 내부 동학에 대한 분석이 요구되기 때문이다. 따라서 이와 같은 소득의 질에 대한 분석을 위해서는 국가 간 비교 사례 연구가 더 효과적일 수 있다. 본 절의 분석 목적은 핀란드와 일본 간에 나타나는 소득의 질적 차이의 이유를 두 국가 간의 비교 사례분석을 통해 찾는 데 있다. 이를 통해 기존 실증 회귀분석의 한계를 극복하고 이스털린 패러독스에 대한 이해를 좀 더 심화시킬 수 있을 것이다. 6장에서는 특히 핀란드와 일본에서 관찰되는 소득의 질적 차이의 원인을 사회적 맥락의 차이에서 찾으려 하고 이를 센(Sen)의 역량이론의 관점에서 해석하려 한다.

한편 6장의 분석 결과는 5장의 분석 결과와 함께 정책적인 측면에서도 중요한 함의를 줄 수 있다. 소득이 동일한 수준이지만 행복한 국가와 그렇지 않은 국가를 비교함으로써 어떤 요인이 소득의 질을 높이는 데 기여할 수 있는지 이해를 높일 수 있기 때문이다. 1인당 국민소득이 똑같이 $20,000라도 평균적인 행복수준이 월등히 높은 사회는 그렇지 못한 사회와 비교할 때 많은 분야에서 다를 수 있으며, 따라서 소득의 양적 증가와 함께 소득의 질적 향상을 위해 이러한 분야에 대한 정책적인 관심이 기울여져야 한다. 반복해서 지적하지만 지난 반세기 동안 우리 사회의 지향점은 양적 소득증가에 있었다. 소득증가와 함께 높아진 삶의 질에 대한 관심으로 이제는 소득의 질적 향상에 보다 많은 정책적 노력을 기울여야 할 시점이 되었다고 할 수 있다. 행복의 관점에서 본 국가 간 비교연구의 결과는 따라서 이러한 노력에 중요한 시사점을 제공해 줄 수 있을 것이다.

1. 핀란드와 일본의 행복

핀란드와 일본의 행복수준을 앞서 언급한 다양한 행복지표들을 중심으로 비교하면 〈표 6-1〉과 같다. 〈표 6-1〉에서는 세 가지 주관적 지표(WDH, SLI, GWP)와 한 가지 객관적 지표인 인간개발지수(Human Development Index, 이하 HDI)가 사용되었는데 특히 주관적 지표의 격차가 눈에 띄게 나타났다. 핀란드의 경우 WDH, SLI, GWP의 세 가지 지표에서 세계 5위, 6위, 7위로 모두 최상위권을 기록하였다. 같은 지표에서 일본은 세계 53위, 90위, 44위로 중하위권에 그쳤고, 우

〈표 6-1〉 핀란드, 일본, 우리나라의 행복수준

국가	1인당 소득($)	WDH(순위)	SLI(순위)	GWP(순위)	HDI(순위)
일본	46,736	53	90	44	10
핀란드	46,098	5	6	7	21
한국	23,133	70	102	44	12

리나라의 경우에도 두 나라와 소득수준에서 상당한 차이가 있지만 세계 70위, 102위, 44위로 매우 저조한 결과를 보인다. 다만 객관적인 지표라고 할 수 있는 HDI에서는 다른 결과를 볼 수 있다. 주관적 지표들의 경우 현재의 삶의 만족도를 묻는 주관적 질문으로 구성된 반면 HDI의 경우 소득, 수명, 교육의 세 가지 객관적 지표를 중심으로 구성되어 있어 뚜렷한 차별성을 가진다. 이 경우 일본과 우리나라의 순위가 각각 10위와 12위로 21위에 그친 핀란드보다 오히려 높은 편이다. 이러한 자료는 서론에서 언급한 이스털린 패러독스와 일맥상통하는 부분을 가진다. 객관적 지표를 기준으로 한 순위에서는 일본이 핀란드보다 높게 나타났으나 주관적 지표를 기준으로 한 순위에서는 핀란드가 일본에 비하여 월등히 높은 것으로 나타났다. 특히 주관적 지표를 기준으로 할 경우 1인당 소득수준이 거의 비슷하다는 점을 고려할 때 핀란드의 소득의 질이 일본보다 월등히 높음을 유추할 수 있다.

한편 삶의 질에 영향을 끼칠 수 있는 여러 분야에서 핀란드와 일본이 어떤 차이를 가지고 있는지 자세히 살펴보기 위하여 〈표 6-2〉에서는 OECD에서 발간하는 더 나은 삶 지수(Better Life Index, 이하 BLI)의 분야별 지표를 제시하였다. BLI는 삶의 질을 주관적인 측면과 객관적인 측면을 모두 포함하여 평가하기 위하여 OECD에서 개발한 지수로 주택, 소득, 직업, 공동체, 교육, 시민참여, 건강, 삶의 만족도,

〈표 6-2〉 BLI의 분야별 지표

구분	지표	핀란드	일본	한국	OECD 평균
주택	화장실 등 기초시설이 부족한 주거지(%)	0.6	6.4	4.2	2.1
	가구 유지 비용(%)	22	22	16	21
	1인당 방의 개수(개)	1.9	1.8	1.4	1.6
소득	가계 순가처분소득($)	26,904	25,066	18,035	23,938
	가계 순자산($)	20,190	85,309	28,290	42,903
직업	취업률(%)	70	71	64	65
	고용안정(전년대비 실업확률)(%)	6.4	2.9	3	5.3
	장기실업률(%)	1.65	1.67	0.01	2.73
	개인노동소득($)	38,976	36,039	34,056	41,010
커뮤니티	사회안전망의 질(도움을 구할 수 있는 지인이 있다고 응답한 비율)(%)	93	90	77	89
교육	중등학력 이상 인구(%)	84	93	81	75
	학생능력(PISA Score)	529	538	537	497
	평균기대교육기간(년)	19.7	16.2	17.5	17.7
환경	대기오염도(μg / ㎥)	15	24	30	20
	수질에 대해 만족하는 인구(%)	95	86	78	84
시민참여	시민의 입법참여 비중	9	7.3	10.4	7.3
	투표율(%)	69	59	76	72
건강	평균기대수명(년)	80.6	82.7	81.1	80.1
	본인 건강상태가 좋다고 응답한 비율(%)	69	30	37	69
삶의 만족도	삶의 만족도(10점 척도)	7.4	6	6	6.6
안전	최근 1년간 폭행 또는 강도를 당한 경험(%)	2.4	1.4	2.1	3.9
	10만 명당 살인범죄 희생자(명)	1.8	0.3	1.1	4.1
일 / 가정 양립	주당 50시간 이상 초과근무(%)	3.7	22.62	27.13	8.82
	여가 및 개인정비(1일 평균시간)	14.89	14.93	14.63	14.97

출처: OECD.

안전, 일-가정 양립의 10개 분야 총 24개 지표로 이루어졌다. 핀란드의 삶의 만족도는 7.4점으로 6점을 받은 일본에 비하여 상당히 높은 편이고 특히 일본의 경우 OECD 국가의 평균수준인 6.6점에도 미치지 못하는 낮은 점수를 보인다. 그 밖에 몇몇 관심을 가질 만한 분야와 지표를 살펴보면 다음과 같다. 우선 수도, 전기 등 기본 시설이 갖추어지지 않은 주택의 비율이 일본은 6.4%로 핀란드의 0.6%에 비하여 월등히 높은 편이다. 또한 대기의 질과 수질 등의 환경 요인에 있어서도 핀란드가 일본보다 훨씬 양호한 것으로 나타난다. 시민참여에서도 핀란드 국민이 일본 국민보다 입법과정이나 정치과정에 대한 참여에 보다 적극적임을 알 수 있다. 가장 큰 차이를 나타내는 분야가 일과 가정 양립인데, 노동시간이 주당 50시간 이상으로 매우 긴 노동자의 비율이 핀란드는 3.7%인 데 비하여 일본은 22.6%에 이른다. 이러한 점들을 종합해 보면 핀란드와 일본의 차이는 주관적 지표뿐 아니라 몇몇 객관적 지표에서도 발견되며, 따라서 개인수준의 소득 이외에 정치, 사회, 문화적 요인들이 주관적 만족도의 차이에 상당한 영향을 미치는 것은 아닌지 합리적 의심을 할 수 있다. 본 장의 분석에서는 핀란드와 일본의 이러한 행복수준 차이를 가져온 다양한 요인에 대한 설명을 위하여 센의 삶의 역량 이론을 분석틀로 활용한다.

2. 분석의 틀: 행복의 결정 메커니즘

2장에서 자세히 소개된 바 있는 행복의 결정요인은 크게 개인의 소득이나 건강 같은 미시적 요인과 민주주의, 정치적 안정, 사회규범, 경제상황 같은 거시적 요인으로 나누어 생각할 수 있다. 본 장에서는 국가 수준의 차이를 설명하려는 목적이 있으므로 분석단위는 국가이며, 따라서 행복의 결정요인 중 거시적 요인들에 초점을 맞추어 분석을 진행하고자 한다. 본 장의 분석을 위하여 그 내용을 간략히 요약하면 다음과 같다.

행복에 영향을 끼치는 거시적 요인은 크게 경제적 맥락, 정치적 맥락, 사회적 맥락의 세 가지로 구분하여 생각할 수 있다. 우선 경제적 맥락으로 개인 소득의 연장선상에서 1인당 국민소득으로 대표되는 국가의 전반적인 소득수준을 들 수 있다. 완전한 함수관계는 아니지만 프레이와 스투처(Frey and Stutzer, 2000b)는 한 국가의 평균소득이 일정수준($15,000)에 이를 때까지는 소득수준은 행복의 중요한 결정요인임으로 보여주었다. 또한 절대적인 소득수준뿐 아니라 국가적인 수준에서의 상대적인 소득수준에 대한 논의도 활발히 전개되었는데, 불평등 수준이 행복에 미치는 연구(Graham & Felton, 2006; Hopkins, 2008)가 이에 해당된다. 한편 불확실한 부분이 존재하는 소득과 달리 일과 관련된 연구는 행복과 보다 뚜렷한 연관성을 가지고 있음을 보여주었는데(Clark & Oswald, 1994; Bruno Frey & Stutzer, 2002), 이를 통해 한 국가의 실업률 수준이 전반적인 행복수준에 부정적인 영향을 끼칠 수 있음을 유추할 수 있다.

둘째, 정치적 맥락에서 많이 언급되는 행복의 결정요인으로는 민주주의, 자유, 정치적 안정 등을 들 수 있다. 특히 민주주의(Dorn, Fischer, Kirchgassner, & Sousa-Poza, 2007; B. Frey & Stutzer, 2000a)와 자유(Ronald Inglehart, Foa, Peterson, & Welzel, 2008; Veehoven, 2000; Veenhoven, 2003)가 행복에 미치는 영향에 대한 논의가 집중적으로 이루어져 왔다. 행복의 결정요인으로 정치적 안정의 중요성에 대한 연구는 민주주의의 영향에 대한 연구와 함께 진행되었는데, 잉글하트(Inglehart, 2009), 렐케스(Lelkes, 2006) 등은 민주주의가 어느 정도 달성되더라도 정치·사회적 변동이 큰 경우 삶의 질에 긍정적인 기여가 크지 않음을 보여주었다.

셋째, 사회적 맥락의 측면에서 대두되는 요인들은 그 내용과 폭이 매우 다양하다. 핀란드와 일본의 소득수준이나 장기실업률이 비슷하고 상대적으로 사회적 불평등 정도가 낮으며, 민주주의 정치체제를 채택하고 있고, 정치적으로 안정되어 있다는 측면에서, 사회적 맥락은 두 국가 간의 행복수준 차이를 보다 뚜렷하게 드러낼 수 있는 중요한 원인변수가 될 수 있다. 행복수준에 영향을 끼치는 사회적 맥락으로 기존 연구에서 흔히 지적되는 요인들을 살펴보면 ① 가치와 문화(Bobowik, Basabe, Paez, Jimenez, & Bilbao, 2011; Joshanloo & Ghaedi, 2009), ② 신뢰와 공동체(Hudson, 2006; Tokuda, Fujii, & Inoguchi, 2010), ③ 교육(Furnham & Cheng, 2000; Hartog & Hessel, 1998; Michalos, 2008), ④ 기회균등(Hirschman & Rothschild, 1973; Sugden, 2008) 등을 들 수 있다. 즉 동일한 소득수준이라 할지라도 그 사회가 처한 이러한 다양한 사회적 맥락 요인에 따라 행복수준이 달라질 수 있다는 것이다. 따라서 본 장에서의 비교 분석은 이들 사회적 맥락 요인을 중심으로 구성하기로 한다.

3. 분석방법: 심층인터뷰

본 장에서는 핀란드와 일본의 소득의 질적 차이를 비교 분석하기 위하여 핀란드와 일본의 학계, 언론계, 정부, 시민단체 등의 분야에 종사하고 있는 전문가 집단 총 21명을 대상으로 심층인터뷰를 실시하였다. 핀란드의 경우 심층 대면인터뷰(영어)를 진행하였고 일본의 경우 언어 문제로 인하여 심층 서면인터뷰(일본어)를 진행하였다. 대면인터뷰의 경우 인터뷰 대상 1명 혹은 2명과 미리 준비한 인터뷰 질문지에 기반하여 자유로운 대화 방식으로 인터뷰를 진행하였고, 서면 인터뷰의 경우에는 대면인터뷰에 사용한 인터뷰 질문지를 그대로 번역하여 사용하였다.

심층 인터뷰를 기초로 한 본 논문의 분석은 앞에서 행복의 결정요인에 관한 기존의 많은 양적 분석 연구에 대한 보완적인 성격을 가지고 있다. 양적 분석은 분석의 대상이 되는 사회현상의 큰 그림을 보다 명확하게 그려줄 수 있다는 장점이 있지만 세부적인 내용을 설명하는 데에는 한계가 있다. 이를 위해서는 심층인터뷰같이 보다 질적인 접근이 요구되며, 이를 통해 핀란드와 일본의 소득의 질적 차이를 역량이론의 틀에서 보다 심도 있게 설명하려고 시도하였다. 다만 심층인터뷰를 기초로 한 질적 분석에는 과학적 타당성을 확보하기 위한 최소한의 인터뷰 숫자에 대한 논란이 있을 수 있다. 이러한 논란의 해답이 될 수 있는 개념이 자료포화점(data saturation point)이다(Bowen, 2008). 자료포화점이란 추가된 인터뷰 샘플이 새로운 정보를 제공하지 않는 시점을 의미하는데, 여기에는 일반화된 가이드라인이 존재하지 않는다(Morse, 1995). 다만 게스트 외(Guest et al., 2006)는 60명의 나이지리아와 가나 여성을 대상으로 한 인터뷰 분석을 통해 12명의 인터뷰를 전후하여 신뢰할 만한 수준의 의미 있는 내용이 확보될 수 있음을 보여주었다.

본 장의 심층인터뷰 대상은 양국의 학계, 언론계, 정부, 시민단체 등 다양한 분야를 대표하는 전문가들로 구성하였으며, 인터뷰 숫자는 총 21명(핀란드 11명, 일본 10명)이다. 이 숫자는 기존문헌에서 자료포화점으로 제시된 12명에 근접하고 실제로 인터뷰 결과에서도 8-9명 수준에서 인터뷰 질문에 대한 답변 중 새로운 내용이 급격하게 줄어드는 포화현상이 관찰되었다.

4. 분석결과: 사회적 맥락을 중심으로 한 핀란드와 일본의 차이

1) 가치와 문화

가치는 최근의 행복연구에서 매우 중요하게 다루는 요인으로 많은 선행연구에서 행복수준은 개인과 사회의 가치체계에 영향받는다는 것을 보여주었다(Bobowik et al., 2011; Joshanloo & Ghaedi, 2009). 따라서 다른 나라와 비교했을 때 핀란드의 행복수준이 소득에 비해 높다면 그 이유를 핀란드 사회가 공유하고 있는 가치라는 측면에서 찾을 수도 있을 것이다. 다만 한 사회의 가치체계는 흔히 문화적 특성에 반영되어 나타나기 때문에 가치 측면의 논의는 문화적 측면의 논의와 밀접하게 연결된다.

이스털린이 지적한 패러독스는 한 시점에서 어느 한 국가만을 조사하면 소득이 증가함에 따라 행복수준도 증가하는 뚜렷한 현상이 관찰되지만 행복의 시계열 비교나 국가 간 비교에서는 이러한 패턴이 잘 나타나지 않는다는 것이다. 그런데 핀란드의 행복 조사에서 드러나는 중요한 특징 중 한 가지는 한 국가의 한 시점을 보았을 때 소득수준이 증가함에 따라 행복수준이 증가하는 일반적인 패턴이 다른 나라처럼 뚜렷하게 관찰되지 않는다는 점이다(Mustonen, 2009). 이러한 현상은 행복한 나라 핀란드를 이해하는 데 상당히 중요한 시사점을 준다.

행복의 시계열 비교나 국가 간 비교와는 달리 어느 한 국가, 한 시점에 대한 분석에서 소득과 행복수준 간에 뚜렷하게 존재하는 양의 상관관계는 비교성향(Kang, Lee, Choi, & Kim, 2013)과 상대소득(Clark et al., 2008)의 중요성으로 설명된다. 비교성향의 경우 자신이 소속되어 있는 준거집단이 흔히 비교 대상이 되기 때문에 상대소득의 영향은 국가 간 비교보다는 한 국가에서 개인 간의 비교를 통해 보다 뚜렷하게 나타난다. 비교성향이 클수록 나의 소득이 얼마인지보다는 다른 사람과 비교했을 때 나의 소득이 얼마인지가 중요해지므로 나의 소득의 상대적인 위치, 즉 상대적 소득수준이 행복에 끼치는 영향이 더 커지는 것이다. 그런데 핀란드같이 상대소득의 효과가 적게 나타나는 것은 그만큼 그 사회의 비교성향이 크지 않다는 것을 의미하며, 동시에 소득이 삶의 상대적 조건으로 강하게 작용하지 않는 사회적 환경이 존재함을 뜻한다. 이 경우 내 소득이 증가하더라도 다른 사람의 소득과 비교를 통해 그 효과가 반감되는 쳇바퀴효과가 줄어듦으로 소득의 질이 향상될 수 있다.

핀란드 사회에서 소득의 질에 부정적인 영향을 끼치는 비교성향의 빈자리를 채우는 사회문화적 특성을 꼽으라면 평등주의를 들 수 있는데, 이는 다양한 분야의 전문가들을 대상으로 한 심층인터뷰를 통해 여러 차례 확인되었다. 핀란드는 16세기에서 18세기에 이르는 오랜 기간 동안 스웨덴의 지배를 받았고 19세기에 이르러서는 러시아의 지배를 받았다. 이 기간 동안 핀란드인들은 피지배 민족으로 살았고 1차 세계대전 이후 공화국으로 독립하게 된다. 오랜 기간 동안 열강의 지배를 받았던 핀란드의 역사는 지배민족인 스웨덴과 러시아가 떠난 후 핀란드 사회에 뿌리 깊은 평등주의 전통을 남겼다. 그리고 이러한 평등주의는 북유럽의 강한 개인주의와 프로테스탄티즘 전통과 만나 더욱 공고해지게 된다.

한편 핀란드 사회의 강한 평등주의를 인구사회학적 측면에서 해석하기도 한다. 핀란드 인구는 520만 명으로 우리나라의 10분의 1 수준이다. 넓은 국토에 비하면 인구 규모가 작은 편이며, 이러한 인구

사회학적 특성으로 인하여 사회 전반적인 경쟁 수준이 우리나라는 물론 다른 선진국들에 비해서도 상당히 낮다. 이는 교육 부문에서 잘 드러나는데, 핀란드 교육에서 강조되는 최우선 가치는 경쟁과 수월성이 아닌 협동이다. 핀란드의 교실에는 우열반이나 등수가 없으며 공부를 잘하거나 못하거나 동등한 대우를 받는다. 또한 이러한 분위기는 "한명도 포기하지 말자"라는 핀란드 사회의 공감대로 이어진다(나유리 & 미셀램블린, 2014). 적은 인구와 그로 인해 요구되는 협동의 가치가 "핀란드 사회의 모든 사람은 동등하게 가치 있다"라는 평등주의로 이어졌다고 해석할 수 있다. 실제로 평등주의의 정도를 평가하는 호프스테드(Hofstede, 1997)의 권력 거리 지수(Power Distance Index)에 의하면 핀란드는 노르웨이, 스웨덴 등 다른 노르딕 국가들과 함께 전 세계에서 평등주의의 정도가 가장 높은 나라로 평가된다. 핀란드에서는 내기업의 총수나 국가의 최고위직에 있는 사람이나 모두 보통 사람들과 동등하게 인식되고 대우 받는다는 점은 인터뷰를 통해서도 여러 차례 핀란드 사회의 특징으로 지적되었다.

핀란드 사회의 평등주의와 프로테스탄티즘적 가치는 핀란드인들이 가치를 두고 있는 삶의 요소들에서도 잘 드러난다. 심층인터뷰를 통해 드러난 핀란드인들이 가장 중요시하는 삶의 요소는 단연 가족과 일이다. 이는 핀란드 사회가 일과 가정의 양립에 많은 관심과 노력을 기울이고 있음을 단적으로 말해준다. 이에 비하여 핀란드인들에게 소득과 부가 가지는 중요성은 상대적으로 낮은 편인데, 이는 핀란드 사회를 지배하고 있는 강한 프로테스탄티즘적 가치의 영향을 받은 것으로 해석된다.[2)] 프로테스탄티즘은 부를 추구하는 것 자체를 경계했지

2) 핀란드인들이 중시하는 가치에 대한 여러 설문조사에서 가족, 일, 건강, 정직의 중요성은 뚜렷하게 드러나지만 소득이나 부의 중요성에 대해서는 거의 언급이 없다.

만 성실한 노동을 통해 부를 얻는 것은 신의 축복이라고 해석하였다. 따라서 소득과 부에 대한 간접적 가치는 인정하지만 직접적 가치 부여에는 소극적인 사고방식을 형성하였다는 것이다. 이러한 경향은 핀란드인들이 선호하는 직업을 통해서도 볼 수 있다. 핀란드 젊은이들이 선호하는 직업으로는 의사, 수의사, 간호사, 선생님, 소방관 등을 들 수 있는데, 이 직업들이 가지는 공통적 특징은 타인의 안녕을 보호하고 지키는 일이라는 점이다. 특히 핀란드인들이 의사라는 직업을 선호하는 이유를 소득이 높아서라기보다는 아픈 사람을 돌봐줌으로 해서 얻을 수 있는 사회적 존경에서 찾는다는 점은 주목할 필요가 있다.[3] 한편 이 직업들 이외에 의외로 요리사나 미용사 등이 선호 직종으로 언급되기도 했는데, 이는 특히 소득보다 개인의 선호가 많이 반영된 결과라고 할 수 있다. 직업 선택에 관한 한 소득이 아닌 어떤 일을 하느냐를 중심으로 한 프로테스탄티즘적 사고가 강하다고 볼 수 있다. 이는 핀란드인들의 직업관이 소득과 연관된 생존 수단으로서의 직업이 아니라 개인의 가치를 실현하는 목적으로서의 직업을 중심으로 이루어져 있음을 의미한다. 그리고 이러한 특징은 결과적으로 자아실현을 중요시하는 역량이론의 eudaimonic한 특성과도 연결된다.

핀란드 사회의 평등주의는 여러 분야의 정책을 통해서도 잘 드러난다. 가장 두드러진 점은 정부가 가장 기본적인 교육과 보건 서비스를 누구에게나 차별 없이 제공한다는 점이다. 교육에서는 기본 교육이라고 할 수 있는 9년간의 종합학교 교육이 무상으로 제공되며, 전문 교육이라고 할 수 있는 대학 교육도 심지어 외국인에게까지 무상으로 제공된다. 또한 보건의 경우도 개인이 원하는 의사에게 진료받

3) 참고로 핀란드는 높은 세율로 인하여(최고세율 60%) 직종 간의 소득격차가 상대적으로 적은 편이다.

을 수 있는 선택권은 제한되지만 전국에 설치된 275개 지역보건센터를 통해 소득이나 지역과 관계 없이 동일한 수준의 양질의 의료서비스가 누구에게나 제공된다.[4] 핀란드는 1972년 지방자치단체에 광범위한 보건 서비스 제공 의무를 규정하는 법을 제정하였고, 이를 통해 지역보건센터 체제가 출범하였다. 그 이후 지역보건센터는 담당 주치의 시스템, 24시간 전화응대 및 3일 내 진료 의무 시스템 등의 도입을 통해 핀란드인들의 기초보건 서비스를 제공하는 제도로 안착하였다(일까따이팔레, 2006).

보건과 관련하여 한 가지 주목할 만한 점은 핀란드 정부에서 추진하고 있는 "건강 중심 정책(Health in All Policies)" 접근이다(Leppo, Ollila, Pena, Wismar, & Cook, 2013). 핀란드 정부는 건강을 개인의 안녕과 행복수준에 결정적인 영향을 미치는 핵심 요소라고 인식하여 모든 공공정책의 결정 과정에서 개인 및 공공보건에 미치는 함의를 고려해야 한다고 역설하고 이를 실현하기 위한 시스템을 구축하고 있다. 이러한 노력의 배경에는 국민들의 건강 수준은 단순히 의료서비스의 질에 의해 결정되는 것은 아니며 사회경제적 환경에 의해서 영향을 받을 수 있다는 점에 대한 고려가 있다. 특히 사회경제적 환경의 차이가 개인 건강 수준의 불평등을 가져올 수 있고, 따라서 사회경제적 환경에 영향을 줄 수 있는 정부 정책의 공공보건에 대한 함의를 평가하는 것은 건강에서의 형평성을 담보할 수 있는 중요한 접근이다. 이같이 모든 사람이 동등한 가치를 가지고 있고 따라서 인간으로서 누려야 할 기본적인 권리를 차별 없이 누릴 수 있어야 한다고 하는 믿음은 핀란드가 자랑하는 교육과 보건시스템을 가능하게 해 준 중요한 가치

4) 핀란드에도 민간 교육, 의료 체계가 존재하기는 하지만 가격이 매우 높아 대부분의 핀란드인들은 공공 교육 및 의료 서비스에 의존하고 있다.

체계라고 평가할 수 있다.

민주주의와 평등의 가치에 기반한 핀란드의 보편적 교육 및 보건 서비스 시스템은 역량이론과 밀접하게 연관된다. 너스바움(Nussbaum, 2003)은 사유와 이성(교육), 생명과 신체건강(보건)을 인간으로서 기본적으로 누려야 할 기본역량의 하나로 제시하였다. 핀란드의 보편적 교육과 보건 서비스는 적어도 열악한 의료서비스 접근성으로 건강을 유지하기 어렵거나 읽기, 셈하기 등 기초교육을 받지 못해 경제활동을 하지 못하게 되는 상황을 최소화할 수 있다는 측면에서 삶의 역량과 직결된다고 할 수 있다.

그렇다면 이 같은 핀란드의 평등주의는 어떻게 행복수준에 영향을 미쳤을까? 가장 중요한 영향은 비교성향을 낮춘다는 점이다. 특히 개인의 자율성을 중시하는 개인주의적 성향과 결합하여 평등주의적 성향은 다른 사람과의 비교를 통해서가 아니라 독립적 개체로서의 자기 자신, 즉 개인이 가진 가치에 보다 주목한다. 이러한 특성은 역량과 관련하여 두 가지 측면에서 의미를 가진다. 우선 개인이 가진 가치에 초점을 맞춤으로 해서 삶의 상대적인 측면보다는 절대적인 측면에 보다 많은 관심을 기울인다는 점이다. 개인이 비교를 통해 자신의 소득이나 지위의 상대적인 위치에 주로 관심을 갖게 되면 다른 사람들과의 격차를 벌이기 위해 끊임없이 노력하고 경쟁하는 쳇바퀴효과에 노출되기 쉽다. 이렇게 되면 나의 소득이 늘거나 지위가 올라가도 비교대상이 되는 다른 사람들의 소득이나 지위에 따라 그 심리적 효과가 오래 지속되지 않는 경향이 발생하여 끊임없이 더 높은 소득이나 지위를 추구하게 된다. 그러나 관심의 초점이 다른 사람이 아닌 자기 자신이 되는 순간 개인은 전혀 다른 패러다임으로 자신의 삶을 평가하고 영위해 나간다. 핀란드 사회의 경쟁수준이 전반적으로 낮은 이

유도 이러한 측면에서 해석될 수 있다.[5)]

한편 평등주의와 밀접하게 연관되어 핀란드 사회의 특징으로 흔히 지적되는 자율성(독립성)과 개인주의는 삶의 역량 개념의 핵심적인 배경이 되는 가치이다. 삶의 역량을 논의하는 기본 가정 중 하나가 개인의 자유로운 선택이며, 이를 위해서는 eudaimonic한 행복에서 강조하는 자율성이 또한 요구되기 때문이다. 즉 역량이론은 개인이 가치를 두는 바를 자유롭게 독립적으로 추구할 수 있어야 한다는 점을 강조하는데, 이러한 측면에서 자율성과 개인주의는 행복한 삶의 필요조건이라고도 할 수 있다. 자기 자신이 스스로의 삶의 주인이며 자기가 원하는 방향으로 자신의 삶을 통제하고 있다는 느낌은 여러 연구에서 지적된 바와 같이 삶의 만족도에 중요한 영향을 끼치는 요인이다(Ryan and Deci, 2000; 2001). 실제로 핀란드와 프랑스를 비교한 국가 간 비교연구에서 브륄르와 빈호벤(Brule and Veenhoven, 2014)은 핀란드인들이 프랑스인들보다 더 행복한 이유로 소득은 비슷하지만 인지적, 사회적, 심리적, 잠재적 측면의 자유와 이를 통해 얻을 수 있는 자율성, 독립성 등에서 찾고 있다.

---

5) 한 가지 유의할 점은 핀란드 사회의 경쟁 수준이 낮다는 점이 핀란드 사회의 경쟁력에 부정적으로 작용하는 않는다는 사실이다. 우리는 흔히 경쟁이 경쟁력 확보를 위해 필수불가결한 요소라고 인식하지만 핀란드 사례는 반드시 그렇지 않음을 보여준다. 세계경제포럼(World Economic Forum)에서 매년 발표하는 국가 경쟁력 순위에서 핀란드는 매년 5위권을 차지하고 있다. 경쟁 없는 교육으로 칭송 받는 핀란드의 학생들 역시 PISA 테스트에서 거의 항상 1, 2위를 차지한다. 핀란드와 한국의 교육을 비교하여 다음과 같은 흥미로운 일화도 전해진다. 매년 PISA 테스트에서 1, 2위를 하는 핀란드와 한국의 교육관계자들이 국제회의에서 만나서 나눈 이야기이다. 그해 2위를 한 한국의 교육관계자가 1위를 한 핀란드의 교육관계자에게 축하 메시지를 전하며 이번엔 한국이 아깝게 졌다고 이야기하자 핀란드 교육관계자는 다음과 같이 반응했다고 한다. "아깝게 졌다고는 할 수 없죠. 한국 학생들은 피눈물 나게 공부하고 핀란드 학생들은 웃으면서 공부하니까요"(나유리 & 미셀램블린, 2014).

이와 대비되는 일본의 사례를 보자. 국가 간 소득의 질에 차이가 나타나는 가장 큰 이유는 앞에서도 언급하였듯이 비교성향과 그로 인해 나타나는 삶의 상대적 조건으로서 소득이 발휘하는 영향력이라고 할 수 있다. 그리고 일본을 비롯한 동양권 문화는 서구 문화에 비해 타인을 의식하는 비교성향이 상대적으로 강하다는 것이 여러 연구에서 지적되어 왔다(Chung and Mallery, 1999; White and Lehman, 2005). 그렇다면 일본 사회의 어떠한 사회문화적 특성이 상대적으로 높은 비교성향으로 이어진 것일까?

전문가 인터뷰에서 드러난 가장 중요한 사회문화적 특징으로는 집단주의 혹은 가족주의를 들 수 있다. 가족 혹은 더 나아가서 집단의 중요성에 대해서는 인터뷰에 응한 전문가 모두가 거의 예외 없이 언급하였다. 일본인에게 요구되는 가장 중요한 자질의 하나로 다른 사람들과 얼마나 잘 협조하고 어울리는가를 들 수 있는데, 이는 일본 사회의 집단주의 성향을 보여주는 좋은 예다. 다만 한 사회의 집단주의 정도를 가늠할 수 있는 호프스테드(Hofstede, 1997)의 개인주의 지수에 따르면 일본은 핀란드보다는 훨씬 집단주의적이지만 한국보다는 개인주의 성향이 높은 것으로 나타났다.

상대적이지만 한 사회의 집단주의 성향이 높을 경우 나타날 수 있는 특징적인 사회 현상으로는 다른 사람들의 시선을 많이 의식하는 경향을 들 수 있다. 그리고 이러한 특징은 자연스럽게 비교성향으로 연결된다. 일본의 경우도 예외는 아니어서 다른 사람의 시선이 개인의 행태에 영향을 끼치는 매우 중요한 요소로서 작용한다. 또한 그러한 이유로 가정이나 학교에서 다른 사람들을 배려하고 피해 입히지 않는 것을 가장 중요한 가치 중의 하나로 강조한다. 일본 사회에서 자기중심적이고 이기적이거나 여러 가지 이유로 '튀는' 사람을 반기

지 않는 이유도 비슷한 맥락에서 이해할 수 있을 것이다.[6)]

이러한 일본 사회의 특성은 국가 간 비교연구에서도 잘 드러난다. 예를 들어 오시오 외(Oshio et al., 2011)는 일본, 중국, 한국, 미국의 국가 간 비교연구에서 개인들의 준거집단과 비교한 상대소득이 행복에 미치는 영향이 미국, 중국, 한국에서는 유의미하지만 일본에서는 유의미하지 않음을 보여주었다. 이는 개인수준에서 일본의 비교성향이 중국이나 한국에 비하여 상대적으로 낮음을 의미한다. 그러나 행복의 결정요인으로서 가족 수준의 준거집단과 비교한 상대소득의 중요성은 미국에서는 관찰되지 않았고 일본, 중국, 한국에서만 관찰되었는데, 이는 이들 아시아 국가들이 가지는 집단주의적 성향과 연결된다고 할 수 있다. 특히 가족 수준의 상대소득이 가지는 영향력의 크기는 일본이 가장 크게 나타났다.

집단주의 성향의 또 다른 영향으로는 집단을 구성하는 개인에 대해 부여하는 가치가 상대적으로 낮다는 점을 들 수 있다. 일본 사회에서는 대체로 개인의 목표보다는 집단의 목표가 우선시되며, 따라서 개인에게는 흔히 집단을 위한 희생이 요구된다. 또한 그러한 희생을 사회적으로 높이 평가하는 뚜렷한 경향이 있다. 개인보다는 개인 간의 관계가, 그리고 더 나아가서는 그러한 관계들이 모인 집단이 개인생활의 중심이 되는 것이다. 그 결과 가족을 중심으로 한 개인의 행복보다 개인이 속한 조직의 목표달성을 더 중요하게 여기며, 이는 일본의(한국도 마찬가지) 긴 노동시간과 소득에 비하여 낮은 행복수준에

---

6) 다만 일본 사회에서 상대소득의 중요성이나 비교성향의 정도는 한국보다 덜한 것으로 보인다. 인터뷰 대상 중 절반 이상이 일본인들에게 소득과 부는 다른 사람과의 비교를 위한 수단이 아니라고 언급하였다. 실제로 일본 사회의 집단주의 문화는 소득이나 부를 드러내는 사람에 대하여 일반적으로 부정적인 평가를 한다.

서 잘 드러난다. 그리고 이러한 경향은 개인을 중시하는 핀란드 사회의 특징과 잘 대비된다.

집단주의 성향은 본 연구의 분석의 틀을 제시하는 삶의 역량과는 잘 어울리지 않는다. 역량은 기본적으로 개인이 가진 가치와 잠재력을 극대화하는 과정에서 실현되고 평가될 수 있는데 집단주의 성향이 강할수록 이러한 개인의 자아실현이 가지는 중요성이 크지 않기 때문이다. 따라서 한국과 일본처럼 집단주의 성향이 높은 동아시아 국가들의 행복수준이 소득에 비하여 높지 않은 이유도 개인이 집단 속에 함몰됨으로 해서 나타나는 현상이라고 해석할 수 있다. Eudaimonic한 행복으로의 원천으로서 개인의 역량 추구가 제대로 평가받지 못하는 사회의 경우 자원이 hedonic한 방향으로 흘러가는 경향이 커지고, 따라서 소득의 질이 떨어지게 되는 것이다.

한편 소득에 비해 상대적으로 낮은 일본의 행복수준은 직업에 투영된 가치에서도 그 이유를 찾을 수 있다. 지난 20여 년간 일본 사회는 고용의 질이 저하되고 고용안정성이 현저하게 악화되는 현상을 겪었는데, 이는 평생직장에 익숙해 있던 일본 사회에 많은 변화를 가져왔다. 특히 비정규직의 증가는 직업 선택에서 고용안정성이 높은 공무원에 대한 높은 선호로 이어졌는데, 이는 핀란드와 좋은 대조를 이룬다. 촘촘한 사회안전망과 적은 임금격차로 직업의 의미가 개인의 가치를 실현하는 수단에 더 가까운 핀란드와 달리 일본에서의 직업은 생존을 위한 수단에 보다 가까운 의미를 가진다. 이는 우리나라도 마찬가지여서 자아실현의 수단으로서 직업이 가지는 의미는 이미 퇴색된 지 오래다. 이러한 직업 개념의 변화는 일본 사회의 행복수준에 대한 논의에서 중요한 함의를 가진다. 삶의 역량이 가지는 핵심 개념을 개인이 가지는 잠재력과 가치의 실현이라고 정의할 때, 직업이 가지는 의미의 이러한 변화는 일이 가지는 성격 자체가 eudaimonic한 것에서 hedonic한 것으로 변질되고 있음을 잘 보여주기 때문이다.

2) 신뢰와 공동체

앞에서도 언급하였듯이 사회 전반의 신뢰수준은 그 사회의 전반적인 행복과 높은 관련성을 가진다. 사회적 신뢰수준이 높은 사회는 그렇지 않은 사회에 비하여 평균적인 국민 행복수준이 높은 것으로 나타났으며(Hudson, 2006; Tokuda et al., 2010), 비슷한 맥락에서 한 사회의 부패수준은 사회적 신뢰를 낮춰서 국민행복에도 부정적인 영향을 끼치는 것으로 보고되었다(Welsch, 2008). 한편 높은 수준의 사회적 신뢰는 바로 건강한 공동체를 의미하는데, 이는 행복을 포함한 전반적인 삶의 질에 가장 중요한 영향을 끼치는 요인 중 하나이다(Mizobuchi, 2014). 이러한 이유에서 삶의 질을 평가하는 종합지수인 OECD의 BLI에서도 공동체의 질을 삶의 질을 평가하는 중요한 지표로 포함하고 있다(〈표 6-2〉 참조).

핀란드는 신뢰와 공동체라는 측면에서는 세계에서 가장 높은 평가를 받고 있는 국가 중 하나이다. 우선 OECD의 “How is Life” 서베이에 의하면 핀란드는 노르웨이, 덴마크와 함께 OECD 국가 중 정치 및 사법제도에 대한 신뢰수준이 가장 높은 것으로 나타났다(OECD, 2015). 2014년 세계가치관조사(World Value Survey, 이하 WVS)에서도 핀란드는 노르웨이, 스웨덴과 함께 다른 사람들을 신뢰한다고 응답한 사람의 비율이 60%이상으로 가장 높은 것으로 나타났다.[7] 또한 BLI

---

7) http://www.worldvaluessurvey.org/WVSDocumentationWVL.jsp

의 공동체 관련 질문(도움을 청할 만한 사람이 있는가)에 긍정적으로 답한 사람의 비율도 OECD 국가들 중 7번째로 높은 수준이다. 핀란드 사회의 전반적인 신뢰수준과 공동체 발달의 정도는 여러 객관 지표들을 통해 세계 최고 수준임을 쉽게 알 수 있다.

신뢰와 공동체와 관련된 핀란드 사회의 이러한 특징은 인터뷰를 통해서도 적극적으로 지적되었다. 특히 흥미로운 사실은 넓고 척박한 환경에서 적은 인구가 모여 사는 환경이 핀란드 사회의 신뢰와 공동체 형성에 직간접적으로 영향을 끼쳤다는 점이다.[8] 인구밀도가 낮다 보니 개인의 독립적인 성향이 강하게 발달하였는데, 국가별 문화적 성향을 개인주의와 집단주의의 특징을 중심으로 구분한 호프스테드(Hofstede, 1980)의 개인주의 지수에서도 핀란드는 영국, 벨기에, 스웨덴, 노르웨이 등 다른 유럽국가들과 함께 최상위권에 속해 있다. 흥미롭게도 핀란드 사회에서는 이러한 독립적이고 개인주의적인 문화적 특성과 함께 척박한 환경 극복과 생존을 위한 작은 규모의 공동체 형성도 활발하게 이루어졌다. 이러한 공동체는 개인들 간의 비공식적 관계망을 통해 생존의 가능성을 높임과 동시에 삶의 질 향상에 중요한 역할을 한다. 개인이 가지는 촘촘한 사회관계망이 삶의 질과 행복에 중요한 역할을 한다는 것은 기존 연구를 통해 이미 잘 알려진 사실이다. 예를 들어 할리웰(Halliwell, 2003)은 WVS를 분석한 46개국을 대상으로 한 연구에서 공동체의 관계망의 질이 행복수준에 중요한 영향을 끼침을 보여주었다. 또한 베일런트(Vaillant, 2012)는 최근에 소개된 268명의 하버드 대학 졸업생을 75년간 추적 조사한 연구에서 일생 동안 개인의 삶의 질을 결정하는 가장 중요한 요인으로 관계의

8) 핀란드의 영토는 338,145km²로 일본과 비슷한 반면(남북한을 합친 크기보다 50% 가량 넓다), 인구는 520만 명으로 우리나라의 10분의 1 수준이다.

중요성을 강조하고 있다. 언뜻 보기에 사회적 관계와 공동체는 집단주의적 경향과 보다 잘 어울리는 특징으로 해석될 수 있다. 그러나 건전한 사회적 관계와 공동체가 성립하기 위해선 그 안에 속한 개인의 가치가 우선 존중되어야 한다. 그래야만 이를 통해 개인이 행복해질 수 있기 때문이다. 개인이 무시되는 집단에서의 관계와 공동체는 오히려 행복을 저해할 수도 있다. 이같이 타인과 도움을 주고받으며 상호작용을 하는 사회적 관계는 삶의 역량의 관점에서도 중요한 의미를 가지는데, 너스바움(Nussbaum, 2003)은 이를 개인이 인간다운 삶을 영위하기 위한 가장 기초적인 10가지 필수 역량의 하나로 제시한 바 있다.

핀란드와 비교했을 때 객관적인 자료에서 나타난 일본 사회의 전반적인 신뢰 수준은 상대적으로 낮은 편이다. WVS에서 다른 사람들을 신뢰할 수 있다고 응답한 일본인은 2014년 기준 36% 정도였고, 이는 1990년대 중반 이후로 정체되어 있는 상태이다. 또한 BLI에서도 일본의 공동체 질은 17위로 중위권에 머물렀다.

일본 사회의 전반적인 신뢰가 핀란드와 비교했을 때 낮은 원인은 여러 가지 측면에서 찾을 수 있겠으나 특히 주목할 만한 부분은 노동시장의 불평등 문제이다. 여러 기존 연구가 다양한 형태의 불평등이 사회 전반의 신뢰와 통합을 저해한다는 사실을 보여주었다(Bjornskov, 2008b; Kawachi, Bennedy, Lochner, and Prothrow-Stith, 1997; Rothstein and Uslaner, 2005). 일본의 노동시장 문제는 정규직과 비정규직 간의 불평등 심화로 일본 사회 전반의 신뢰문제로 이어지고, 이는 소득에 비해 상대적으로 낮은 일본의 행복수준을 설명하는 데 중요한 요인으로 해석될 수 있다. 예를 들어 오시오와 고바야시(Oshio and Kobayashi, 2011)는 불평등의 정도가 심한 지역일수록 행복수준이 낮음을 보여주었는데, 흥미로운 점은 불평등이 행복에 끼치는 부정적인 영향은 현재의 직업 상태가 불안정할수록 커진다는 것이다. 일본은 1990년대 중반 이후로 장기 불황에 따른 소위 "잃어버린 20년"을 경험하는데, 이 과정에서 일본 경제가 자랑하던 종신고용제도를 바탕으로 한 고용 안전성이 훼손되고 시간제 일자리와 비정규직의 비율이 급격하게 늘면서 불평등도 심화되었다. 핀란드와 일본을 비교하면 시간제와 비정규직의 비율이 핀란드의 경우 28.4%인 데 비해 일본은 47.9%로 거의 20% 가까운 차이가 존재한다. 그리고 이러한 불평등한 노동시장 구조는 일본 사회의 전반적인 신뢰 행복감이 소득에 비하여 상대적으로 낮은 이유 중의 하나로 해석할 수 있다(OECD, 2011).

한편 행복수준에 부정적인 영향을 미치는 일본 노동시장의 또 다른 특성으로는 긴 노동시간을 들 수 있다. OECD에서 발간하는 BLI 중 일/가정 양립에 해당하는 주당 50시간 이상 일하는 근로자의 비율을 살펴보면 핀란드는 3.7%에 지나지 않지만 일본은 22.6%로 한국, 멕시코와 함께 OECD 최하위권에 속한다. 일본과 비슷한 소득수준을 가지고 있는 오스트리아, 네덜란드, 아일랜드 등 서유럽 국가들의 주당 50시간 이상 근로자 비율이 모두 5% 전후를 보이고 있는 점을 고려하면 일본의 노동시간이 소득수준에 비하여 매우 길다는 것을 알 수 있다. 이같이 일에 몰입된 일본의 근로자들은 공동체 형성에 가장 중요한 요인이라고 할 수 있는 시민의 자발적인 조직화와 참여에 소극적일 수밖에 없다. OECD BLI에 포함된 시민참여 부문의 평가에서 일본은 전체 38개국 중 35위에 랭크되어 최하위권으로 평가된 바 있다.

일본 사회에서 관찰되는 한 가지 흥미로운 경향 중의 하나는 시민사회의 자발적인 참여는 매우 약하지만 특히 젊은 층에서 작은 공동체 안으로 모여드는 현상이 뚜렷이 관찰된다는 점이다(노리토시, 2014). 젊은 층의 관심이 시민사회 전체에 있는 것이 아니라 자신이 속해서 주로 활동하는 매우 작은 공동체에 맞춰져 있다는 것이다. 최저임금을 받는 편의점 아르바이트생의 시야는 비슷한 일을 하는 젊은이들이 만드는 매우 작은 공동체로 한정된다. 이러한 현상은 비교의 기준이 되는 준거집단을 동질화하는데, 이는 일본 사회에서 특히 20-30대 젊은 층의 행복수준이 일본 경제의 거품 붕괴 이후 지속적으로 하락하다가 2000년대 들어 소폭 반등한 사실과도 직접 연관된다고 해석할 수 있다(노리토시, 2014).

사회적 맥락으로서 신뢰와 공동체는 너스바움(Nussbaum, 2003)이 언급한 인간의 보편적 가치를 담은 10가지 삶의 역량 중 관계에 해당된다고 할 수 있다. 관계는 타인을 이해하고 상호작용하며 나아가서는 공동체에 속할 수 있는 역량을 의미하는데, 이는 집단 수준에서 사회적 자본과 연결된다(구교준 외, 2015). 따라서 일본과 비교할 때 높은 사회적 신뢰 수준과 잘 발달된 공동체로 대표되는 핀란드 사회의 특징에는 집단적 수준의 삶의 역량이 잘 반영되어 있다고 해석할 수 있다.

3) 교육

삶의 의미와 가치와 직접 연관되는 교육은 여러 선행연구에서 중요한 행복 결정요인으로 논의되어 왔다(Hartog & Hessel, 1998; Michalos, 2008). 이러한 이유로 유엔 개발 계획(United Nations Development Program, 이하 UNDP)의 HDI는 소득, 수명과 함께 교육을 핵심적인 지표로 사용한다. 또한 삶의 역량을 중심으로 한 삶의 질 연구에서도 교육은 개인이 독립적으로 사유하고 판단할 수 있도록 해 주는 핵심 역량으로 다루어진다(Nussbaum, 2003).

행복에 대한 논의에서 빠질 수 없는 사회적 맥락 요인으로서 교육은, 핀란드 사회의 특성을 가장 잘 보여주는 분야라고 할 수 있다. 핀란드는 PISA 테스트, 공교육 투자, 교육정책 등 다양한 교육 관련 지표에서 세계 최상위권으로 평가된다.[9] 핀란드 교육의 경쟁력은 비단 이 같은 객관적인 지표에서만 나타나는 것은 아니다. 지표에서 발견되는 양적 경쟁력과 함께 행복한 학생들로부터 핀란드 교육의 질적 경쟁력도 쉽게 발견된다.

인터뷰에서 드러난 핀란드 교육의 가장 큰 특징은 교육 목표와 평가방식에서 찾을 수 있다. 교육 목표는 성격에 따라 두 가지로 나눌 수 있는데 성취목표(achievement goal)와 숙달목표(mastery goal)가 그것이다. 전자는 이미 설정된 기준 혹은 학생들 간의 성과 비교를 통해 학습능력 혹은 학력성취도를 평가하는 접근이다. 우리에게는 매우 익숙한 교육 방식으로, 이 경우 교육목표는 이미 설정된 학력평가기준의 달성 혹은 서열화된 평가 틀 안에서 이미 설정된 상대적 위치(예를 들면 상위 10%)의 달성 등이 된다. 한편 후자는 다른 사람이 아닌 자기 자신의 현재 위치를 중심으로 학습능력 혹은 학력성취도를 평가하는 접근이다. 이 경우 교육목표는 다른 사람과의 비교를 통하지 않고 스스로에 대한 평가를 통해 자기 자신이 설정한 학력기준을 달성하는 것이나 자신이 가지고 있지 않던 새로운 지식과 기술을 습득하고 계발하는 것이 된다(Harackiewicz, Barron, Pintrich, Elliot, and Thrash, 2002). 이 두 가지 접근의 가장 큰 차이는 교육목표가 되는 비교의 준거점이 어디에 있느냐는 점이다. 성취목표의 경우 학생 자신이 아니라 주변

9) 지속가능 거버넌스 지수(Sustainable Governance Index), OECD Social Expenditure DB.

의 다른 학생 혹은 교사가 설정된 기준이 준거점이 된다. 그러나 숙달목표는 자기 자신의 현재 위치 혹은 자기 자신이 설정한 기준이 준거점이 된다. 따라서 전자는 다른 학생들과의 비교 과정을 필연적으로 거치게 되고, 이는 비교성향으로 연결될 수 있다. 일부 학자들(Harackiewicz et al., 2002)은 성취목표는 숙달목표와 결합하여 활용될 경우 학생들의 학습능력 향상에 도움이 될 수 있다고 주장하지만, 보다 일반적인 견해는 성취목표는 내적 동인이 아니라 비교를 통한 외적 동인의 영향이 강하게 작용함으로 해서 오히려 학습에 부정적인 영향을 줄 수 있다는 주장이다(Midgley, Kaplan, and Middleton, 2001).

핀란드 교육은 바로 숙달목표를 추구한다는 측면에서 다른 나라들, 특히 한국, 일본 등 동아시아 국가와는 뚜렷하게 차별화된다. 성취목표를 강조하는 교육체계를 가지고 있는 한국이나 일본에서는 학생들이 필연적으로 매우 극심한 경쟁에 직면하게 되는 데 반하여, 숙달목표에 기반한 교육을 추구하는 핀란드에서는 학생들이 다른 학생들과의 경쟁보다는 자기 자신이 원하는 것을 배우고 추구하려는 경향이 강하다. 따라서 핀란드 학교 현장에서는 좋은 성적을 받는 것보다는 학생들이 원하는 것, 즉 자기 자신만의 삶의 의미를 찾는 것을 좀 더 강조한다. 그러다 보니 핀란드 학교에는 우리에게 익숙한 많은 것들이 존재하지 않는다. 우선 9학년 이하 학생들에게 정기적인 시험이 없다. 시험이 없다 보니 등수와 성적표도 없다. 그리고 등수와 성적표가 없으니 학교 간 서열도 없다(나유리 & 미셸램블린, 2014). 숙달목표에 초점을 맞춘 핀란드 교육은 비교와 경쟁이 매우 낮은 학교 환경을 만들었고, 이는 곧 학생들의 삶의 질로 연결되었다고 볼 수 있다.

숙달목표에 초점을 맞춘 핀란드 교육은 역량이론이 강조하는 내용과 많은 부분을 공유하고 있다. 개인이 가치를 두는 행위나 상태를 추구하는 것으로 정의되는 역량의 핵심 개념이 숙달목표 안에 이미 녹아 들어 있기 때문이다. 이러한 이유로 핀란드 교육은 eudaimonic한 성격을 강하게 가지고 있으며, 이러한 점은 한국과 일본 등 동아시아 국가에서 이루어지는 교육의 성격과 많이 대조된다.[10] 교육이 ① 이를 통해 의도하는 바를 달성하려는(예를 들면 좋은 직업) 수단적 성격과 ② 배움 자체의 즐거움이라는 목적의 성격을 모두 가지고 있다고 한다면 핀란드 교육은 다분히 후자에 방점이 찍혀 있다. 이같이 다른 사람들과의 비교가 아닌 학생 자신이 가지고 있는 가치와 잠재력을 추구하는 핀란드 교육의 성격은 행복한 핀란드 학생들을 만드는 중요한 자산이 된다. 또한 평가의 준거점을 다른 학생이 아닌 학생 자신에 두는 관계로 선생님들에게 무엇을 어떻게 가르쳐야 하는지에 대한 재량권이 폭넓게 인정되고 있으며, 이는 보다 창의적인 교육과정의 개발로 이어진다.

핀란드 교육의 또 다른 특징은 앞에서 언급한 평등주의와 결합하여 나타난다. 핀란드가 추구하는 핵심적인 국가 목표 중 하나인 사회적 평등을 구현하기 위하여 핀란드 사회민주당은 1960년대 중반에 9년의 통합적 기본교육 시스템을 확립하였다. 1968년 부모의 주거지와 재산 정도와 관계없이 모든 청소년이 9년 동안 높은 수준의 기본교육을 받을 수 있도록 종합학교를 설립시키는 법안이 의회를 통과하였고, 이를 통해 양질의 기본교육이 핀란드인 누구나 누려야 하는 기본

10) 우리나라에서 교육이 가지는 성격을 고려하면 핀란드와 잘 대조를 이룬다. 지나치게 경쟁을 강조하는 우리나라의 교육환경에서는 언제부터인가 절대적인 학력이 아니라 다른 학생들과 비교했을 때 상대적인 학력수준이 더 중요하게 고려되었고, 그러다 보니 교육 자체가 가진 eudaimonic한 성격이 상당 부분 hedonic하게 변질되었다고 평가할 수 있다(이희철 & 구교준, 2015). 그 결과 우리나라 청소년들의 행복수준은 OECD 국가들 중 최하위를 기록하고 있다(염유식, 김경미, & 이미란, 2014).

권으로 확립되었다(일까따이팔레, 2006). 여기에 더해 상대적으로 경쟁이 낮은 교육환경과 외국인에게도 대학까지 무료로 제공되는 교육서비스 등은 모두에게 동등한 양질의 교육 기회를 제공하는 독특한 교육시스템을 만들었다.

일본 사회도 다른 선진국들과 비교할 때 높은 수준의 동질성으로 인해 평등주의 성향이 상대적으로 강한 편에 속한다. '1억 총중류사회'라는 표현이 있을 정도로 일본 사회는 두터운 중산층을 가지고 있고, 이로 인해 소득이나 부 혹은 사회적 지위를 기준으로 한 계급의 개념이 상대적으로 희박하다. 소득격차는 존재하지만 고소득자나 저소득자 모두 소득이 월등히 높거나 낮지 않은 이상 대체로 자신을 중류층 혹은 기껏해야 중상층이나 중하층으로 평가하는 경향이 강하다. 이는 '능력 있는 매는 발톱을 감춘다'는 일본 속담에서도 드러나듯이 자신을 드러내지 않는 것을 미덕으로 삼는 일본의 문화적 특성과도 연관이 있다. 다만 일본 사회에서 이러한 겸양의 미덕이 가장 희박하게 적용되는 분야가 바로 교육이다. 소득이나 부에 비하여 고학력에 대한 평가가 훨씬 관대하며, 고학력이 양질의 안정적인 직장으로 연결되므로 교육에 대한 투자와 경쟁은 다른 분야보다 치열하다. 그리고 이는 일본 사회에서 교육 고유의 eudaimonic한 성격이 변화를 겪는 주요한 이유라고 할 수 있다.

일본에서 교육이 가지는 의미는 한국과 상당히 유사하다. 일본에서도 한국과 마찬가지로 비정규직과 정규직 사이에 큰 격차가 존재하고 노동시장에서 비정규직의 비율이 빠르게 증가하면서 교육이 가지는 수단적 가치의 중요성이 그 어느 때보다 커지고 있다. 앞에서도 언급하였듯이 정규직과 비정규직 간의 불평등이 심화가 교육에 대한 과도한 관심과 경쟁으로 이어지고 있다. 이러한 이유에서 일본에서의 교육, 특히 고등교육은 좋은 직장을 얻기 위한 수단으로서의 가치가 중시된다. 앞에서 언급한 대졸자의 공무원 선호 경향은 이러한 경향과 직접 연관된다. 이는 자아실현이라고 하는 교육이 가지는 eudaimonic한 성격이 교육이 경쟁사회에서 개인을 차별화하는 생존의 수단이 되면서 hedonic한 성격으로 변화되고 있음을 잘 보여준다. 한국과 마찬가지로 대부분의 일본 가정에서 학업에 대한 부담이 매우 크며 치열한 대입 경쟁을 뚫고 명문대학에 입학하는 것을 가장 중요한 교육목표로 삼고 있는 경우가 일반적이다. 무언가를 배우고 그걸 통해 개인의 잠재력을 충족해 나가는 교육의 본질적 기능이 목표가 아니라 개인을 차별화하고 좋은 직장을 잡는 교육의 수단적 기능이 목표가 되는 것이다. 그리고 그 결과 교육 과정에서 개인의 가치와 자아실현이라는 eudaimonic한 성격보다는 의사, 변호사, 공무원과 같이 고소득과 좋은 직장으로 대표되는 hedonic한 성격이 보다 강조된다. 이러한 상황에서는 교육을 통해 삶의 역량과 삶의 질을 향상시키는 것과 같은 교육 본연의 역할을 기대하기 어려워진다.

지금까지의 논의를 통해 살펴보면 일본의 교육 목표와 평가방식은 한국과 마찬가지로 비교와 경쟁에 기반을 둔 성취목표 위주이며, 이는 핀란드 교육과 대비되는 중요한 차이점이라고 할 수 있다. 비슷한 맥락에서 가정에서 부모들이 자녀 교육에 대한 의사결정을 할 때도 가장 중요한 기준이 되는 것은 자녀의 적성이나 관심보다도 자녀의 친구들이 무엇을 얼마나 어떻게 하느냐이다. 1980년대 이후 일본에서도 학생의 개성을 존중하고 자아찾기를 돕는 eudaimonic한 성격을 가미한 '유토리교육'이 소개되었다. 그러나 새로운 시도는 학력저하가 문제되어 오래 지속되지 못하고 폐기되었다. 유토리교육에서는 학생이 자기 자신을 발견하고 스스로의 가치를 추구하는 것을 소중히 여기며 교육은 이러한 자아발견의 여정을 도와주는 역할을 해야 한다고 강조하였다. 그러나 이러한 접근은 비교와 경쟁을 바탕으로 한 일본의 hedonic한 교육환경에서 오래 지속되지 못하였다. 다만 유토리교육의 영향으로 지나친 경쟁을 회피하는 경향이 의무교육의 장에는 아직 상당 부분 남아 있다. 입시는 경쟁이지만 각자 개인의 독특함을 인정해 주면서 경쟁하려는 분위기가 핀란드뿐 아니라 한국의 경쟁 지상주의와도 다소 차이가 있는 환경을 만들어 가고 있다.

4) 기회균등

기회균등을 행복과 연관시키는 연구는 삶의 역량 개념을 중심으로 이루어졌다(Sugden, 2008). 앞에서 언급했듯이 삶의 역량 개념은 eudaimonic한 측면의 행복을 추구하는 삶의 핵심 요소라고 할 수 있다. 삶의 역량의 핵심은 개인이 가치를 두고 있는 활동이나 상태를 자유롭게 선택하여 추구할 수 있는 있는 자유를 의미하며, 기회균등은 바로 자유로운 선택을 가능하게 만드는 사회적 환경이기 때문이다. 개인이 자신의 사회적, 경제적 배경과 상관없이 자신이 추구하는 가치를 실현할 수 있는 기회가 동일하게 주어지는 기회균등은 한 사회의 역동성을 보여주는 중요한 지표가 된다. 그리고 이러한 사회적 역동성은 불평등에 대한 용인 정도를 의미하는 허쉬만과 로스차일드(Hirschman and Rothschild, 1973)가 언급했던 '터널효과'의 핵심 요인이 된다.[11)]

---

11) 허쉬만과 로스차일드(Hirschman and Rothschild, 1973)는 정체가 심한 2차선 터널에 갇힌 운전자들의 심리변화를 통해 이를 설명한다. 한 차선이 움직이기 시작하면 처음엔 다른 차선에 있는 운전자도 터널을 빠져나갈 수 있다는 희망을 가지

기회균등은 핀란드 사회의 차별성을 가장 잘 보여주는 특징이라고 할 수 있고, 핀란드인들이 왜 행복한지 이해할 수 있게 해 주는 중요한 단초를 제공한다. 최근 OECD 국가들을 대상으로 역량이론의 관점에서 기회균등을 평가한 구교준 외(2015)의 연구에 의하면, 핀란드는 31개 OECD 국가 중 가장 기회균등의 수준이 높은 것으로 나타났다. 또한 카우사와 요한슨(Causa and Johansson, 2010)의 연구에서도 핀란드는 부모의 배경이 학생들의 학업성과에 미치는 영향이나 부모의 낮은 소득수준이 자식의 소득수준에 미치는 부정적인 영향이(다시 말해 가난의 대물림) OECD 국가 중 가장 낮은 나라로 드러났다. 핀란드 사회의 계층이동성을 더 구체적으로 평가한 연구로는 시르니외 외(Sirniö et al., 2013)를 꼽을 수 있는데, 이들 연구에 의하면 1973-1975년생을 기준으로 연구 대상의 75%가 부모의 소득 수준과 다른 분위에 속하는 것으로 나타났다. 이러한 연구 사례들은 기회균등을 중시하는 핀란드 사회의 역동성을 잘 보여준다.

핀란드 사회가 다른 OECD 국가들과 비교할 때 높은 계층이동성을 유지할 수 있는 것은 기회균등을 중시하여 디자인된 사회경제 시스템의 역할이 크다고 할 수 있다. 앞에서 언급된 9년제 종합학교나 지역보건센터는 교육과 건강 부문의 기회균등을 제공하는 제도의 대표적인 예이다. 성별, 인종, 소득, 지역에 관계없이 기초적인 교육과 보건 서비스에 대한 접근성이 제도적으로 보장됨으로 인해 개인이 가치를 두고 있는 바를 추구하는 것이 이러한 여건을 갖추지 못한 다른

고 차이를 어느 정도 용인한다. 그러나 움직임이 전혀 없는 다른 차선의 상황이 고착화되면 심리적 좌절과 이상행동을 경험하게 된다. 즉 차선이동으로 표현된 계층이동과 사회적 역동성이 불평등에 대한 관용 정도를 높이고, 따라서 행복수준에 긍정적인 역할을 할 수 있다는 것이다.

사회에 비해 훨씬 용이한 편이다. 또한 주거불평등이 사회적 소외와 가난의 대물림으로 이어질 수 있다는 판단하에 '아라바 주택'이라는 강력한 임대주택 제도를 시행하고 있는데, 전체 주택 중 17%가 지자체와 비영리단체가 운영하는 아라바 임대주택이다(일까따이팔레, 2006). 흥미로운 것은 이러한 임대주택들이 정책적으로 고급주택들과 함께 지어진다는 점이다. 모든 계층이 어우러져 살아가도록 디자인하는 전형적인 사회혼합정책이라고 볼 수 있는데, 그 결과 핀란드의 수도 헬싱키에는 저소득층이 밀집된 슬럼가라고 할 만한 곳을 찾아보기 어렵다. 이러한 사례들은 개인의 배경과 상관없이 개인이 가진 잠재력을 극대화할 수 있는 핀란드의 사회적 역량 수준이 매우 높음을 잘 보여준다.

기회균등은 사회 전반에 여러 가지 긍정적인 흔적을 남기는데, 가장 대표적인 예로는 신뢰를 들 수 있다. 모두에게 공정한 기회가 주어져 있다는 믿음이 사회 구성원 간에 공유되면, 경쟁의 결과를 신뢰하게 될 것이고 이러한 경향이 축적되면 결국 서로가 서로에 대한 신뢰, 사회 전체적인 신뢰수준이 향상되는 것을 기대할 수 있다. 그리고 이러한 신뢰는 앞에서도 언급하였듯이 사회의 전반적인 행복수준과 밀접한 연관성을 가진다(Bjørnskov, 2008a; Fukuyama, 1995; Putnam, 1993). 따라서 전 세계에서 사회 구성원에게 가장 공정한 기회를 제공하는 국가 중의 하나로 평가받는 핀란드의 신뢰수준이 노르웨이, 덴마크 등과 함께 세계 최고 수준이라는 점은 그리 놀라운 사실이 아니다. 그리고 이같이 높은 수준의 사회적 신뢰는 핀란드의 전반적인 행복수준 제고에 상당한 기여를 하고 있다고 해석할 수 있다. 결국 핀란드의 높은 행복수준의 바닥에는 개인이 가치 있다고 생각하는 것을 자유롭게 추구할 수 있도록 공정한 기회를 최대한 보장해 주는 사회적 역량이 깔려 있다고 볼 수 있다.

이러한 논의를 통해 발견되는 또 다른 강조점은 본 절에서 강조된 핀란드 사회의 여러 가지 맥락적 특성들이 상당히 높은 상호 연관성을 가진다는 점이다. 누구에게나 균등한 기회를 제공하는 사회적 맥락이 사회 전반의 높은 신뢰로 이어졌고, 이는 또한 공동체의 형성에 기여한다. 이러한 신뢰를 바탕으로 학교 현장에 거의 무한정에 가까운 독립성과 자율성을 인정하는 독특한 교육제도 형성에 기여했고, 이는 핀란드에서 숙달목표 중심의 eudaimonic한 교육이 가능하게 만들었다. 또한 이러한 교육환경에서 자라난 핀란드 청소년들은 경쟁과 비교가 아닌 자기 자신의 가치를 좀 더 중시하는 보다 독립적이고 성숙한(그래서 비교성향이 매우 낮은) 개인으로 성장할 수 있었다고 해석할 수 있다.

한편 핀란드만큼은 아니지만 일본 사회의 기회균등에 대한 평가도 전반적으로 긍정적인 편이다. 인터뷰에 응한 전문가 모두가 일본은 교육, 건강, 안전 등 대부분의 분야에서 상당한 수준의 기회균등을 이루었다고 응답하였다. 실제로 구교준 외(2015)는 OECD 국가들을 대상으로 한 기회균등 수준에 대한 평가에서 가장 기회가 균등한 핀란드에는 못 미치지만 일본을 교육, 건강, 안전, 관계 등 대부분의 분야에서 한국보다 훨씬 기회가 균등한 국가로 평가하였다. 그러나 일본 사회의 기회균등 신화도 교육을 중심으로 조금씩 균열이 생기고 있다. 앞에서도 언급하였듯이 교육은 일본 사회에서 가장 경쟁이 심한 분야이며 그 결과 교육을 통한 사회적 계층 이동성은 시간이 지날수록 줄어들고 있다. 한국과 마찬가지로 양질의 일자리가 지속적으로 줄어드는 상황에서 명문대학 진학 경쟁에서 저소득층이 점차 불리해지고 있기 때문이다. 예를 들어 일본에서 부모의 사회경제적 배경이 자녀의 학업성적에 미치는 영향의 정도는 OECD 국가 평균보다 적은 편이지만 핀란드는 물론 한국보다도 크다(Causa & Johansson, 2010). 이러한 상황은 일본의 행복수준을 이해하는 데 중요한 함의를 가진다. 비정규직이 늘어나면서 고용안정성이 현저히 저하되고 교육을 통한 계층 이동의 가능성이 줄어들면서 일본 청년세대의 미래에 대한 기대는 점차 부정적으로 변해가고 있다. 개인이 미래에 자신이 가치를 실현하는 것이 점차 어려워지는데, 이는 곧 일본 사회 전반적으로 사회적 역량 수준이 악화되고 있음을 의미한다. 그리고 이러한 현상은 동일하게 한국 사회에서도 나타나고 있다. 결과적으로 내일이 오늘보다 좋아질 것이라는 기대와 희망이 없는 상황에서 행복을 느끼기는 어려울 것이다.

평등을 중요한 가치로 삼고 있는 민주주의가 뿌리 내린 현대사회에서도 정도의 차이는 있지만 2등 시민의 문제가 존재하는 경우가 많다. 그리고 2등 시민 문제는 바로 기회균등 문제와 연결된다. 2등 시민의 존재가 크고 중요할수록 그 사회의 기회균등 정도는 낮다고 할 수 있다. 한국과 일본 등 여러 동아시아 국가들이 가지고 있는 가장 중요한 2등 시민 이슈는 양성평등 문제이다. 본 연구의 인터뷰에 응했던 일본 전문가 대부분이 기회균등과 관련하여 일본의 양성평등 문제를 제기하였다. 실제로 최근 세계경제포럼에서 발표한 국가별 양성평등 보고서(World Economic Forum, 2014)에 의하면 일본은 전체 142개국 중 104위로 평가되어 117위에 그친 한국과 함께 여성의 사회적 지위에 관한 한 최하위권에 머물렀다. 이에 비하여 핀란드는 아이슬란드에 이어 2위로 양성평등이 가장 잘 이루어진 나라로 평가되었다. 특히 공공부문에서 어느 한쪽 성별의 비율이 40%를 넘지 못하도록 법으로 규정한 고용평등법은 핀란드의 양성평등 의지를 보여주는 정책으로 잘 알려져 있다.

일본 사회는 기회균등의 측면에서 전반적으로 긍정적인 평가를 받을 수 있지만, 양성평등 문제에서 만큼은 그렇지 못하다고 할 수 있다. 양성평등의 결여로 일본 사회에서 지적되는 여성의 낮은 사회 진출 기회는 일본 사회의 성별에 따른 행복수준 패턴에 영향을 끼치는 것으로 보인다. 대부분의 국가에서 남녀 간 행복수준을 비교하면 차이가 거의 없는 것으로 나타난다. 성별이라는 생물학적 요인은 행복에 큰 영향을 끼치지 않는다는 것이다. 다만 소득, 연령 등 개인적인 요인을 통제할 경우 대부분의 국가에서 일반적으로 여성이 더 행복한 것으로 나타난다(Layard, 2006). 그러나 일본에서는 이러한 패턴이 다른 나라에서와 같이 뚜렷하게 관찰되지 않는다. 일본의 행복수준을 성별에 따라 나누어 살펴보면 전반적으로는 여성의 행복수준이 남성보다 다소 높지만 기혼자들의 경우 남성이 여성보다 행복한 것으로 나타난다(Kaufman and Taniguchi, 2009). 이는 한국에서도 유사하게 관찰되는 현상인데, 상대적으로 낮은 여성의 삶의 만족도는 한국과 일본의 전반적인 행복수준을 낮추는 주요 요인의 하나로 해석할 수 있다.

기회균등은 삶의 역량을 평가하는 핵심 개념이다(구교준 외, 2015). 개인이 가치를 두고 있는 삶을 추구할 수 있느냐의 문제는 결국 그러한 삶을 선택할 수 있는 환경이 갖추어져 있는지의 기회균등 문제와 직결되기 때문이다. 일본은 다른 나라들에 비해 교육, 건강, 안전 등 여러 분야에서 상대적으로 기회가 균등하게 보장된 사회이다. 그러나 이러한 환경은 최근 들어 교육을 중심으로 급속히 무너지고 있는 것으로 보인다. 교육은 기회균등의 핵심 지표인 계층이동성에 가장 직접적으로 연관된 지표로서 교육 분야의 기회균등이 무너진다는 것은 사회 전반적인 기회균등이 악화됨을 의미한다. 이러한 점에서 일본과 한국은 닮은 꼴의 문제점을 가지고 있다고 할 수 있고, 이는 두 나라의 소득에 비해 상대적으로 낮은 행복수준과도 중요한 연관성을 가진다.

5. 소결

6장에서는 핀란드와 일본의 행복수준 차이에 영향을 끼치는 것으로 보이는 다양한 요인에 대하여 살펴보았다. 여기에는 가치와 문화, 신뢰와 공동체, 교육, 기회균등 등 다양한 사회적 맥락 요인이 포함된다. 핀란드와 일본의 비교에서 가장 두드러지게 나타나는 특징은 핀란드의 사회적 맥락이 다분히 개인의 역량을 제고하고 자유로운 선택의 기회를 상대적으로 더 많이 제공한다는 점이다. 이러한 환경이 개인의 행복을 증진시키는 데 긍정적으로 기여함은 기존 연구에서도 여러 차례 지적된 바 있다. 이에 비하여 일본은 개인보다 집단이 우선시되는 사회 문화적 환경으로 인하여 개인 수준에서의 역량을 제고시켜 주는 문화적·사회적·제도적 인프라가 핀란드에 비하여 많이 뒤쳐진다. 한 나라의 문화적·사회적·제도적 인프라가 개인의 역량을 제고시켜 줄 수 있는지 여부는 바로 그 나라의 행복의 성격과 직결된다. 개인이 자신의 가치와 잠재력을 추구하고 극대화할 수 있는 환경, 즉 삶의 역량이 잘 갖추어진 국가의 행복은 eudaimonic한 성격을 보다 강하게 띤다. 그러나 일본이나 한국같이 개인이 집단에 함몰되어 집단주의와 강한 비교성향을 가지는 환경 하에서의 행복은 hedonic한 성격이 훨씬 강하다. 핀란드와 일본에 대한 객관적 자료와 인터뷰 분석을 통해 나타난 두 나라의 이러한 특성은 왜 핀란드가 비슷한 소득의 일본보다 행복한지 답하는 데 중요한 함의를 제공한다.

한국은 일본과 거의 닮은꼴을 하고 있는 나라이다. 집단주의 문화와 비교성향이 강하고 개인이 가지는 가치가 상대적으로 낮은 편이다. 우리나라의 행복수준이 소득에 비하여 낮은 이유도 이러한 맥락에서 이해될 수 있다. 따라서 소득의 질을 높이기 위해서는 개인의 역량 제고를 위한 다양한 노력이 요구된다. 개인의 가치와 잠재력을 존중하는 문화의 정착은 단기간에 이루어지기 어렵겠지만 적어도 제도적으로 이를 뒷받침하는 노력이 수반되어야 같은 소득이라도 좀 더 행복할 수 있는 소득의 질적 향상을 기대할 수 있다. 본 장에서의 분석은 핀란드와 일본을 비교하고 있지만 보다 행복한 사회를 만들어 나가기 위한 정책과 제도의 방향성이라는 측면에서 우리나라에도 중요한 함의를 준다.

소득의 질을 향상시키기 위한 제도적 노력은 바로 다양한 측면의 정책을 통해 구현될 수 있다. 첫째, 우선 가장 중요하게 고려할 수 있는 부분은 교육 분야에서의 정책 변화이다. 우리 사회에서 교육이 eudaimonic한 본래의 성격을 잃어버리고 hedonic하게 변질된 가장 큰 원인은 지나친 경쟁에서 찾을 수 있다. 따라서 행복과 소득의 질을 중요한 정책목표라고 한다면 경쟁보다는 협력을 강조하는 방향으로 교육정책을 큰 틀에서 수정할 필요가 있다.

둘째, 핀란드와 일본의 사례는 평등이 한 사회의 행복수준과 소득의 질에 중요한 영향을 미친다는 것을 잘 보여준다. 따라서 그 사회에 존재하는 다양한 측면의 불평등을 해소하기 위한 정책적 노력은 행복과 소득의 질 향상에 중요한 역할을 할 수 있다. 행복을 우리사회의 중요한 정책목표로 삼는다면, 더 이상 성장이냐 복지냐의 논쟁은 큰 의미가 없다고 본다.

셋째, 그중에서도 특히 중요한 부분이 기회 불평등의 해소라고 할 수 있다. 기회 불평등의 해소, 즉 기회균등은 삶의 역량의 핵심 개념으로서 소득의 질 향상에 반드시 필요한 선행조건이다. 따라서 단순히 표면적인 기회균등이 아닌 실질적인 기회균등이 이루어질 수 있도록 '운동장을 평평하게' 만들어줄 보다 적극적인 정책적 개입이 요구된다.

넷째, 신뢰와 공동체의 회복이다. 신뢰와 공동체의 회복은 바로 앞에서 언급한 불평등과 기회균등의 문제가 해결되지 않으면 달성하기 어려운 정책목표이다. 모두에게 평등한 기회가 주어진다는 믿음을 사회 구성원이 가지고 있으면, 허쉬만이 지적한 대로 불평등에 대한 용인 정도는 높아질 수 있다. 이미 터널을 빠져나간 다른 사람의 모습이 바로 내 모습이 될 수 있다는 믿음 때문이다. 그리고 이러한 믿음을 바탕으로 건강한 공동체가 형성될 수 있다. 이러한 측면에서 보면 행복에 영향을 미치는 중요한 사회적 맥락 요인들은 상호 연관되어 있다고 할 수 있다. 따라서 본 연구에서 언급한 문제들을 해결하기 위해선 개별 이슈에 대한 선별적 접근이 아니라 전체를 아우르는 보다 종합적인 접근이 요구된다.

마지막으로 만약 삶의 역량이 중요한 행복의 결정요인으로 국가 간 소득의 질 차이에 중요한 영향을 미친다면, 정책의 수단에 대한 고려도 이루어져야 한다. 전통적 고전경제학은 효율성이라는 관점에서 정부가 서비스를 직접 제공하기보다는 현금 지원을 통해 개인에게 선택권을 주는 것을 선호한다. 그러나 효율성이 아닌 행복과 관련된 역량 자체에 정책의 초점을 맞춘다면, 현금 지원보다 중요한 삶의 역량 제고를 위한 서비스의 직접 지원이(in-kind support) 보다 바람직할 수 있다. 따라서 다양한 복지정책을 디자인하는 데 기존의 현금 지원보다는 행복 증진에 필요한 역량에 초점을 맞춘 서비스의 직접 지원을 위한 정책 수단이 우선적으로 고려되어야 한다.

제 7 장

삶의 역량 중심의 국민행복지수: OECD 국가를 중심으로

제 7 장 삶의 역량 중심의 국민행복지수: OECD 국가를 중심으로

2장에서 설명하였듯이 행복은 주관적인 감정의 영역에 속한다는 이유로 20세기 후반까지 과학의 영역에서 많이 다루어지지 않았던 주제이다. 보이지 않고 제대로 정의하기 쉽지 않으며 따라서 측정조차 어려운 '행복'이라는 주제는 강한 실증주의적 전통을 가지고 있는 사회과학과는 잘 어울리지 않는 것이 사실이다. 하지만 최근 들어 경제학, 심리학 등을 중심으로 행복에 대한 과학적 연구가 활발히 진행되고 있다. 이러한 경향은 경제학 분야에서는 행복경제학, 심리학 분야에서는 긍정심리학이라는 독자적인 학문 분야로 발전하기에 이르렀다. 그리고 이 같은 추세는 행복의 정의와 측정에 대한 최근의 깊이 있는 논의로 이어졌다(2장 참조). 특히 주목할 만한 사실은 행복에 대한 학계에서의 논의가 현실 정치와 행정 분야로 옮겨가고 있다는 점이다. 2012년 대선 이후로 정치권과 정부 정책 담론에서 행복이 차지하는 비중이 부쩍 늘었다. 이는 우리 사회의 트렌드를 잘 보여주는 온라인 키워드 분석에도 잘 나타나는데, 〈그림 7-1〉은 2004년 이후 우리나라에서 '행복'이라는 단어에 대한 관심도가 지속적으로 증가해 왔음을 잘 보여준다. 실제로 통계청은 2012년부터 우리 국민

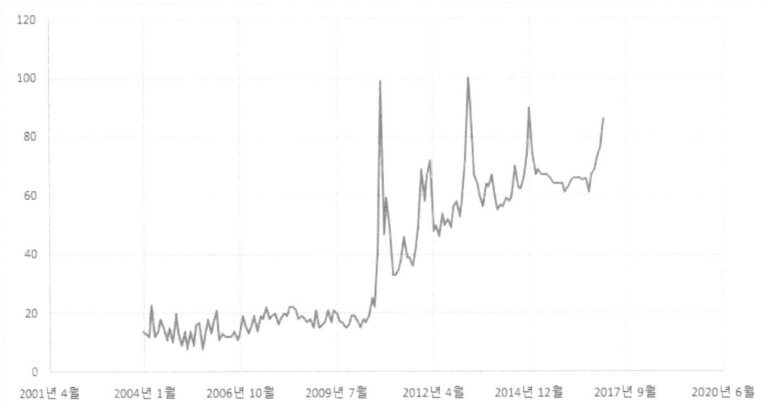

출처: 구글 트렌드 분석; *100을 최고 관심도라고 했을 때 시기별 상대적 관심도.

〈그림 7-1〉 시간 흐름에 따른 온라인상에서 '행복'에 대한 관심도 변화

의 전반적 삶의 질을 평가하기 위하여 12개 분야 80개 지표를 '국민 삶의 질 지표'로 선정하여 발표하고 있다(한준 외, 2011). 본 장에서는 이러한 추세를 반영하여 행복 정도의 측정을 위한 지수 개발을 시도한다. 특히 본 장에서 제시한 행복지수는 4장에서 소개한 삶의 역량 개념이 이론적 배경이다.

1. 삶의 역량과 행복지수

2장에서 소개되었듯이 행복의 측정은 대체로 두 가지 측면에서 이루어진다. 우선 주관적 만족감을 측정하여 행복수준을 직접 관찰하려는 시도를 들 수 있다. 카너만(Kahneman), 디너(Diner) 등을 중심으로 한 심리학 분야에서의 최근 시도가 여기에 포함되는데, 주관적 만족감도 정서적 측면과 인지적 측면으로 흔히 구분하여 측정한다(Diener et al., 1999). 세계갤럽조사(Gallup World Poll)의 국가별 행복수준에 대한 평가 설문이 대표적인 예인데, 이러한 접근은 개인의 인지상의 오류로 인한 자포자기적 만족감을 구분하기 어렵다는 측면에서 흔히 비판을 받는다.

이러한 한계를 극복하기 위한 대안으로 눈에 보이지 않는 행복을 직접 측정하기보다는 행복을 가져다 줄 수 있는 물리적 조건에 초점을 맞춘 방법을 들 수 있다. 흔히 '좋은 삶(good life)이란 무엇인가'에 초점을 둔 이러한 기존의 접근은 다양한 재화와 자원을 행복으로 이어질 물리적 투입으로 간주하고 행복의 측정에 활용하였다(Ogburn, 1935; Ogburn & Jaffe, 1936). OECD의 더 나은 삶 지수(Better Life Index)가 좋은 예인데, 주관적 만족감과 함께 다양한 측면의 객관지표를 포함하여 한 국가의 전반적인 삶의 질을 측정하였다. 그러나 전통적인 투입 중심의 접근은 두 가지 측면에서 한계를 가진다. 우선 이론적 배경의 결여를 들 수 있는데, 투입 중심의 접근은 왜 특정 지표가 삶의 질을 대표하는 투입의 하나로 간주되어야 하는지 뚜렷한 이론적 배경을 제시하지 못하는 경우가 많다. 또한 센(Sen)이 지적한 바와 같이 동일한 수준의 재화와 자원이 개인이나 사회의 전환요인에 따라 동일한 수준의 만족감으로 전환되지 않을 수 있다는 점이다.

이러한 배경을 바탕으로 본 장에서는 물리적 투입이나 주관적 만족 자체보다는 물리적 투입을 주관적 만족으로 전환하는 과정에 초점을 맞춘 삶의 역량 중심의 행복지수를 제시하려 한다. 역량을 중심으로 행복을 평가하는 접근은 다음과 같은 측면에서 차별성이 있다. 우선 삶의 질의 투입과 산출의 괴리라는 이스털린 패러독스로부터 자유로운 행복의 단면을 살펴보기 위해선 기존의 접근과 함께 역량 중심의 접근을 통한 보완이 필요하다. 또한 역량 중심의 행복지수는 센의 삶의 역량 이론을 바탕으로 지표를 선정함으로써 기존 투입 중심 행복지수들이 가지고 있던 이론적 틀의 부재라는 문제를 극복할 수 있다. 마지막으로 투입이 아니라 투입된 재화와 자원의 전환 요인이라고 할 수 있는 역량에 초점을 맞춤으로써 센이 제기한 바 있는 "무엇의 평등인가?(Equality of what?)" 문제로부터도 자유로울 수 있다는 장점이 있다.

2. 삶의 역량 중심의 국민행복지수 개발 방법론

1) 지수 개발의 두 가지 접근

구교준 외(2015)는 지수의 산출에 대해 '관찰하고자 하는 복잡한 사회현상을 고도로 단순화되고 객관화된 하나의 수치에 담아내는 작업'으로 개념화하였다. 나아가 산출의 두 가지 방법으로서 첫째, 사회현상의 직접관찰이 어렵다고 가정하고 이를 간접적으로 확인할 수 있도록 해 주는 다수의 지표를 활용하는 확인적 요인분석(confirmatory factor analysis) 방법, 둘째, 보고자 하는 사회현상을 나타내는 여러 변수를 지표로 활용하는 다중회귀분석 방법을 들 수 있다고 하였다. 본 연구에서는 전자의 접근에 바탕을 두고 국민행복지수를 산출한다. 세부적인 방법론은 다음과 같이 기술하였다.

2) 국민행복지수의 산출 방법[1)]

본 장에서는 4장에서 도출한 8개의 역량 분야를 중심으로 다음의 방법을 통해 국민행복지수를 산출하였다. 역량 중심의 국민행복지수는 기존의 지수들과 차별성이 있다. 우선 앞서 언급했듯이 세계갤럽조사(Gallup World Poll) 같은 주관적 지표의 경우 문화적・기질적 요인의 영향이나 센이 지적한 것과 같은 체념적 만족의 영향을 크게 받을 수 있다는 측면에서 많은 비판을 받는다. 수명, 교육, 소득 등의 객관적 요인을 중심으로 개발된 인간개발지수(Human Development Index)는 기존의 주관 지표가 가진 이러한 한계를 극복하기 위한 대표적인 대안적 접근이다. 그러나 객관 지표 중심의 대안적 접근의 경우도 센이 지적한 바와 같이 개인의 역량 차이로 의미가 달라질 수 있다는 한계를 가지고 있다. 본 연구의 역량 중심 접근은 투입(객관적 요인)이 산출(주관적 행복)로 이어지는 변환 과정에 초점을 맞추고 있다는 측면에서 기존의 대표적인 두 가지 접근의 접점에 존재한다고 볼 수 있다. 즉 행복을 개인이 추구하는 가치를 실현해 나가는 eudaimonic한 성격의 것이라고 정의한다면, 인간이 인간다운 삶을 영위하는 데 꼭 필요한 8가지 역량은 행복의(즉 개인의 가치를 실현시켜 주는) 중요한 환경이 된다.

이 같은 역량 중심의 접근을 배경으로 국민행복지수 산출 과정을 요약하면 〈그림 7-2〉와 같다. 각 단계별 주요내용을 간략히 설명하면 우선 첫 번째 단계는 센의 삶의 역량이론을 토대로 행복의 영역을 결정하는 것이다. 여기서는 구교준 외(2015)의 연구를 기초로 너스바

---

1) 본 절에서 국민행복지수의 도출을 위해 제시한 방법론은 구교준 외(2015)의 기회균등지수 산출 방법론을 그대로 따른다.

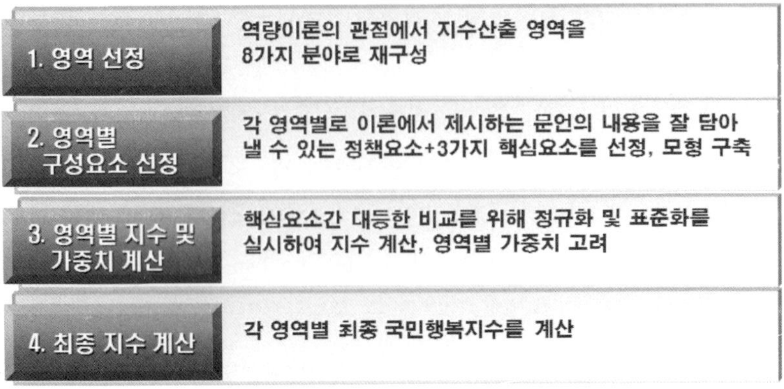

〈그림 7-2〉 국민행복지수 산출 방법

움(Nussbaum)의 10개 역량 분야를 8개 영역(건강-안전-환경-경제-교육-관계-여가-정치)으로 재구성하였다. 영역의 재구성에는 두 가지 원칙이 적용되었는데, 하나는 너스바움의 기존 영역을 최대한 따르되 세부영역을 중심으로 재구성한다는 것이고, 다른 하나는 실증분석을 위하여 측정가능성을 염두한 영역 재구성을 시도한다는 것이다.

두 번째 단계로 영역별 구성 요소를 선정하였다. 이를 위해 먼저 각 영역별로 국민이 영향을 받을 수밖에 없는 영역별 정책 요소를 포함시켰다. 이는 기존 행복지수들이 관련된 현상을 설명하는 결과지표만을 나열식으로 구성한 이후 최종지수를 산출하여 온 것과는 다른 접근이다. 정책은 각 국가의 해당 영역별 자원 내지는 역량을 보여주는 지표라고 할 수 있다. 정책이 시행되면 그 틀 안에서 삶을 영위하는 국민들에게 행복이라는 큰 개념의 결정적 영향요인이 될 수 있다고 판단하였다. 지역과 문화에 따라 국가별로 다를 수밖에 없는 각 영역별 정책과 이에 대한 평가 요소를 행복지수에 포함해, 지수의 타당성을 좀 더 강화하기 위한 노력이라고 하겠다. 더불어 본 연구에서

〈그림 7-3〉 국가 간 비교를 위한 국민행복지수의 구조

는 〈그림 7-3〉 같이 각 영역별로 정책 요소에 역량개념을 잘 설명할 수 있는 세 가지 핵심 요소를 추가하여 이를 기초로 분야별 국민행복지수를 도출한다. 세 가지 핵심 요소의 경우 역량의 개념 설명에 포함된 현상들과 근래 주요 이슈로 부상하는 현상들이 적절히 녹아들 수 있는 요소를 선정하였다. 앞장에서 지속적으로 기술한 바와 같이 행복을 측정하는 방법은 지속적으로 연구되고 있으며, 다양한 방법이 시도되고 있다는 점에서 본 연구도 새로운 조합과 방법으로 국민행복을 측정하는 하나의 연구로서 행복연구의 자양분이 될 것이다.

세 번째 단계에서는 영역별 국민행복지수를 다음과 같이 계산한다. 우선 단위가 다른 선정 요소들 간 합산이 가능하도록 각 지표의 정규누적분포값을 계산하여 합산한다. 다음으로 이를 다시 0부터 1까지로 표준화한 값으로 변환하는 과정을 거치는데, 본 단계는 영역별 국민행복지수를 비교할 수 있게 하기 위해 적용된다. 본 연구에서는 정책적 요소를 지수 내에 포함시킴으로써 국가의 영역별 정책 역량을 지수에 반영하고자 하였다. 한편 보다 정교한 지수의 도출을 위해서는 정책 요소와 추가 핵심 요소의 상대적 영향력 정도를 파악하여 반영하여야 하지만, 이를 파악하기도 어렵거니와 잘못 파악된 영향력의 반영은 자칫 전체 지수의 왜곡을 가져올 수 있다고 판단해 정책 요소(0.25)와 핵심 요소 세 가지(각 0.25)를 동일한 비중으로 통합하는 방법을 사용하였다.2)

이 과정을 식으로 표현하면 식(1)과 같다. H_i는 분야 i의 국민행복지수를 의미하며 f_n은 각 해당분야의 요소 네 가지를 나타낸다. 아래 식에서 Standardize는 표준화된 각 요소를 합산하여, 비교의 수월성을 위해 다시 한번 0에서 1사이의 값으로 표준화시키는 두 번의 과정을 의미한다. 첫 번째 단계에선 Z값에 따라 표준화하였으며, 두 번째 단계에선 최대최소 정규화 방식((x-최소값)/(최대값-최소값))을 사용하여 각 분야별 지수를 0과 1 사이의 값으로 표준화하였다.

$$H_i = Standardize((\sum_{n=1}^{4} Standardize(f_n)) \quad (1)$$

한편 세 번째 단계에서 종합 국민행복지수를 합산하는 과정에서는 영역별 지수의 가중치를 고려하였다. 8개의 영역을 통합한 국가별 국민행복지수를 구하기 위해서는 각 영역별 상대적 중요성, 즉 가중치에 대한 고려가 필요하다. 본 연구에서는 구교준 외(2015)가 제시한 전문가 설문을 기초로 도출한 AHP(Analytic Hierarchy Process) 분석 결

2) 기초역량과 상위역량의 경우에도 동일한 문제를 발생시킬 것을 감안하여 따로 가중치를 두지 않았다. 다만 영역별 가중치는 분야별 상대적 중요성에 대한 전문가 설문을 바탕으로 AHP 분석값을 적용하였다.

과의 가중치를 적용하였다. 해당 연구에서는 기회균등과 관련된 사회과학 및 법학 전문가들 50명을 대상으로 설문을 실시하였고, 일관성 수준의 유의도가 0.2를 넘지 않는 34명의 응답을 분석하여 영역별 가중치를 도출하였다. 8개 영역의 상대비교를 통해 상대적 중요성을 평가하여 중요성을 계산한 것이다. 기회균등과 행복이라는 주제가 다소 상이하지만 구교준 외(2015)가 본 연구와 동일한 센의 역량 체계를 활용하고 있으며 또한 가치의 상대적 중요도를 평가한 설문이라는 점에서 그 결과를 본 연구에 그대로 적용하여도 무리가 없을 것으로 판단하였다. 기존 행복 관련 지수들은 분야별 가중치에 대한 고려가 없거나 자의적인 경우가 많았다는 점을 고려하면 전문가들이 평가한 영역별 가치의 가중치를 적용한다는 것만으로도 의의가 있다. 국가 수준의 국민행복지수는 식(2)를 통해 얻는데, Π는 국가별로 도출된 최종 국민행복지수를 의미하고 γ_i와 H_i는 각각 분야 i의 가중치와 국민행복지수를 의미한다. 이렇게 도출된 최종 값을 순위화 하여 국가별 상대비교 값을 완성하게 되는 것이다.

$$\Pi = \Sigma_i \gamma_i H_i \qquad (2)$$

본 연구에서는 데이터의 활용가능성과 역량이론이 가지는 한계를 고려하여, 데이터의 가용 범위에 있는 31개 OECD 국가들을 대상으로 국민행복지수의 비교분석을 실시하였다. 구교준 외(2015)에서 언급된 바와 같이 역량의 분야를 논함에 있어 사회·경제적 수준의 맥락 차를 고려하기 위해, 산업화된 나라들 중 상대적으로 다양한 자료 수집이 용이한 OECD 국가를 대상으로 하였다.

3) 국민행복지수의 영역별 측정 지표

우선 국민행복지수에 국가의 분야별 정책 평가 요소는 지속가능거버넌스 지수(Sustainable Governance Indicator, 이하 SGI)의 관련 정책 평가 요소 점수를 사용하였다. SGI는 독일의 베텔스만 재단(Bertelsmann Stiftung)에서 2~3년 주기로, 크게 세 영역(Policy Performance, Democracy, Governance)으로 나누어 지수가 발표된다. 2015년 발표된 SGI 보고서(SGI, 2015)에 따르면 해당지수는 41개국에 대해 8개월 여에 걸쳐 ① 1차 전문가 조사, ② 2차 전문가 검토, ③ 지역 조정가 검토, ④ 오프라인 미팅 및 지수계산, ⑤ 수정, ⑥ 출판의 과정을 거치는 구체적

Health Policy

To what extent do health care policies in your country provide high-quality, inclusive and cost-efficient health care?

Public health care policies should aim at providing high-quality health care for the largest possible share of the population and at the lowest possible costs.

Of the three criteria – quality, inclusiveness and cost efficiency – efficiency should be given less weight if the first two criteria can be considered fulfilled.

Please provide a short paragraph for each of the three criteria. Please also score each criterion individually with the comment function in the SGI database (www.sgi-data.de).

Health care policy achieves the criteria fully.	10 ☐ 9 ☐
Health care policy achieves the criteria largely.	8 ☐ 7 ☐ 6 ☐
Health care policy achieves the criteria partly.	5 ☐ 4 ☐ 3 ☐
Health care policy does not achieve the criteria at all.	2 ☐ 1 ☐

출처: SGI2015 Codebook, p.28.

〈그림 7-4〉 건강 정책 분야 평가 설문지(예시)

이고 정교한 평가 프로세스를 갖추고 있다. 〈그림 7-4〉에서 확인할 수 있는 바와 같은 설문조사 구조로 16개 정책영역별 조사가 진행되었으며, 본 연구에서는 기초역량 4개 요소(건강관련 정책(Health policy), 안전 측면에서의 사회적 격차 해소 정책(Social inclusion policy), 환경정책(Environmental Policy), 경제 측면의 고용안정(Job security)), 상위역량 4개 요소(교육 정책(Education policy), 관계 측면에서의 통합정책(Integration policy), 여가 측면에서의 가족 정책(Family policy), 정치 측면의 차별 제한(non-discrimination))를 정책 요소로 선정하였다.3)

〈표 7-1〉은 4장에서 언급한 재구성된 역량 분야의 의미를 가장 잘 나타낼 수 있는 문장으로 요약한 것이다. 각각의 문장 내 밑줄 친 부분은 요소 선정 시 주요하게 고려된 부분이다. 요소는 자료의 결측

〈표 7-1〉 요소 선정을 위한 역량의 개념화

기초역량	
-좋은 신체 건강 상태를 유지하면서 평균 기대수명까지 삶을 영위할 수 있을 것	건강
-각종 폭력(성폭력, 가정폭력, 강도)에서 보호받을 수 있을 것	안전
-맑고 풍족한 물과 깨끗한 공기를 마시며 살아갈 수 있을 것	환경
-직업을 가지고 빈곤하지 않게 살아갈 수 있을 것	경제
상위역량	
-이성적으로 사고하고 판단할 수 있고, 종교, 문학, 음악 등 원하는 것을 배우고 표현하는 데 제약이 없을 것	교육
-다른 사람들에게 신뢰받고 존중받으며, 이웃, 나아가 조직 및 사회 내 사람들과 함께 상호작용하며 삶을 영위할 수 있을 것	관계
-일상에서 여유와 웃음을 갖고 문화적 삶을 향유하며 즐거운 시간을 보낼 수 있을 것	여가
-시민으로서 차별(인종, 성별)없이 정치과정에 참여하고, 자신의 의견을 자유롭게 표현할 수 있을 것	정치

3) 정치 영역의 경우 따로 정책 평가 요소가 없어 차별 관련(non-discrimination) 요소를 정책 요소의 대리지표로 삼았으며, 경제 영역의 경우 경제 역량을 표현한 문언의 개념과 좀 더 가까운 고용 안정(Job security) 요소를 지표로 선정하였다.

등으로 인해 부득이한 경우를 제외하고는 2015년에 발표된 최신 자료를 활용하였다. 아래에서는 기초역량 및 상위역량의 핵심 요소 선정 이유를 제시할 것이다.

우선 기초역량부터 살펴본다. 첫째, 좋은 건강상태 유지의 측면에 관련되는 요소로 '① 전체 건강 유지 관련 비용 중 예방적 건강비용 지출 정도', '② 인구 천 명당 의사 수'를 두 가지 핵심 요소로 선정하였다. 그리고 문장에서 포함하고 있는 대로 '③ 평균기대수명'을 마지막 요소로 포함시켰다. 안전의 영역에서는 문언 중 '보호' 의미에 집중하였다. 생활영역에서의 안전 요소로 '① 안전한 생활환경 조건'과 갤럽(Gallup)에서 발표한 '② 밤거리를 걸을 때 안전하다고 느끼는 정도'를 선정하였고, 대국민 보호의 임무를 갖고 있는 조직인 '③ 경찰에 대한 신뢰도'를 마지막 요소로 추가하였다. 환경영역에서는 삶을 영위하기 위해 상시 필요한 물과 공기의 질에 초점을 맞추었다. 물의 경우 각 나라별 국민의 주관적 인식이 포함된 '① 수질에 만족하는 인구(%)'를, 공기의 경우 객관적 지표인 ② 대기오염도(㎍/m^3), 및 ③ 최근 10년간 1인당 이산화탄소 배출량을 표준화 후 역코딩하여 지수로 활용하였다. 이산화탄소 배출량 감축 이슈는 현재 국제적인 관심사이며 경제적 파급효과도 무시할 수 없으므로 해당 요소는 환경영역의 역량을 나타내는 데 빠져서는 안 될 필수적인 지표이다. 마지막으로 경제영역에서는 '직업'과 '빈곤하지 않은 상태'를 키워드로 하여 '① 취업률(%), ② 가계 순가처분소득($), ③ 소득분위별 소득의 분산정도'를 지수로 선정하였다.

다음은 상위역량 분야의 핵심 요소 선정 결과이다. 교육 영역에서는 교육의 여건과 대상을 모두 포함할 수 있는 요소를 선정하기 위해 고민한 결과, 유아기의 행복 대리지표로서 '① 초등학교 취학 전 투입

비용'을, 고등교육의 행복 대리지표로 '② PISA 점수'[4], 그리고 언제 어디서나 원하는 것을 배울 수 있도록 뒷받침해 줄 수 있는 여건의 대리지표로 '③ 컴퓨터 및 인터넷 접근 수월성'을 지수에 포함하였다. 관계 영역에서는 일상에서의 타인과 상호작용에 초점을 맞추었다. 그리하여 '① 시민사회 활성화 정도', 네덜란드 에라스무스 대학의 사회연구원(Institute of Social Studies, 이하 ISS)에서 발표한 '② 개인 간의 안전과 신뢰에 관한 인지수준', 그리고 '③ 비공식지지네트워크의 질(quality of support network)'을 핵심 요소로 채택하였다. 여가영역에서는 '여유'와 '문화적 삶', 그리고 '즐거운 시간'에 주목하였다. 노동시간이 길 경우 상대적으로 여유가 적을 것이라는 점에 착안하여 ① '평균 연 근로시간'을 표준화 후 역코딩하여 지수로 활용하였고, ② '레저 활동 및 개인정비 활용 시간'을 두 번째 핵심 요소로 선정하였다. 마지막으로는 세계개발지표(World Development Indicator, 이하 WDI)의 ③ '인구 천 명당 국가 방문객 수'를 선정하였는데, 이는 사람들이 많이 찾는 국가일수록 여가를 즐길 수 있는 자원이 많을 것이라는 점에서 채택한 요소이다. 마지막으로 정치 영역은 '차별', '참여', '자유'의 의미를 살리기 위한 요소를 선정하였다. 차별의 경우 정책 요소로 포함하였고, 투명하고 질 높은 참여 가능성의 대리 요소로 국제투명성기구(Transperancy international, 이하 TI)의 '① 부패인식지수(Corruption Perception Index)'와 '② 시민권리 보장 정도', 그리고 표현하는 데서의 자유를 가늠해 볼 수 있는 요소로 프리덤하우스(Freedom house)에서 발표하는 '③ 언론자유지수(Press Freedom Score)'를 선정하였다.

4) PISA 점수의 경우, 점수가 높다고 해서 피교육 대상자들의 행복과 직결될 것이라고 판단할 수는 없다. 그러나 각 국가별 절대적 교육수준을 보여주는 지표로서 간접적 교육역량을 엿볼 수 있는 요소라는 측면에서 채택하였다.

〈표 7-2〉 선정된 정책 · 핵심요소의 현황 및 출처

역량	정책 요소	핵심 요소1	핵심 요소2	핵심 요소3
건강	Health policy (2015, SGI)	Spending in preventive health (2015, SGI)	Medical doctors per 1000 (2011, OECD)	Life expectancy (2015, BLI)
안전	Social inclusion policy (2015, SGI)	Safe living conditions (2015, SGI)	Confidence in police (2015, SGI)	Differ in feeling walking at night (2012, Gallup)
환경	Environmental Policy (2015, SGI)	Water Quality (2015, BLI)	Air pollution (2015, BLI)	Air and GHG emissions(CO2), Tonnes/capita,00 - 11(2012, OECD)
경제	Job security (2015, BLI)	Household net adjusted disposable income (2015, BLI)	Employment rate (2015, BLI)	Earnings dispersion, 1st to 9th earnings deciles (2012, OECD)
교육	Education policy (2015, SGI)	Average PISA score (2012, OECD)	Pre-primary Expenditure (2015, SGI)	Computer and internet access (2011, SGI)
관계	Integration policy (2015, SGI)	Civic activism (2010, ISS)	Internal safety and trust (2010, ISS)	Quality of support network (2015, BLI)
여가	Family policy (2015, SGI)	Average annual hours worked (2011, OECD)	Time devoted to leisure and personal care (2015, BLI)	Non resident visitor per 1000 (2011, WDI)
정치	Non-discrimination (2015, SGI)	Corruption perception index (2015, TI)	Civil Right (2015, SGI)	Press Freedom Score (2015, FI)

위 내용에서 따로 출처가 언급되지 않은 요소들은 정책 요소의 출처인 SGI, 그리고 OECD 및 OECD의 자료를 기반으로 구성된 더 나은 삶 지수(Better Life Index, 이하 BLI)에서 데이터를 확보하였다. 이러한 8가지 영역의 정책 요소 및 핵심 요소들을 조합한다고 하여 정확히 '국민행복수준'을 보여줄 수는 없다. 행복은 각 사회의 주관적 인식에 따라 차이가 날 수 있는 복잡한 개념임을 앞 장에서도 여러

차례 언급한 바 있다. 그럼에도 불구하고 역량이론의 관점에서 행복의 중요한 결정요인으로서 각국의 분야별 역량 수준에 영향을 끼칠 수 있는 요소들을 중심으로 지수를 구성하였다. 따라서 본 연구의 국민행복지수는 행복에 대한 국가 간 비교를 위해 영역별 역량 수준을 대표하는 가용한 변수를 최대한 활용하여 역량 개념을 반영하고 있다는 측면에서 의의가 있다. 〈표 7-2〉에 각 영역별 정책 요소 및 핵심요소의 현황 및 출처를 정리하였다.

3. 국민행복지수의 국가 간 비교

1) 지수의 영역별 가중치

본 연구에서 영역별 가중치로 차용한 AHP분석의 결과는 〈그림 7-5〉와 같다. 사회과학 및 법학 전문가들의 판단한 가치의 상대적 중요도는 건강-안전-경제-교육-관계-환경-정치-여가 순으로 나타낼 수 있다. 응답자들은 상위역량보다 건강과 안전과 같은 기초역량의 가치에 더욱 높은 점수를 매긴 것으로 나타났으며, 이는 최근 다양한 질

출처: 구교준 외(2015) p.36에서 재인용.

〈그림 7-5〉 영역별 가중치

병과 바이러스의 위협에 더하여 구교준 외(2015)에서 언급된 바와 같이 세월호 사건 등의 안전문제가 사회적인 이슈가 되었던 것이 어느 정도 영향을 미친 결과로 해석할 수 있다.

2) 행복의 국가 간 비교

(1) 종합 행복지수 비교

국가 간 국민행복지수를 비교해 보면 스위스(0.913), 핀란드/스웨덴(0.904), 노르웨이(0.860), 덴마크(0.834) 순으로 높은 순위를 기록하였다. 스위스를 제외하면 모두 북유럽에 위치한 국가가 상위권에 포진되었는데, 이는 북유럽 국가들이 역량의 관점에서 바라본 행복지수에 강점을 보이고 있다는 분석이 가능하다. 반면에 멕시코(0.094), 터키(0.110), 칠레(0.214), 헝가리(0.219), 그리스(0.249) 순으로 낮은 순위를 기록하였으며, 한국은 전체 31개국 중 간신히 하위 5위를 벗어난 24위에 자리매김하였다. 10위권 안쪽에는 뉴질랜드와 캐나다를 제외하면 모두 유럽에 위치한 국가들이 포진하고 있으며, 25위를 차지한 폴란드(0.347)와 24위의 한국(0.415)의 격차가 0.068로 가장 큰 폭의 차이를 나타내는 것을 감안하면 한국은 행복지수 중위권 국가 중에서 최하위에 머물러 있다는 판단을 할 수 있다. 국가별 국민행복지수와 영역점수는 〈표 7-3〉과 같다.

한국의 세부영역별 점수를 살펴보면 기초역량에서는 건강(0.68), 상위역량에서는 교육(0.90)이 타 영역에 비해 현격히 높은 점수를 받았으나, 그 외에는 안전(0.54) 점수만이 평균적 수준을 유지하고 있을 뿐 경제(0.03), 여가(0.10), 정치(0.14) 영역에서는 최하위권을 면하지 못하고 있다. 심지어 경제 영역에서는 31개국을 비교하였을 시 최하위

〈표 7-3〉 국가별 국민행복지수 및 영역별 점수

순위	국가	종합1	건강	안전	환경	경제	교육	관계	여가	정치	합계2
1	스위스	0.913	0.99	0.96	0.88	0.87	0.91	0.96	0.50	0.90	6.98
2	핀란드	0.904	1.00	0.88	0.75	0.88	0.92	0.99	0.64	0.96	7.01
3	스웨덴	0.904	0.99	0.81	1.00	1.00	0.76	0.89	0.69	0.98	7.12
4	노르웨이	0.860	0.84	1.00	0.83	0.90	0.46	1.00	0.90	1.00	6.92
5	덴마크	0.834	0.72	0.82	0.87	0.76	0.97	0.85	1.00	0.93	6.92
6	독일	0.831	0.97	0.85	0.78	0.62	0.93	0.80	0.65	0.84	6.45
7	뉴질랜드	0.825	0.95	0.84	0.70	0.66	1.00	0.79	0.51	0.86	6.31
8	캐나다	0.775	0.91	0.90	0.36	0.65	0.83	0.86	0.35	0.85	5.73
9	아이슬란드	0.741	0.57	0.90	0.72	0.69	0.86	0.79	0.70	0.72	5.94
10	네덜란드	0.710	0.75	0.81	0.24	0.73	0.65	0.75	0.79	0.84	5.57
11	오스트리아	0.687	0.88	0.88	0.47	0.62	0.53	0.63	0.61	0.51	5.12
12	영국	0.657	0.61	0.72	0.82	0.54	0.72	0.67	0.55	0.61	5.24
13	룩셈부르크	0.632	0.65	0.76	0.40	0.64	0.34	0.66	0.87	0.83	5.15
14	벨기에	0.628	0.43	0.66	0.41	0.65	0.90	0.74	0.76	0.67	5.20
15	프랑스	0.626	0.64	0.51	0.64	0.66	0.81	0.47	0.93	0.53	5.18
16	호주	0.610	0.79	0.58	0.32	0.66	0.50	0.76	0.34	0.60	4.56
17	일본	0.584	0.66	0.75	0.35	0.55	0.68	0.56	0.29	0.37	4.22
18	스페인	0.576	0.80	0.64	0.21	0.53	0.51	0.57	0.65	0.41	4.33
19	아일랜드	0.509	0.39	0.53	0.61	0.28	0.45	0.69	0.60	0.87	4.42
20	미국	0.500	0.44	0.42	0.31	0.55	0.61	0.69	0.33	0.64	3.99
21	이탈리아	0.441	0.71	0.41	0.18	0.56	0.29	0.38	0.35	0.27	3.16
22	체코	0.439	0.60	0.38	0.54	0.26	0.55	0.29	0.42	0.39	3.43
23	포르투갈	0.436	0.58	0.45	0.54	0.32	0.20	0.36	0.45	0.59	3.48
24	한국	0.415	0.68	0.54	0.00	0.03	0.90	0.32	0.10	0.14	2.71
25	폴란드	0.347	0.00	0.60	0.22	0.18	0.74	0.31	0.20	0.59	2.84
26	슬로바키아	0.339	0.41	0.30	0.48	0.14	0.47	0.25	0.44	0.29	2.78
27	그리스	0.249	0.47	0.09	0.05	0.52	0.00	0.27	0.38	0.08	1.86
28	헝가리	0.219	0.22	0.07	0.54	0.07	0.41	0.22	0.32	0.10	1.96
29	칠레	0.214	0.34	0.37	0.14	0.00	0.14	0.09	0.06	0.35	1.49
30	터키	0.110	0.06	0.29	0.07	0.13	0.00	0.15	0.07	0.00	0.78
31	멕시코	0.094	0.05	0.00	0.11	0.07	0.49	0.00	0.00	0.00	0.72

'종합'점수는 각 영역의 국민행복 점수에 영역별 중요도 가중치를 넣어서 재계산한 것이다.
'합계'점수는 각 영역의 국민행복 점수를 가중치 없이 단순 합산한 것이다.

〈표 7-4〉 기초/상위 역량 및 가중치 부여시의 순위표

순위	가중치	종합(기초+상위)	기초역량	상위역량
1	스위스	스웨덴	스웨덴	덴마크
2	핀란드	핀란드	스위스	핀란드
3	스웨덴	스위스	노르웨이	스웨덴
4	노르웨이	노르웨이	핀란드	노르웨이
5	덴마크	덴마크	독일	스위스
6	독일	독일	덴마크	벨기에
7	뉴질랜드	뉴질랜드	뉴질랜드	아이슬란드
8	캐나다	아이슬란드	아이슬란드	독일
9	아이슬란드	캐나다	오스트리아	뉴질랜드
10	네덜란드	네덜란드	캐나다	네덜란드
11	오스트리아	영국	영국	프랑스
12	영국	벨기에	네덜란드	캐나다
13	룩셈부르크	프랑스	프랑스	룩셈부르크
14	벨기에	룩셈부르크	룩셈부르크	영국
15	프랑스	오스트리아	호주	오스트리아
16	호주	호주	일본	호주
17	일본	아일랜드	스페인	스페인
18	스페인	스페인	벨기에	미국
19	아일랜드	일본	포르투갈	일본
20	미국	미국	이탈리아	아일랜드
21	이탈리아	포르투갈	아일랜드	이탈리아
22	체코	체코	체코	체코
23	포르투갈	이탈리아	미국	폴란드
24	한국	폴란드	슬로바키아	한국
25	폴란드	슬로바키아	한국	포르투갈
26	슬로바키아	한국	그리스	슬로바키아
27	그리스	헝가리	폴란드	그리스
28	헝가리	그리스	헝가리	헝가리
29	칠레	칠레	칠레	멕시코
30	터키	터키	터키	터키
31	멕시코	멕시코	멕시코	칠레

에 머무른 점도 특징적인 부분이다. 역량리스트를 기반으로 추출한 국민행복 관련 요소들의 수치가 OECD 국가 중 최하위라는 점은 우리 정부 및 사회에 시사하는 바가 크다.

〈표 7-4〉는 기초와 상위 역량을 나누었을 때의 순위 변화를 살펴보기 위한 표이다. 종합점수에서 1위를 차지한 스웨덴은 기초역량에서 상대적으로 높은 점수를 획득한 결과로 1위에 올랐으나 가치의 상대적 중요도를 고려한 가중치 부여 후 기초/상위 역량 모두에서 고른 점수를 획득한 스위스가 1위로 자리매김하였다. 덴마크의 경우 상위역량에서 1위를 차지하고는 있으나 기초역량의 부족으로 종합 5위에 머물렀음을 알 수 있다. 한편 한국의 경우 AHP분석에 따른 가중치를 고려하지 않았을 시에는 순위가 26위까지 내려감을 볼 때, 한국의 영역별 행복지수 불균형의 심각성은 더욱 두드러진다.

(2) 국가 군별 비교

다음으로는 행복지수를 국가 군별로 나누어 비교해 보고자 한다. 〈표 7-5〉는 구교준 외(2015)에서 재인용한 표로 복지국가 문헌에서 일반적으로 분류하는 에스핑-엔더슨(Esping-Andersen, 1990)의 분류 방

〈표 7-5〉 복지국가 유형별 소속국가

복지국가 유형	소속국가
저발전복지국가유형	칠레, 멕시코, 터키
동유럽복지국가유형	체코, 헝가리, 폴란드, 슬로바키아
남유럽복지국가유형	그리스, 이탈리아, 포르투갈, 스페인
자유주의복지국가유형	호주, 캐나다, 아일랜드, 뉴질랜드, 스위스, 영국, 미국
보수주의복지국가유형	오스트리아, 벨기에, 프랑스, 독일, 룩셈부르크
사회민주주의복지국가유형	덴마크, 핀란드, 아이슬란드, 네덜란드, 노르웨이, 스웨덴
동아시아복지국가유형	일본, 한국

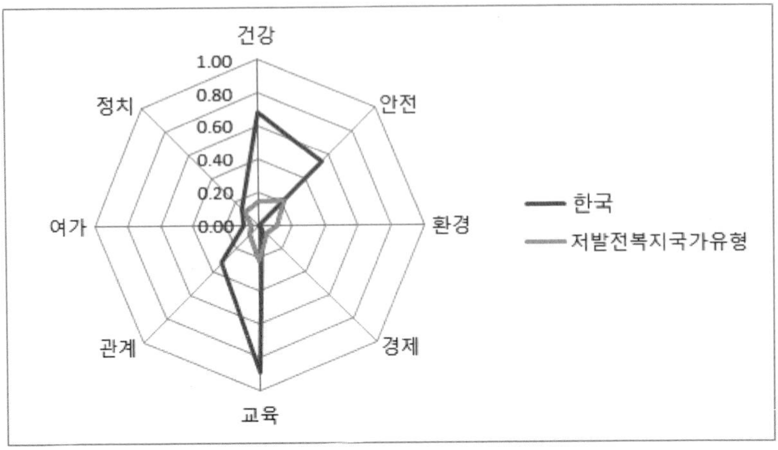

〈그림 7-6〉 저발전복지국가유형과의 비교

식을 적용하여 OECD 복지국가를 7가지 유형으로 구분한 것이다. 이들과 비교하면 국민행복지수를 구성하는 영역에 대한 상대적 평가가 가능하다.

우선 저발전복지국가(멕시코, 터키, 칠레)의 점수 평균합을 스파이더 웹에 그려 한국과 비교해 보면 〈그림 7-6〉 같은 결과로 나타난다. 그래프에서 나타나고 있는 대로 OECD 국가 내 저발전 복지국가들과 한국의 차이는 확연하게 드러난다. 환경과 경제 영역의 경우 한국이 상대적으로 낮은 수치를 보여주지만 그 차이는 미미하다.

동유럽복지국가유형과 비교한 〈그림 7-7〉을 살펴보면 건강, 안전, 그리고 교육 영역에서 한국의 역량 수준에 비해 현격하게 낮은 점을 발견할 수 있다. 특히 건강 문제에서 가장 큰 차이를 보인다. 그러나 구사회주의 진영에 속했던 동유럽복지국가유형의 국가들이 환경, 정치, 여가의 측면에서 한국 사회를 확연하게 앞서고 있음은 주목할 만하다. 구체적으로 동유럽 국가 중 체코가 가장 높은 수준을 나타냈고

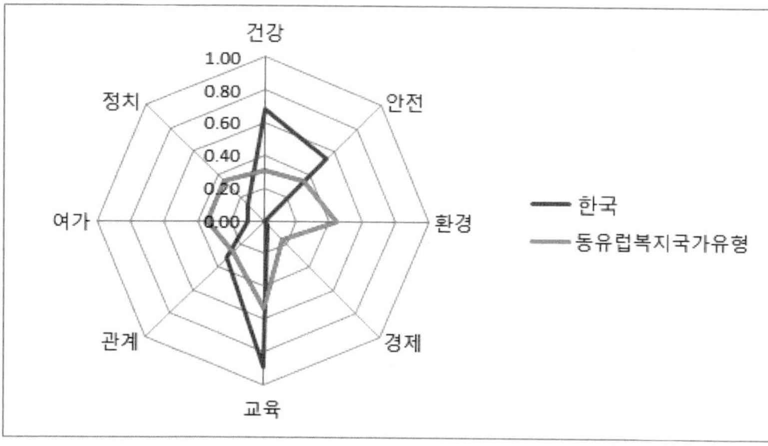

〈그림 7-7〉 동유럽복지국가유형과의 비교

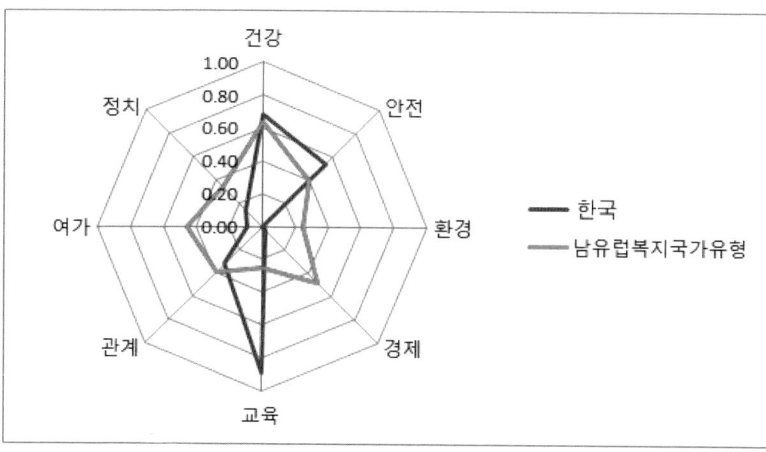

〈그림 7-8〉 남유럽복지국가유형과의 비교

나머지 국가인 헝가리, 폴란드, 슬로바키아는 종합점수에서 한국과 비슷한 수준을 보인다.

동유럽 복지국가와 〈그림 7-8〉의 남유럽 복지국가의 경우 전체 점

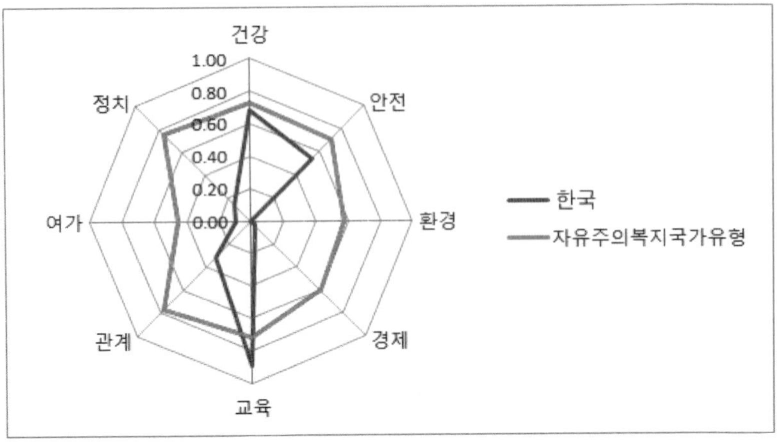

〈그림 7-9〉 자유주의복지국가유형과의 비교

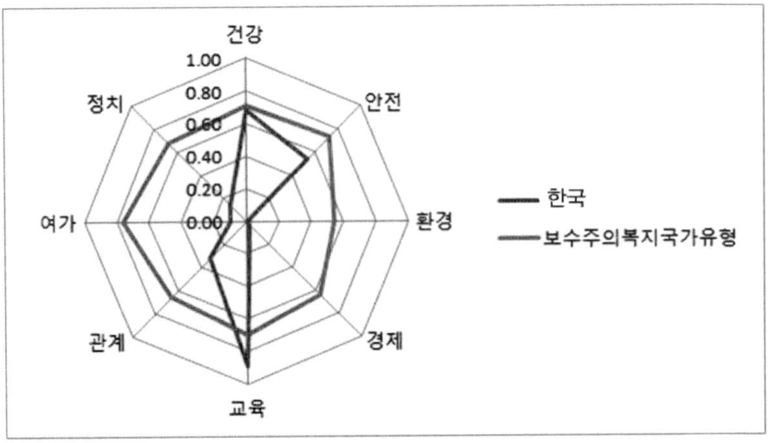

〈그림 7-10〉 보수주의복지국가유형과의 비교

수가 만들어 내는 팔각형의 면적으로 비교했을 때 한국과 상당히 유사한 정도의 면적을 차지하고 있음을 알 수 있다. 구체적으로 살펴보면 여가, 경제, 환경, 정치 분야는 남유럽이 높고, 교육은 한국이 월등히 앞선 보습을 보이고 있으며, 건강이나 안전 측면에서는 대등한 정도의 모습을 보인다. 남유럽 국가 중 스페인(18위)이 다른 국가들에 비해 월등한 수준이며 그리스의 경우 28위를 차지하는 등 그룹 내에서도 국가 간 차이가 확연하게 드러난다.

〈그림 7-9〉, 〈그림 7-10〉으로 이어지는 자유주의, 보수주의국가유형은 교육과 건강 영역을 제외하고는 한국보다 대체로 현격히 높은 역량 수준을 보여준다. 자유주의 국가와 보수주의 국가는 거의 비슷한 유형의 팔각형이 그려지는데, 한 가지 차이점은 여가의 영역에서 자유주의 국가는 상대적으로 오목하게, 보수주의 국가에서는 상대적으로 볼록하게 나타나고 있다는 점이 특이하다. 구체적으로 〈표 7-4〉와 함께 판단해 보면 보수주의 국가의 순위는 독일(6위)을 제외하고는 12-15위까지 밀집되어 있는 분포를 보이며 유사한 수준의 지수를 가지는 데 반해 자유주의 국가는 3위에서 20위까지 넓게 분포되어 있다는 점도 특징적이다.

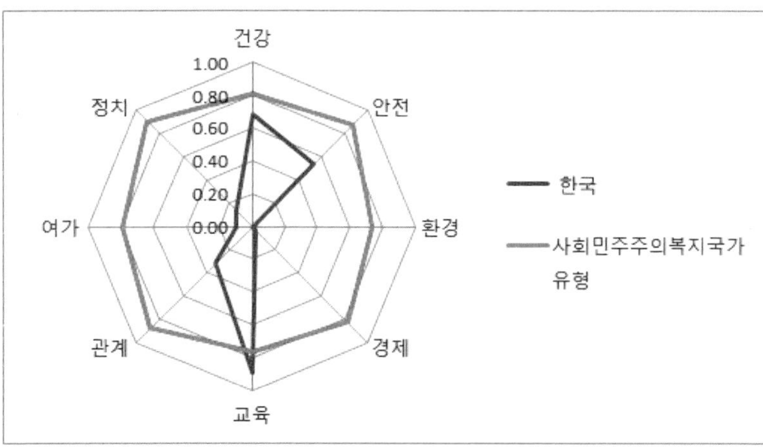

〈그림 7-11〉 사회민주주의복지국가유형과의 비교

〈그림 7-11〉의 사회민주주의국가유형 6개국(스웨덴, 핀란드, 노르웨이, 덴마크, 아이슬란드, 네덜란드)은 모두 10위권 내에 자리매김하였다. 교육영역을 제외하고는 모두 월등하게 한국을 앞서고 있는 우수한 역량 수준을 보인다. 보수주의 복지국가들이 상대적으로 부족한 환경영역에서도 높은 점수를 획득하여 꽉 찬 팔각형의 이상적인 모습이 나타났다.

(3) 사례연구 국가와의 비교

6장에서 심층대면 인터뷰를 실시한 핀란드와 한국의 행복지수를 비교해보면 〈그림 7-12〉와 같은 모습으로 나타난다. 교육지수만이 동일한 정도의 수준에 위치하고 있을 뿐 거의 모든 분야가 세계에서 최상위권에 위치한다. 건강과 안전의 영역에서는 어느 정도 따라갈 가능성을 보이고 있으나 교육을 제외한 나머지 영역에서는 핀란드가

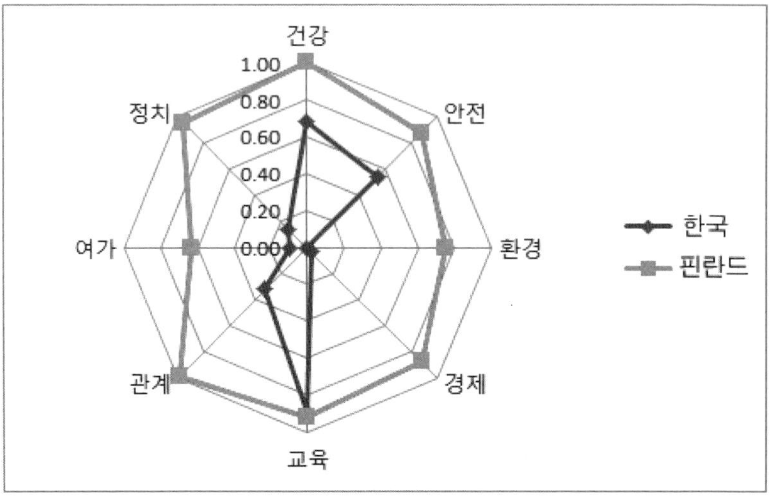

〈그림 7-12〉 핀란드와 우리나라의 국민행복지수 비교

월등한 행복지수 수준을 보여주고 있다. 이는 사회문화 특성으로서의 평등주의, 자율성과 개인주의, 교육에서의 숙달목표(mastary goal)의 추구, 일과 가정의 양립을 위한 노력, 높은 계층이동성을 유지할 수 있도록 디자인된 사회경제 시스템 등이 조화되어 드러난 결과물이라고 할 수 있겠다. 한국의 경우 핀란드가 가지고 있는 여러 가지 특성과 동떨어져 있거나, 대척점에 있는 특성을 가지고 있음을 볼 때, 한국 사회나 정부에 6장에 기술된 핀란드의 심층인터뷰가 시사하는 바는 크다고 하겠다.

〈그림 7-13〉은 동아시아 복지국가군에 소속된 일본과의 비교결과를 보여주는 스파이더웹이다. 팔각형의 전반적인 형태는 비슷하지만 그 넓이에서는 뚜렷한 차이가 나타난다. 일본의 전문가 서면인터뷰에서 살펴본 결과를 요약해보면, 일본은 다른 사람의 시선을 의식하고 비교하는 집단주의 성향을 가지고 있지만 한국의 경우보다는 상대적

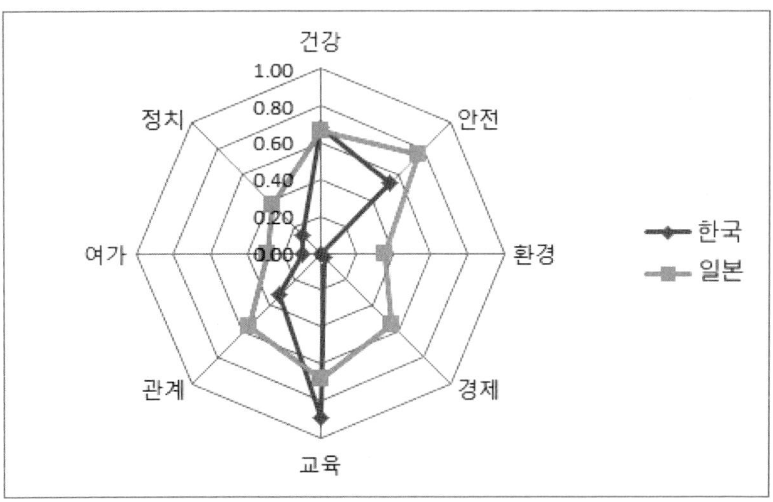

〈그림 7-13〉 일본과 우리나라의 국민행복지수 비교

으로 낮다는 점을 파악할 수 있다. 교육의 경우에서도 한국과 비슷한 성취목표(achievement goal)에 기반을 둔 교육을 실시하지만 한국의 경쟁지상주의와는 달리 개인의 독특함을 인정해주면서 경쟁하려는 분위기를 가지고 있다. 이러한 사회문화적 제요소가 영향을 미쳐 상대적으로 우리나라에 대해 비교우위의 행복지수 수준을 나타내고 있다는 추론이 가능하다. 그럼에도 불구하고 다른 국가에 비해 매우 유사한 행복 지수 수준을 보이고 있음은 부인할 수 없다.

4. 소결

본 장에서는 4장에서 소개된 센의 삶의 역량 이론을 근거로 8개 영역 32개 핵심지표를 선정하고, 이를 바탕으로 국민행복지수를 도출하였다. 또한 새롭게 도출한 국민행복지수를 활용하여 OECD 국가들의 행복수준을 비교 분석하였다. 본 연구에서 역량 기반의 행복지수는 삶에 주관적 평가나 객관적 지표에 바탕을 둔 기존의 지수들의 여러 가지 한계점을 보완해준다는 의미를 가진다. 특히 주요 역량 영역을 직접 평가할 수 있는 핵심 요소들 이외에 각 영역에 중요한 영향을 미칠 수 있는 정책 요소를 포함하여 자칫 간과할 수 있는 환경적 요인들을 고려하였다는 부분에서 또 다른 차별점을 찾을 수 있다. 본 장에서 제시된 역량 중심의 국민행복지수가 보여주는 국가별 행복 지도에서 나타난 특징을 간략히 요약하면 다음과 같다.

첫째, 예상한 대로 핀란드, 스웨덴, 노르웨이, 덴마크 등 북유럽 복지 선진국들이 역량 중심의 행복지수에서도 최상위권을 형성하고 있다. 이 순위는 주관적 만족감을 중심으로 행복을 평가한 세계갤럽조사(Gallup World Poll)의 순위와 대동소이하다. 우리나라는 24위로 중

하위권에 속한다.

둘째, 세부 영역별로 살펴보면 건강, 교육, 안전 분야만 상대적으로 높은 평가를 받았을 뿐 나머지 영역에서는 하위권에 속하였다. 특히 상대적으로 높은 평가를 받은 우리나라의 교육 분야도 지나친 경쟁과 비교 성향으로 양적인 성과는 높을지 몰라도 실질적으로는 개인의 삶의 질에 악영향을 끼칠 가능성이 크다는 점을 고려하면 우리나라의 영역별 행복수준은 숫자로 나타난 결과보다 더 나쁠 수 있다.

셋째, 국가 유형별로 살펴보면 OECD 회원국이더라도 역량 기반 행복수준에 많은 차이를 보인다. 예를 들면 덴마크, 핀란드, 노르웨이 등 사회민주주의복지국가 유형은 8개 영역 모두에서 고르게 높은 평가를 받은 반면 칠레, 멕시코, 터키가 속한 저발전복지국가 유형은 8개 영역 모두에서 저조한 평가를 받았다. 우리나라의 경우 저발전복지국가 유형을 제외하고는 상대적으로 높은 평가를 받는 건강, 교육, 안전 이외의 전 영역에서 나머지 국가 유형의 평균에 미치지 못하는 것으로 나타났다.

지금까지의 평가 내용을 미루어 볼 때, 우리나라의 역량 기반 행복수준은 아직 OECD 평균에도 미치지 못하며 대부분의 영역에서 전반적으로 개선의 여지가 많다고 할 수 있다. 그리고 이러한 사실은 향후 정부의 정책 방향성을 디자인하는 데 중요한 함의를 제시한다. 보다 행복한 국가를 만드는 것은 단순히 경제성장과 소득 증대에 힘쓰는 것만으로는 이루기 힘든 목표이다. 본 장에서 제시한 8개 영역에 대한 투자와 정책적 배려가 동시에 이루어져야 비로소 가능해질 수 있다. 이를 위해선 정책 문제에서 분야별 단편적 접근이 아니라 국민 역량의 다양한 분야를 고려하는 전반적인 삶의 역량 제고를 위한 종합적 접근이 요구된다.

제 8 장
결 론

第8장 결 론

본 연구는 삶의 질의 투입과 산출의 괴리라는 이스털린 패러독스로부터 출발하였다. 특히 유사한 소득 수준을 가지고 있음에도 불구하고 행복수준에서는 큰 차이를 보이는 핀란드와 일본과 같은 사례를 통해 삶의 질의 투입 중에서도 소득이 가지는 역할에 주목하였다. 비슷한 소득임에도 느끼는 행복감이 다르다면 소득은 더 이상 양적인 개념이 아니다. 같은 소득 수준으로 더 행복한 국가의 소득이 질적으로 더 나은 소득이라고 할 수 있기 때문이다. 이스털린 패러독스는 다시 말해 소득의 질에 대한 질문이라고 할 수 있다.

이에 대한 답을 위해선 먼저 행복이 무엇인지에 대한 질문으로부터 시작해야 한다. 행복해지고 싶으냐는 질문에 대부분의 사람은 '그렇다'라고 답할 것이다. 흥미롭게도 '그렇다'라는 대답은 모두 동일할지 몰라도 그것이 무엇을 의미하는지는 사람마다 다를 수 있다. 어떤 사람들은 많은 돈을 버는 것으로부터 행복을 찾는다. 하지만 어떤 사람들은 돈이 아닌 남을 돕는 봉사활동으로부터 행복을 찾는다. 우리 모두가 원하는 행복은 이름은 같지만 아주 다양한 모습을 하고 있는 것이다. 2장에서는 행복을 어떻게 정의하고 측정해야 하는지의 문제를 다양한 사회과학 분야의 논의를 중심으로 정리하였다. 이에 따르면 행복의 정의에 대한 주된 흐름은 행복을 hedonic하게 보느냐 eudaimonic하게 보느냐의 문제라고 할 수 있다. 그리고 이스털린 패러독스가 발생하는 주요한 원인은 열망과 쳇바퀴 효과로 인해 지속가능하지 않은 hedonic한 행복을 추구하는 경향에서 찾을 수 있다.

본 연구는 이스털린 패러독스를 극복하고 소득의 질을 향상시키기 위한 대안으로 eudaimonic한 성격을 가지는 센(Sen)의 삶의 역량에 초점을 둔 행복의 중요성을 강조한다. 센은 역량을 개인이 가치를 두고 추구하는 행위나 상태를 달성할 수 있도록 해주는 기회의 집합이라고 정의한다. 센의 역량이론은 4장에서 자세히 소개되고 있는데, 너스바움(Nussbaum)은 인간의 보편적 가치를 실현하는 데 요구되는 역량으로 생명, 건강, 교육, 환경 등의 10가지를 제시하고 있다. 역량은 바로 소득이 어떻게 작동하는지에 결정적인 역할을 한다. 5장의 실증분석에 의하면, 교육이나 자유 같은 역량이 높은 사회는 소득의 한계효과가 큰 것으로 나타났다. 즉 한 사회의 자원이 eudaimonic한 삶의 역량 제고에 투자될수록 같은 소득이라도 더 큰 행복을 가져올 수 있다는 것이다. 한편 불평등을 한 사회의 역량을 보여주는 대리변수로 가정한 두 번째 분석에서는 불평등도가 높을수록 소득의 중요성이 커지는 것으로 나타났다. 두 번째 분석에서는 소득을 hedonic한 성격을 가지는 대표 변수로 가정하고 분석이 이루어졌는데, 이는 불평등 정도가 심한 사회일수록 hedonic한 소득에 대한 집착이 커지고, 결과적으로 행복의 지속가능성도 약해질 수 있음을 의미한다.

6장에서는 비슷한 소득 수준을 가지고 있지만 행복수준에서 큰 차이가 나는 핀란드와 일본을 삶의 역량이라는 관점에서 비교 분석하였다. 행복수준을 결정하는 요인을 경제적, 정치적, 사회적 맥락으로 구성할 때, 자본주의와 자유민주주의를 채택하고 있는 핀란드와 일본의 경제적·정치적 맥락은 상당히 유사하므로 행복수준의 차이를 사회적 맥락의 차이로 귀인할 수 있다. 본 장에서는 두 나라의 사회적 맥락의 차이를 가치와 문화, 신뢰와 공동체, 교육, 기회균등이라는 네 가지 측면에서 고찰하였다.

마지막으로 이러한 논의를 바탕으로 7장에서는 삶의 역량을 기초로 한 국민행복지수의 도출을 시도하였다. 기존의 행복지수가 주관적 만족이나 객관적 투입에 기초하고 있는 데 비하여, 역량 중심의 행복지수는 이 둘 간의 상호 전환관계에 주목한다. 따라서 기존 행복지수의 부족한 점을 보완해 줄 수 있다는 데 의미가 있다. 8개 영역의 역량을 기초로 7장에서 도출한 행복지수에 의하면, 우리나라는 교육, 건강을 제외한 대부분의 영역에서 OECD 평균에 현저히 못미치는 것으로 나타났다. 이는 진정한 국민행복 증진을 위해선 단순한 소득 증대뿐 아니라 안전, 환경, 관계, 여가, 정치 등 사회 전 분야의 질적 향상이 요구됨을 의미한다. 또한 이를 통해 소득의 질 또한 한 단계 '업그레이드'될 수 있을 것이다.

결론적으로 본 연구가 주는 함의는 명확하다. 행복은 소득순이 아니며, 삶의 역량이라는 보다 종합적인 관점에서 이해되어야 한다. 이스털린 패러독스는 행복방정식에 역량이 고려되는 순간 더 이상 패러독스가 아니다. 이는 정책적인 측면에서 단순히 국민소득 2만불, 3만불 달성이라는 소득 중심의 양적 패러다임에서 이제는 벗어나야 함을 의미하기도 한다. 소득 3만불이라도 질적으로 다를 수 있으며, 소득의 양적 성장뿐 아니라 질적 향상을 위해서는 삶의 역량의 다양한 영역을 고려한 종합적인 정책 접근이 요구된다.

| 참고문헌 |

<국내 문헌>

고명철. (2013). 공공서비스 만족도, 정부성과, 그리고 삶의 질 간 영향관계 분석: 상향확산식 접근을 토대로. *한국행정학보, 47*(2), 1-30.

구교준, 임재영, & 최슬기. (2015). 행복에 대한 이론적 고찰. *정부학연구, 21*(2), 95-130.

구교준, 김성배, & 윤종현. (2012). 용인 가능한 지역 간 격차와 지역정책: 삶의 역량 접근을 중심으로. *한국행정학보, 46*(3), 173-192.

구교준, 김희강, 최영준, 이희철, & 박일주. (2015). 우리는 기회가 균등한 사회에 살고 있는가? *기회균등지수연구*(Vol. 연구리포트 3호). 서울: 동그라미재단.

구교준, 임재영, & 최슬기. (2014). 소득과 삶의 역량에 따른 행복 결정요인 연구. *한국행정학보, 28*(2), 317-339.

구교준, 임재영, & 최슬기. (2014). 행복의 국가 간 비교분석: 핀란드와 일본 사례를 중심으로. *한국행정연구, 26*(2), 179-215.

김미곤, 여유진, 김태완, 정해식, 우선희, 김성아. (2014). 사회통합 실태진단 및 대응방안 연구-사회통합과 국민행복을 중심으로. 한국보건사회연구원.

나유리, & 미셸램블린. (2014). *핀란드 슬로우 라이프*. 서울: 미래의 창.

문경삼, & 박철민. (2000). 지역주민의 삶의 질에 대한 만족도와 우선순위에 관한 연구. *한국행정논집, 12*(1), 39-65.

문진영. (2012). 이스털린 역설에 대한 연구: 만족점의 존재여부를 중심으로. *한국사회복지학, 64*(1), 53-77.

송건섭. (2008). 광역생활권의 삶의 질 영향요인: 대구와 시애틀 지역을 중심으로. *한국행정논집, 20*(3), 976-993.

안동근. (2005). 청소년의 인터넷 이용행태가 삶의 질에 미치는 영향: 온라인 게임을 중심으로. *한국정책과학학회보, 9*(4), 259-285.

염유식, 김경미, & 이미란. (2014). 한국 어린이 청소년 행복지수. 서울: 방정환재단.

우창빈. (2013). 행복을 추구하는 행복정책은 가능한가? 행복을 목표로 하는 공공정책의 이론, 논란, 가능성과 조건들. *행정논총, 51*(2), 283-318.

윤은기. (2012). AHP 기법을 이용한 삶의 질 평가요인들의 상대적 중요성 분석. *한국행정학보, 46*(2), 395-419.

이륜희. (2011). 한국의 문화: 문화정책이 행복에 미치는 영향. *한국사상과 문화, 58*(0), 397-413.

이양호, 지은주, & 권혁용. (2013). 불평등과 행복. *한국정치학회보, 47*(2), 25-43.

이영균, & 김동규. (2007). 지역주민의 삶의 질에 관한 연구. *한국정책과 학학회보, 11*(4), 223-250.

이희철, & 구교준. (2015). *강남엄마는 행복할까?* 한국행정학회 하계 학술대회.

일까따이팔레. (2006). *핀란드가 말하는 핀란드 경쟁력 100.* 서울: 비아북.

임근식. (2012). 지역주민의 삶의 질 인식과 영향요인에 관한 연구: 강원도 시군을 중심으로. *한국행정과 정책연구, 10*(1), 47-89.

임재영, 구교준, & 최슬기. (2016). 불평등과 행복: Sen의 역량이론의 관점에서 본 불평등의 작동 메커니즘. *행정논총*, 45(3), 175-198.

장승진. (2011). 행복의 정치경제학: 소득불평등에 대한 인식이 한국인들의 삶의 만족도에 끼치는 영향, *한국정당학회보.* 10(2), 43-66.

조연상. (2012). 행복지수와 한국 재정재책방향: 행복한 나라 만들기. *재정정책논집, 14*(4), 3-30.

한준, 강석훈, 김석호, 서운극, 홍종호, 이희길. (2011). *국민 삶의 질 측정을 위한 분석 틀.* 한국사회학회.

<외국 문헌>

Abdel-Rahman, H. (1988). Product differentiation, monopolistic competition, and city size. *Regional Science and Urban Economics*, 18, 69-86.

Alesina, A., Tella, R. D., & MacCulloch, R. (2004). Inequality and happiness: Are Europeans and Americans different? *Journal of Public Economics, 88*, 2009-2042.

Allport, G. (1961). *Pattern and Growth in Personality*. New York: Holt, Rinehart & Winston.

Anand, P., Hunter, G., Carter, I., Dowding, K., Guala, F., & Hees, M. V. (2009). The development of capability indicators. *Journal of Human Development and capabilities, 10*, 125-152.

Balestrino, A., & Sciclone, N. (2001). Should we measure functionings instead of income to measure well-being?: Theory and some evidence from Italy. *Rivista Internationale di Scienze Sociali, 109*, 3-22.

Bauer, W. (1976). *China and the Search for Happiness: Recurring Themes in Four Thousand Years of Chinese Cultural History*. New York: Seabury Press.

Bjørnskov, C. (2008). Social capital and happiness in the United States. *Applied Research Quality Life, 3*, 43-62.

Bjørnskov, C. (2012). How Does Social Trust Affect Economic Growth? *Southern Economic Journal*, 1346-1368.

Blanchflower, D., & Oswald, A. (2004). Well-being over time in Britain and the U.S. *Journal of Public Economics, 88*, 1359- 1386.

Bobowik, M., Basabe, N., Paez, D., Jimenez, A., & Bilbao, M. A. (2011). Personal values and well-being among Europenas, Spanish natives and immigrants to Spain: Does the culture matter? *Journal of Happiness Studies*, 12, 401-419.

Bowen, G. A. (2008). Naturalistic inquiry and the saturation concept: A research note. *Qualitative Research, 8*, 137-152.

Brammer, G., Raleigh, M., & McGuire, M. (1994). Neurotransmitters and social status. In L. Ellis (Ed.), *Social Stratification and Socioeconomic Inequality*. Westport, CT: Greenwood.

Brickman, P., & Campbell, D. T. (1971). Hedonic relativism and planning the good society. In M. H. Apley (Ed.), *Adaptation-Level Theory: A Symposium* (pp. 287-302). New York: Academic Press.

Brickman, P., Coates, D., & Janoff-Bulman, R. (1978). Lottery winners and accident victims: Is happiness relative? *Journal of Personality and Social Psychology, 36*, 917-927.

Brule, G., & Veenhoven, R. (2014). Freedom and happiness in nations: Why the Finns are happier than the French. *Psychology of Well-Being, 4*(17).

Bruni, L., & Porta, P. L. (2005). *Economics and Happiness: Framing the Analysis*. New York: Oxford Univ Press.

Causa, O., & Johansson, A. (2010). Intergenerational social mobility in OECD countries. *OECD Journal: Economic Studies, 2010*.

Clark, A. (2003). Inequality-aversion and income mobility: A direct test. *DELTA Working Papers*.

Clark, A., Frijters, P., & Shields, M. A. (2008). Relative income, happiness, and utility: An explanation for the Easterlin Paradox and other puzzles. *Journal of Economic Literature, 46*, 95-144.

Clark, A., & Oswald, A. (1994). Unhappiness and unemployment. *Economic Journal, 104*, 648-659.

Clark, A., & Oswald, A. (1998). Comparison-concave utility and following behaviour in social and economic setting. *Journal of Public Economics, 70*, 133-155.

Clark, D. A. (2002). V*ision of Development: A Study of Human Values*. Northampton, MA: Edward Elgar.

Clark, D. A. (2005). The capability approach: Its development, critiques and recent advances. *Global Poverty Research Group Working Paper Series, 032*.

Cohen, G. A. (1993). Equality of what? On welfare, goods, and capabilities. In M. C. Nussbaum & A. Sen (Eds.), *The Quality of Life*. New York: Oxford University Press.

Compton, W. C., Smith, M. L., Cornish, K. A., & Qualls, D. L. (1996). Factor structure of mental health measures. *Journal of Personality and Social Psychology, 71*, 406-413.

Csikszentmihalyi, M. (1990). *Flow: The Psycholgy of Optimal Experi-*

ence. New York: Harper Collins.

Deci, E. L. (1975). *Intrinsic Motivation*. New York: Plenum.

Di Tella, R., MacCulloch, R. J., & Oswald, A. J. (2003). The macroeconomics of happiness. *Review of Economics and Statistics, 85*, 809-827.

Diener, E. (1984). Subjective well-being. *Psychological Bulletin, 95*, 542-575.

Diener, E., & Diener, M. (1995). Cross-cultural correlates of life satisfaction ad self-esteem. *Journal of Personality and Social Psychology, 68*, 653-663.

Diener, E., & Lucas, R. E. (1999). Personality and subjective well-being. In D. Kahneman, E. Diener & N. Schwartz (Eds.), *Well-being: The Foundations of Hedonic Psychology* (pp. 213- 229). New York: Sage.

Diener, E., Sandvik, E., Seidlitz, L., & Diener, M. (1993). The relationship between income and subjective well-being: Relative or absolute? *Social Indicators Research, 28*, 195-223.

Diener, E., Sapyta, J. J., & Suh, E. (1998). Subjective well-being is essential to well-being. *Psychological Inquiry, 9*, 33-37.

Diener, E., & Suh, E. (1999). National differences in subjective wellbeing In D. Kahneman, E. Diener & N. Schwarz (Eds.), *Well-Being: The Foundations of Hedonic Psychology*. New York: Russel Sage Foundation.

Diener, E., Suh, E., Lucas, R. E., & Heidi, S. (1999). Subjective well-being: Three decades of progress. *Psychological Bulletin, 125*, 276-302.

Dorn, D., Fischer, J., Kirchgassner, G., & Sousa-Poza, A. (2007). Is it culture or democracy? The impact of democracy and culture on happiness. *Social Indicators Research, 82*, 505-526.

Duesenberry, J. (1949). Income, *Saving, and the Theory of Consumer Behavior*. Cambridge, MA: Havard Univ Press.

Easterlin, R. (1974). Does economic growth improve the human lot?: Some empirical evidence. In P. David & M. Reder (Eds.), *Nations and Households in Economic Growth: Essays in Honour of Moses Abramovitz*. New York: Academic Press.

Easterlin, R. (1995). Will raising the incomes of all increase the happiness of all? *Journal of Economic Behavior and Organization, 27*, 35-47.

Easterlin, R. (2001). Income and happiness: Towards a unified theory. *The Economic Journal, 111*, 465-484.

Ehrnhardt, J., Saris, W. E., & Veenhoven, R. (2000). Stability of life satisfaction over time. *Journal of Happiness Studies, 1*, 177-205.

Ellman, M. (1994). The increase in death and disease under 'Katastroika'. *Cambridge Journal of Economics, 18*, 329-355.

Esping-Andersen, G. (2013). *The Three Worlds of Welfare Capitalism*. John Wiley & Sons.

Forbes, K. (2000). A reassessment of the relationship between inequality and growth. *American Economic Review*, 90, 869-887.

Fordyce, M. (1988). A review of research on happiness measures: A sixty second index of happiness and mental health. *Social Indicators Research, 20*, 355-381.

Frank, R. (2005). Does absolute income matter? In L. Bruni & P. L. Porta (Eds.), *Economics and Happiness: Framing the Analysis*. New York: Oxford Univ Press.

Frey, B., & Stutzer, A. (2000a). Happiness prospers in democracy. *Journal of Happiness Studies, 1*, 79-102.

Frey, B., & Stutzer, A. (2000b). Happiness, economy and institutions. *Economic Journal, 110*, 918-938.

Frey, B., & Stutzer, A. (2002a). *Happiness and Economics: How the Economy and Institutions Affect Well-Being*. Princeton: Princeton University Press.

Frey, B., & Stutzer, A. (2002b). What can economists learn from happiness research? *Journal of Economic Literature, 40*, 402-435.

Frijters, P., & Beatton, T. (2011). The mystery of the U-shaped relationship between happiness and age. *NCER Working Paper Series #26R*.

Fukuyama, F. (1995). *Trust: The Social Virtues and the Creation of Prosperity*. New York: The Free Press.

Furnham, A., & Cheng, H. (2000). Lay theories of happiness. *Journal of Happiness Studies, 1*, 227-246.

Gerdtham, U., & Johannesson, M. (2001). The relationship between happiness, health, and socio-economic factors: Results based on Swedish microdata. *Journal of Socio-Economics, 30,* 553-557.

Graham, C., & Felton, A. (2006). Inequality and happiness: Insights from Latin America. *Journal of Economic Inequality, 2006,* 107-122.

Guest, G., Bunce, A., & Johnson, L. (2006). How many interviews are enough?: An experiment with data saturation and variability. *Field Methods, 18,* 59-82.

Halliwell, J. (2003). How's life? Combining individual and national variables to explain subjective well-being. *Economic Modelling, 20,* 331-360.

Harackiewicz, J., Barron, K. E., Pintrich, P. R., Elliot, A. J., & Thrash, T. M. (2002). Revision of achievement goal theory: Necessary and illuminating. *Journal of Educational Psychology, 94,* 638-645.

Hartog, J., & Hessel, O. (1998). Health, wealth and happiness: Why pursue a higher education? *Economics of Education Review, 17,* 245-256.

Haybron, D. (2007). Philosophy and the science of subjective well-being. In M. Eid & R. J. Larsen (Eds.), *The Science of Subjective Well-Being* (pp. 17-43). New York: Guilford Press.

Headey, B., & Wearing, A. (1989). Subjective well-being: A stocks and flows framework. In F. Strack, M. Argyle & N. Schwarz (Eds.), *Subjective Well-Being: An Interdisciplinary Perspective* (pp. 7-26). Oxford: Pergamon Press.

Helliwell, J. F., Layard, R., & Sachs, J. (2013). *World Happiness Report 2013.* New York: Earth Institute, Columbia University.

Helliwell, J. F., Zhou, W., Barrington-Leigh, C., Choi, S., & Wang, S. (2014). Measuring and Explaining the Subjective Well-Being in Korea. Seoul: KDI.

Herzberg, F. (1966). *Work and the Nature of Man.* Cleveland: World Publishing.

Hirsch, F. (1977). *Social Limits to Growth.* London: Routledge.

Hirschman, A., & Rothschild, M. (1973). The changing tolerance for income inequality in the course of economic development. *Quarterly Journal of Economics,* 87, 544-566.

Hofstede, G. (1997). *Cultures and Organizations: Software of the Mind.* New York: McGraw-Hill.

Hopkins, E. (2008). Inequality happiness and relative concerns: What actually is their relationship? *Journal of Economic Inequality, 6,* 351-372.

Hopkins, M. (1991). Human development revisited: A new UNDP report. *World Development, 19,* 1469-1473.

Hudson, J. (2006). Institutional trust and subjective well-being across the EU. *Kyklos, 59,* 43-62.

Inglehart, R. (1997). *Modernization and Postmodernization: Culture, Economic, and Political Change in 43 Societies.* Princeton, NJ: Princeton Univ. Press.

Inglehart, R. (2009). Democracy and happiness: What causes what? In A. Dutt, K. & B. Radcliff (Eds.), *Happiness, Economics, and Politics: Towards a Multi-Disciplinary Approach.* Northampton, MA: Edward Elga.

Inglehart, R., Foa, R., Peterson, C., & Welzel, C. (2008). Development, freedom, and rising happiness: A global perspective (1981-2007). *Perspectives on Psychological Science, 3,* 264-285.

Joshanloo, M., & Ghaedi, G. (2009). Value priorities as predictors of hedonic and eudaimonic aspects of well-being. *Personality and Individual Differences, 47,* 294-298.

Kahneman, D. (1999). Objective happiness. In D. Kahneman, E. Diener & N. Schwarz (Eds.), Well-Being: *The Foundation of Hedonic Psychology.* New York: Russell Sage Fdoundation.

Kahneman, D., Diener, E., & Schwarz, N. (Eds.). (1999). *Well-Being: The Foundations of Hedonic Psychology.* New York: Russell Sage.

Kahneman, D., & Krueger, A. B. (2006). Developments in the measurement of subjective well-being. *Journal of Economic Perspectives, 20,* 3-24.

Kahneman, D., & Riis, J. (2005). Living and thinking about it: Two perspectives on life. In F. Huppert, N. Baylis & B. Keverne (Eds.), *The Science of Well-Being* (pp. 285-306). New York: Oxford University Press.

Kahneman, D., Wakker, P., & Sarin, R. (1997). Back to Bentham? Explorations of experienced utility. *Quarterly Journal of Economics, 112*, 375-405.

Kang, P., Lee, Y., Choi, I., & Kim, H. (2013). Neural evidence for individual and cultural variability in the social comparison effect. *Journal of Neuroscience, 33*, 16200-16208.

Kaufman, G., & Taniguchi, H. (2009). Gender and marital happiness in Japan. *International Journal of Sociology of the Family*, 35, 69-87.

Kenny, C. (1999). Does growth cause happiness, or does happiness cause growth? *Kyklos, 52*, 3-26.

Kesebir, P., & Diener, E. (2008). In pursuit of happiness: Empirical answers to philosophical questions. *Perspectives on Psychological Science, 3*, 117-125.

Keyer, C., Shmotkin, D., & Ryff, C. (2002). Optimizing well-being: The empirical encounter of two traditions. *Journal of Personality and Social Psychology, 82*, 1007-1022.

Kim, H., & Ohtake, F. (2014). Status race and happiness: What experimental surveys tell us *Policy Study 2014-01*. Seoul: Korea Development Institute.

King, L. A., & Napa, C. K. (1998). What makes life good? *Journal of Personality and Social Psychology, 75,* 156-165.

Kubovy, M. (1999). On the pleasure of the mind. In D. Kahneman, E. Diener & N. Schwarz (Eds.), *Well-Being: The Foundations of Hedonic Psychology*. New York: Russel Sage.

Lane, R. (2000). *The Loss of Happiness in the Market Democracies*. New Haven: Yale University Press.

Layard, R. (2006). Happiness and public policy: A challenge to the profession. *Economic Journal, 116*, C24-C33.

Lelkes, O. (2006). Tasting freedom: Happiness, region and economic transition. *Journal of Economic Behavior and Organization, 59*, 173-194.

Leppo, K., Ollila, E., Pena, S., Wismar, M., & Cook, S. (Eds.). (2013). *Health in All Policies*. Helsinki: Ministry of Social Affairs and Health, Finland.

Lu, L. (2001). Understanding happiness: A look into the Chinese folk psychology. *Journal of Happiness Studies, 2*, 407-432.

Lu, L., & Argyle, M. (991). Happiness and cooperation. *Personality and Individual Differences, 10*, 1019-1030.

Lykken, D. (1999). *Happiness*. New York: St. Martin's Griffin.

MacGregor, I., & Litter, B. R. (1998). Personal projects, happiness and meaning: On doing well and being yourself. *Journal of Personality and Social Psychology, 74*, 494-512.

Maslow, A. H. (1943). A theory of human motivation. *Psychological Review, 50*, 370-396.

Maslow, A. H. (1971). *The Farthest reaches of Human Nature*. New York: Viking.

McMahon, D. M. (2006). *Happiness: A History*. New York, NY: Atlactic Monthly Press.

Michalos, A. (2008). Education, happiness and wellbeing. *Social Indicators Research, 87*(347-366).

Midgley, C., Kaplan, A., & Middleton, M. J. (2001). Performance-approach goals: Good for what, for whom, under what circumstances, and at what cost? *Journal of Educational Psychology*, 93, 77-86.

Moller, V., Huschka, D., & Michalos, A. C. (Eds.). (2008). *Barometers of Quality of Life around the Globe: How Are We Doing?* Heidelberg, Germany: Springer.

Montgomery, C. (2013). *Happy City: Transforming Our Lives Through Urban Design*. New York: FSG.

Morse, J. M. (1995). Determining sample size. *Qualitative Health Research*, 5, 147-149.

Mustonen, P. (2009). *Health and Happiness: What's Happening?* Helsinki, Finland: Finnish Medical Society Duodecim.

Myers, D., & Diener, E. (1995). Who is happy? *Psychological Science, 6*, 10-19.

Myers, D. G. (2000). The funds, friends, and faith of happy people. *American Psychologist, 55*, 56-67.

Nussbaum, M. (1986). *The Fragility of Goodness: Luck and Ethics in Greek Tragedy and Philosophy*. Cambridge: Cambridge University Press.

Nussbaum, M. (2000). Human capabilities, femail human beings. In M. Nussbaum & J. Glover (Eds.), *Women, Culture and Development:*

A Study of Human Capabilities. Oxford: Oxford University Press.
Nussbaum, M. (2003). Capabilities as fundamental entitlements: Sen and social justice. *Feminist Economics, 9*, 33-59.
Nussbaum, M., & Sen, A. (Eds.). (1993). *The Quality of Life*. Oxford: Clarendon Press.
OECD. (2011). Employment and Labor Market Statistics. Paris: OECD.
OECD. (2013). OECD Guidelines of Measuring Subjective Well-Being. Paris: OECD.
Ogburn, W. F. (1935). Indexes of social trends and their fluctuations. *American Journal of Sociology, 40*, 822-828.
Ogburn, W. F., & Jaffe, A. J. (1936). Indexes of social trends. *American Journal of Sociology, 41,* 776-782.
Oishi, S., Graham, J., Kesebir, S., & Galinha, I. C. (2013). Concepts of happiness across time and culture. *Personality and Social Psychology Bulletin, 39,* 559-577.
Oshio, T., & Kobayashi, M. (2011). Area level income inequality and individual happiness: Evidence from Japan. *Journal of Happiness Studies, 12,* 633-649.
Oshio, T., Nozaki, K., & Kobayashi, M. (2011). Relative income and happiness in Asia: Evidence from nationwide surveys in China, Japan, and Korea. *Social Indicator Research, 104,* 351-367.
Oswald, A. (1997). Happiness and economic performance. *Economic Journal, 107*, 1815-1831.
Pacek, A., & Radcliff, B. (2008a). Assessing the welfare state: The politics of happiness. *Perspectives on Politics, 6*, 267-277.
Pacek, A., & Radcliff, B. (2008b). Welfare policy and subjective well-being across nations: An individual-level assessment. *Social Indicator Research, 89*, 179-191.
Pastinetti, L. (2005). Paradoxes of happiness in economics. In L. Bruni & P. L. Porta (Eds.), *Economics and Happiness: Framing the Analysis*. New York: Oxford University Press.
Peterson, C., Park, N., & Seligman, M. E. (2005). Orientations to happiness and life satisfaction: The full life versus the empty life. *Journal of Happiness Studies, 6*, 25-41.
Peterson, C., & Seligman, M. E. (2004). *Character Strengths and Virtues:*

A Handbook and Classification. Washington D.C.: APA Press.

Phelps, C. D. (2001). A clue to the paradox of happiness. *Journal of Economic Behavior and Organization, 45*, 293-300.

Posner, R. A. (1979). Utilitarianism, economics, and legal theory. *Journal of Legal Studies, 8*, 103-140.

Putnam, R. (1993). *Making Democracy Work: Civic Traditions in Modern Italy.* Princeton: Princeton University Press.

Robbins, B. D. (2008). What is the good life?: Positive psychology and the renaissance of humanistic psychology. *The Humanistic Psychologist, 36*, 96-112.

Robeyns, I. (2000). Unworkable idea or a promising alternative?: Sen's capability approach re-examined. *CES Discussion Paper 00.30.* Leuven: Katholieke Universiteit.

Robeyns, I. (2005). The capability approach: A theoretical survey. *Journal of human Development*, 6, 93-114.

Robeyns, I. (2006). The capability approach in practice. *Journal of Political Philosophy, 14*, 351-376.

Roemer, J. (1996). *Theory of Distributive Justice.* Cambridge, MA: Harvard University Press.

Rogers, C. R. (1961). *On Becoming a Person.* London: Constable.

Ryan, R. M., & Deci, E. L. (2000a). On happiness and human potentials: A review of research on hedonic and eudaimonic well-being. *Annual Review of Psychology, 52*, 141-166.

Ryan, R. M., & Deci, E. L. (2000b). Self-determination theory and the facilitation of intrinsic motivation, social development, and well-being. *American Psychologist, 55*, 68-78.

Ryan, R. M., & Deci, E. L. (2001). On happiness and human potentials: A review of research on hedonic and eudaimonic well-being. *Annual Review of Psychology, 52*, 141-166.

Ryff, C. D. (1995). Psycholgical well-being in adult life. *Current Directions in Psychological Science, 4*, 99-104.

Ryff, C. D., & Keyes, C. L. M. (1995a). Psychological well-being in adult life. *Current Directions in Psychological Science, 69*, 719-727.

Ryff, C. D., & Keyes, C. L. M. (1995b). The structure of psychological well-being revisited. *Journal of Personality and Social Psychology,*

69, 719-727.

Ryff, C. D., & Singer, B. (2000). Interpersonal flourishing: A positive health agenda for the new millennium. *Personality and Social Psychology Review, 4*, 30-44.

Ryff, C. D., & Singer, B. H. (2008). Know thyself and become what you are: A eudaimonic approach to psychological well-being. *Journal of Happiness Studies, 9*, 13-39.

Sandvik, E., Diener, E., & Seidlitz, L. (1993). Subjective well-being: The convergence and stability of self-report and non-self-report measures. *Journal of Personality, 61*, 317-342.

Scitovsky, T. (1976). *The Joyless Economy: An Inquiry into Human Satisfaction and Consumer Dissatisfaction*. Oxford: Oxford University Press.

Seligman, M. E. P. (2002). *Authentic Happiness*. New York: Free Press.

Seligman, M. E. P., & Csikszentmihalyi, M. (2000). Positive psychology: An introduction. *American Psychologist, 55*, 5-14.

Sen, A. (1980). Equality of what. In S. McMurrin (Ed.), *The Tanner Lectures of Human Values* (pp. 257-280). Salt Lake City: Univ of Utah Press.

Sen, A. (1985). *Commodities and Capabilities*. Amsterdam: North Holland.

Sen, A. (1987). The standard of living. In G. Hawthorn (Ed.), *The Standard of Living*. Cambridge, MA: Cambridge Univ Press.

Sen, A. (1999). *Development af Freedom*. New York: Knopf.

SGI. (2015). *Codebook_2015*. Bertelsmann Stiftung.

Sirniö, O., Martikinen, P., & Kauppinen, T. (2013). Intergenerational determinants of income level in Finland. *Social Forces, 92*, 463-490.

Slottje, D. J. (1991). Measuring the quality of life across countries. *Review of Economics and Statistics, 73*, 684-693. Stutzer, A. (2004). The role of income aspirations in individual happiness. *Journal of Economic Behavior and Organization, 54*(89-109).

Subramanian, S. V., Kim, F., & Kawachi, I. (2005). Covariation in the socioeconomic determinants of self rated helath and hapiness: A multivariate multilevel analysis of individuals and communities in the USA. *Journal of Epidemiol Community Health, 59*(664-669).

Sugden, R. (1993). Welfare, resources, and capabilties: A review of inequality reexamined by Amartya Sen. *Journal of Economic Literature, 31*, 1947-1962.

Tatarkiewicz, W. (1976). Analysis of Happiness. Warsaw: Polish Scientific Publisher.

Tavits, M. (2008). Representation, corruption, and subjective well-being. *Comparative Political Studies, 41*, 1607-1630.

Tokuda, Y., Fujii, S., & Inoguchi, T. (2010). Individual and country-level effects of social trust on happiness: The Asia Barometer Survey. *Journal of Applied Social Psychology, 40*, 2574-2593.

Tomes, N. (1986). Income distribution, happiness, and satisfaction: A direct test of the interpedenent preference model. *Journal of Economic Psychology, 7,* 425-446.

UNDP. (1998). *Human Development Report.* New York: Oxford University Press.

Vaillant, G. (2012). *Triumphs of Experience: The Men of the Harvard Grant Study.* Cambridge, MA: Harvard University Press.

Vallentyne, P. (2005). Debate: Capabilities versus opportunities for well-being. *Journal of Political Philosophy, 13*, 359-371.

Veblen, T. (1899). *The Theory of the Leisure Class.* New York: Prometheus Books.

Veenhoven, R. (2000). Freedom and happiness: A comparative study in forty four nations in the early 1990s. In E. Diener & E. Suh (Eds.), *Culture and Subjective Well-being* (pp. 257-288). Cambridge, MA: MIT Press.

Veenhoven, R. (1996). Developments in satisfaction research. *Social Indicators Research, 37*, 1-46.

Veenhoven, R. (2000). The four qualities of life: Ordering concepts and measures of the good life. *Journal of Happiness Studies, 1*(1-39).

Veenhoven, R. (2001). Quality of life and happiness: Not quite the same (Translated in English). In G. DeGirolamo (Ed.), *Salute equalita dell vida (Published in Italian)* (pp. 67-95). Torino, Italy: Centro Scientifico Editore.

Veenhoven, R. (2003). Freedom and happiness: A comparative study in forty four nations in the early 1990s. *Culture and Subjective Well-being.* Chester, NJ: Bradford Book.

Veenhoven, R., & Ouweneel, P. (1995). Livability of the welfare state, length of life and appreciation of life in nations varying in state welfare effort. *Social Indicators Research, 36*, 1-48.

Waterman, A. S. (1993). Two conceptions of happiness: Contrasts of personal expressiveness(eudaimonia) and hedonic enjoyment. *Journal of Personality and Social Psychology, 64*, 678-691.

Welsch, H. (2008). The welfare costs of corruption. *Applied Economics, 40*, 1839-1849.

White, K., & Lehman, D. (2005). Culture and social comparison seeking: The role of self-motives. *Personality and Social Psychology Bulletin*, 31, 232-242.

Wiggins, J. S. (1980). *Personality and Prediction: Principles of Personality Assessment*. Menlo Park, CA: Addison-Wesley.

아 | 산 | 재 | 단 | 연 | 구 | 총 | 서

1 전환기의 중국경제
김윤환 외 | 단국대 경제학과

2 폴란드 경제의 변천 개혁과 그 전망
김광수 | 숭실대 경제학과

3 재소한인
이광규 외 | 서울대 인류학과

4 소련산림과 임업
홍성천 외 | 경북대 임학과

5 아세안의 정치경제
김국진 외 | 외교안보연구원

6 태국의 사회변동과 경제발전
최석만 외 | 전남대 사회학과

7 중국의 사회경제 통계분석
신한풍 외 | 고려대 통계학과

8 중국의 정치와 경제
박두복 외 | 외교안보연구원

9 동유럽의 개혁과 시장경제의 도입
허만 외 | 부산대 사범대학

10 동유럽의 개혁운동
박영신 | 연세대 사회학과

11 현대 러시아 연구
기연수 외 | 한국외대 노어과

12 전략적 선택과 기업의 국제경쟁력
이장호 | 서강대 경영대학

13 협동사회의 정착과 정부의 역할
이종범 외 | 고려대 행정학과

14 한국 제조기업 생산성의 동적 분석
노부호 외 | 중앙대 경영대학

15 분배의 정의
변형윤 외 | 서울대 경제학과

16 도덕적 행동의 강화
이훈구 외 | 연세대 심리학과

17 관료부패와 통제
김해동 외 | 서울대 행정대학원

18 한국경제의 내실 있는 성장
정창영 외 | 연세대 경제학과

19 한국국민정신운동의 역사와 발전방향
박수명 외 | 부산대 사범대학

20 한국대학생의 가치성향과 상담효과
이영희 외 | 숙명여대 교육학과

21 가출청소년과 학교관리체제
안창규 외 | 부산대 교육학과

22 동북아 정세변화와 한 · 일관계
한승조 외 | 고려대 정치외교학과

23 언론과 부정부패
정대철 외 | 한양대 신문방송학과

24 한국의 고등학교 교육
이원호 외 | 부산대 교육학과

25 가족과 방송
김학수 외 | 서강대 신문방송학과

26 재정개혁의 전망과 재산세제의 개편과제
오연천 | 서울대 행정대학원

27 청소년을 위한 전자게임 프로그램의 규제 및 평가체계 개발
박혜원 외 | 울산대 가정관리학과

28 정신장애자 가족의 사회심리적 특성
이근후 외 | 이화여대 의과대학

29 가족의 관계역동성과 문제인식
이광규 외 | 서울대 인류학과

30 현대인과 한국전통음식
승정자 | 숙명여대 식품영양학과

31 기업의 초고속정보통신망활용
안중호 | 서울대 경영학과

32 지역발전을 위한 교육자치제의 개선방안
김남순 | 조선대 사범대학

33 전환기의 공무원 가치관
조경호 | 울산대 행정학과

34 지방자치와 사회복지의 과제
김영모 | 중앙대 사회복지학과

35 WTO체제하의 지방중소기업 지원정책
최명주 외 | 계명대 통상학부

36 현대한국의 시민운동
이효선 | 중앙대 사회학과

37 기업 세계화의 단계 및 정도의 측정
허영도 외 | 울산대 경영학과

38 가족복지를 위한 가족주치의 시범사업의 효과
이혜리 외 | 연세대 가정의학교실

39 한국대학생의 삶의 만족도
김재은 외 | 이화여대 교육심리학과

40 지역경제와 지역산업구조의 개편방향
정기화 외 | 전남대 경제학부

41 중국기업의 소유형태별 경영특성
노철화 외 | 부산대 무역학과

42 남북한의 인성 · 사상교육
한승조 외 | 고려대 정치외교학과

43 연계적 뇌기능 조언을 위한 의료용 멀티미디어 시스템의 설계
유선국 | 연세대 의용공학교실

44 다민족국가의 민족문제와 한인사회
최협 외 | 전남대 인류학과

45 저소득층지역 청소년 여기문화와 소집단 활성화
박문수 외 | 서강대 사회학과

46 삶의 질의 국제비교와 지역간 비교분석
이재기 외 | 울산대 경제학과

47 21세기 지역주민의 삶의 질
양종회 외 | 성균관대 사회학과

48 삶의 질에 대한 국가간 비교
조명한 외 | 서울대 심리학과

49 외국인 노동자의 노사관계와 사회적 적응
석현호 외 | 성균관대 사회학과

50 한국의 사법제도와 발전 모델
정종섭 | 건국대 법학과

51 고령화사회와 중상층 노인의 사회활동
조성남 외 | 이화여대 사회학과

52 한국의 서비스 시장 개방정책
한홍렬 | 한양대 경제학부

53 한국과 AFTA간의 교역증진 및 경제 협력방안
손일태 외 | 경희대 경제통상학부향

54 물류비 절감을 위한 무역업체의 정보화전략
이영수 외 | 경북대 경제통상학부

55 사회주의 체제전환과 사회정책
오정수 외 | 충남대 사회복지학과

56 남북통일 이후 농업생산체계 개편
홍성규 외 | 건국대 농업경제학과

57 국제화와 세계화
하영선 외 | 서울대 외교학과

58 IMF 개혁정책의 평가와 한국경제의 신(新) 패러다임
조동근 | 명지대 경제학과

59 구조개혁과 실업대책
박동운 | 단국대 경제무역학부

60 21세기 신노사관계
심윤종 외 | 성균관대 사회학과

61 학교에서의 집단 따돌림
이춘재 외 | 가톨릭대 심리학과

62 한국노인의 정신건강실태와 건강증진
조맹제 외 | 서울대 의과대학

63 혁명과 개혁 속의 중국 농민
김광억 | 서울대 인류학과

64 중국의 경제환경과 한국기업의 진출 전략
지용희 외 | 서강대 경영학과

65 김대중 대통령의 시스템 사고
김동환 | 중앙대 공공정책학부

66 실업과 가족해체
최일섭 외 | 서울대 사회복지학과

67 합리적 부채비율 조정방안
오상근 | 동아대 경제학과

68 한국 중산층의 생활문화
문숙재 외 | 이화여대 소비자·인간발달학과

69 계층간 갈등상태에서 최적소득세
김진욱 | 건국대 경상학부

70 글로벌 경쟁력 제고를 위한 기업전략과 조직구축
이만우 외 | 고려대 경영학과

71 의료보험과 국민연금의 관리효율화를 위한 통합방안
사공진 외 | 한양대 경제학부

72 정부개혁의 과제와 전략
박우서 외 | 연세대 행정학과

73 책임운영기관 제도에 관한 비교분석
김근세 | 가톨릭대 행정학과

74 새로운 패러다임하에서의 한국기업의 바람직한 지배구조
최운열 외 | 서강대 경영학과

75 현대 한국사회의 계층구조
양춘 외 | 고려대 사회학과

76 한국의 산업정책과 산업구조조정
강인수 | 숙명여대 경제학부

77 기업구조조정
김석진 | 경북대 경영학부

78 지식경영을 위한 인적자원 개발 및 관리체계
장영철 | 경희대 경영학부

79 뉴 비즈니스 모델
전성현 | 국민대 정보관리학부

80 중산층의 정체성과 소비문화
함인희 외 | 이화여대 사회학과

81 외국관광객 유치를 위한 마케팅 전략
박상규 | 강원대 경영학과

82 한국인의 세대별 문학의식
이동순 | 영남대 국문과

83 공공부문의 효율성 평가와 측정
김재홍 외 | 울산대 사회과학부

84 한국 청소년의 정치의식과 형성요인
김광웅 외 | 숙명여대 아동복지학과

85 한국 대학생의 정치의식
배한동 | 경북대 윤리교육과

86 산업의 정보화와 산업발전
이기동 | 계명대 통상학부

87 한국 제조업의 고용조정 분석
이종원 외 | 성균관대 경제학부

88 지식자산에 대한 경영전략적 평가모형 개발
배재학 외 | 울산대 컴퓨터·정보통신공학부

89 관광사업을 위한 한국적 이미지의 휴식복 개발
채금석 | 숙명여대 의류학과

90 한국 정치제도의 개혁
신정현 | 경희대 사회과학부

91 e비즈니스와 아웃소싱 전략
정승화 외 | 연세대 경영학과

92 집단 따돌림의 진단 및 치료방안
홍준표 | 중앙대 인간생활환경학과

93 16대 총선과 낙선운동
조기숙 | 이화여대 국제대학원

94 부동층 유권자 행태 분석
진영재 | 연세대 정치외교학과

95 사이버 공동체의 성공요인
이재관 | 숭실대 경영학부

96 온라인 소비자 행동의 이론과 실증
윤성준 | 경기대 경영학부

97 글로벌 시대 정약용 세계관의 가능성과 한계
차성환 | 한일장신대 역사사회학과

98 러시아의 체제전환 과정에서 나타난 국가의 역할과 그 전망
이상민 외 | 부산대 정치외교학과

99 남북한의 경제발전 수준과 산업구조 비교, 그리고 경제교류 협력방향
주성환 | 건국대 경제학과

100 집단따돌림과 교육해체
한준상 | 연세대 교육학과

101 공적연금제도의 효율성과 개선방안
유금록 | 군산대 행정복지학부

102 벤처기업-대기업의 성공적인 협력 모델
나중덕 | 경산대 경영학과

103 북한의 재외동포정책
조정남 외 | 고려대 정치외교학과

104 사이버 공동체 형성의 역동적 모형
장용호 | 서강대 신문방송학과

105 기업이론과 기업의 소유지배구조
김일태 외 | 전남대 경제학부

106 가축분뇨 자원화를 위한 공동이용조직에 대한 농가선호도 분석
유덕기 | 동국대 생명자원경제학과

107 개혁정책과 전문가 집단
이경원 외 | 제주대 행정학과

108 현대 한국사회의 이중가치체계
신수진 외 | 이화여대 가정관리학과

109 한국의 산업구조 변화와 기업집단 다각화 전략
김용학 외 | 연세대 사회학과

110 지식정보사회의 경제적 모형 설정 및 사례 연구
김범환 | 배제대 경영정보학부

111 변호사징계제도
오종근 | 한림대 법학부

112 인터넷 특허법
김순석 | 광주대 법학과

113 e-비즈니스 시대의 금융 및 재정정책의 새로운 패러다임
이종욱 | 서울여대 경제학과

114 청소년의 하위문화와 정체성
조성남 | 이화여대 사회학과

115 디지털금융시대의 금융구조변화와 정부규제 및 정책
이충열 | 고려대 경제학부

116 지식경영을 위한 기업의 조직설계방안
김경수 외 | 전남대 경영학과

117 전자금융의 발달과 경제정책의 새로운 패러다임
이명훈 | 명지대 경제학과

118 동아시아의 안보와 유엔체제
강성학 편저 | 고려대 정치외교학과

119 유료 치매노인 그룹홈의 개발과 관련 정책
최정신 외 | 가톨릭대 소비자·주거학과

120 소비자 지향적 문화산업 정책
홍영준 | 호남대 광고홍보학과

121 국제·국가·지방 환경규제의 연계
정준금 외 | 울산대 행정학과

122 현행 회사 합병·분할제도의 평가와 개선방안
옥무석 외 | 이화여대 법학과

123 배려지향적 도덕성과 정의지향적 도덕성
정옥분 외 | 고려대 사범대학

124 기업구조조정에 대한 채권금융기관 및 금융감독기관의 역할과 책임
이중기 | 한림대 법학과

125 실업대책으로서 한국의 법정기준근로 시간 단축
박영범 | 한성대 경제학과

126 프랑스어의 비분리성 소유개념 표현
노윤채 | 연세대 언어정보연구원

127 지방채의 효율적 관리방안
강태구 | 호원대 법행정학부

128 21세기 산업구조 변화와 과학기술정책
임채성 외 | 그리스도신학대 경영정보학부

129 인터넷 쇼핑몰 이용자의 불평행동
예종석 | 한양대 경영학부

130 한국기업의 성과급제도 현황, 효과 및 개선방안
김성수 | 서울대 경영학과

131 전자상거래와 소비자보호
서민교 외 | 경일대 인터넷국제통상학과

132 평생학습 사회에서의 인적자원개발을 위한 사회적 파트너십 구축
김영화 | 홍익대 교육학과

133 한국 공교육의 새로운 구상과 전략
권대봉 외 | 고려대 교육학과

134 한국의 정부개혁
김태룡 | 상지대 행정학과

135 지방정부 생산성 측정의 이론과 실제
이은국 외 | 연세대 행정학과

136 불가 시문학론
배규범 | 경희대 학술연구 교수

137 남북경제교류의 법적 문제
제성호 | 중앙대 법학과

138 경제위기와 청소년 발달
구인회 | 서울대 사회복지학과

139 생명과학기술의 응용과 기본권보호적 한계
정상기 외 | 한남대 법학과

140 경제발전과 정치환경의 한 · 일 비교분석
정갑영 외 | 연세대 동서문제연구원

141 한국 공교육의 진단
윤정일 외 | 서울대 교육학과

142 우리나라 지방자치 발전을 위한 자치단체장의 역할
정성호 외 | 경기대 사회과학부

143 의료보험제도의 개혁방안
권순원 | 덕성여대 경제학과

144 중등 도덕교육의 현실과 문제
손동현 외 | 성균관대 철학과

145 사이버공동체 발전론
이명식 | 상명대 경영학과

146 남북경협 확대에 대비한 북한 담보제도의 정비방안
박훤일 | 경희대 법과대학

147 한국 공무원 인사제도 개혁
김판석 | 연세대 행정학과

148 교사화법 교육
임칠성 외 | 전남대 국어교육과

149 세계화의 문화정치학
임혁백 외 | 고려대 정치외교학과

150 효과적인 e-SCM을 위한 의사결정 조정 시스템 모형
이원준 | 성균관대 경영학부

151 환경거버넌스
김종순 외 | 건국대 행정학과

152 자동차산업의 인적자원관리
이덕로 | 서원대 경영학부

153 한국과 영국 간 지식기반산업 비교
이명호 | 한국외대 경영학과

154 한국 벤처기업의 기술네트워킹 및 기술마케팅 전략
장영일 | 인제대 경영학부

155 회사변호사의 윤리
오승종 | 성균관대 법과대학

156 미디어교육론
이정춘 | 중앙대 신문방송학과

157 조선시대 서원과 양반
윤희면 | 전남대 역사교육과

158 환경문제와 철학
박찬국 | 서울대 철학과

159 노인보건복지 이론과 실제
김명 외 | 이화여대 보건교육학과

160 북한의 법체계
권재열 외 | 숭실대 법학과

161 생명공학기술의 안전성 확보에 관한 법적 고찰
이재협 | 경희대 법학부

162 청소년복지학
김성이 외 | 이화여대 사회복지학과

163 변화하는 세계, 변화하는 복지국가
조영훈 | 동의대 사회복지학과

164 의리의 윤리와 한국의 유교문화
김낙진 | 진주교대 도덕교육과

165 미국의 통상정책과 통상법
윤충원 | 전북대 무역학과

166 사회복지 프로그램 평가
김학주 | 경상대 사회복지학과

167 환경주의와 지속가능한 발전
정대연 | 제주대 사회학과

168 무역과 환경
김기흥 외 | 경기대 경제학부

169 산업계 유해폐기물의 위험과 관리
김금수 | 호서대 경상학부

170 백범 김구의 지적 계발과정 탐색
문용린 | 서울대 교육학과

171 태평양전쟁 발발 이후 일제의 인적 지배와 그리스도교계의 대응
윤선자 | 전남대 사학과

172 거버넌스 상황에서 갈등관리를 위한 대체적 분쟁해결제도
서순복 | 광주대 법정학부

173 시장경제의 유형과 민주주의
최배근 | 건국대 경상학부

174 일본고전소설 총론
김현정 | 국립한국전통문화학교

175 국어 교육을 위한 국어 문법론
이관규 | 홍익대 국어교육과

176 율곡의 군주론
전세영 | 부산교대 윤리교육과

177 동북아시아 환경협력
정서용 | 명지대 법학과

178 기후변화협약과 기후정책
신의순 외 | 연세대 경제학과

179 인터넷과 국제 학술정보 네트워크-하이퍼링크 분석
박한우 | 영남대 언론정보학과

180 국내 기업복지의 활성화 방안
최수찬 | 연세대 사회복지대학원

181 세계화와 인간안보
김우상 외 | 연세대 정치외교학과

182 세계문화유산 종묘 이야기
지두환 | 국민대 국사학과

183 한국 평생교육의 사회철학적 과제
곽삼근 | 이화여대 교육학과

184 강점모델
정순둘 | 이화여대 사회복지학과

185 글로벌시대의 계약법
박영복 | 한국외대 법과대학

186 배심제와 시민의 사법참여
안경환 | 서울대 법학과

187 동북아공동체
김재한 | 한림대 정치외교학과

188 정치 참여와 탈물질주의
김욱 | 배재대 정치외교학과

189 퍼지전문가회로망을 이용한 금융기관의 사이버 기업여신결정 지원시스템의 개발
권혁대 | 목원대 경영학과

190 환경정책과 환경법
송인성 | 전남대 지역개발학과

191 포스트모던 시대의 평생교육학
한숭희 | 서울대 교육학과

192 현대 한국인의 세대경험과 문화
박길성 외 | 고려대 사회학과

193 서구의 근로연계복지
김종일 | 건국대 사회복지학과

194 사회복지운동론
현외성 | 경남대 사회복지학과

195 외국의 역모기지 사례
유선종 | 건국대 부동산학과

196 옛이야기와 어린이문학
이지호 | 진주교대 국어교육학과

197 노인사회복지관광의 정책과제와 방안
김창수 | 경기대 관광학부

198 복지서비스의 민간위탁 시스템 분석
김순양 | 영남대 행정학부

199 새로운 빈곤층의 대두와 정부의 정책과제
김진욱 | 건국대 경제학과

200 문화행정론
김정수 | 한양대 행정학과

201 스칸디나비아 노인용 코하우징의 계획과 적용
최정신 외 | 가톨릭대 생활과학부

202 북한의 자연생태계
공우석 | 경희대 지리학과

203 통계로 이해하는 러시아
전홍찬 | 부산대 정치외교학과

204 사회복지법인의 경영과 회계
이동규 | 충남대 회계학과

205 의약분업 정책과정
차흥봉 | 한림대 사회복지학과

206 지역공동체와 평생교육
오혁진 | 동의대 평생교육학부

207 아동보호서비스의 실제
한미현 | 백석대 사회복지학부

208 그린마케팅
박재기 | 충남대 경영학부

209 아동권리와 아동복지
이혜원 | 성공회대 사회복지학과

210 국제 이주와 인도인 디아스포라
김경학 | 전남대 인류학과

211 질병과 의료의 사회학
조병희 | 서울대 보건대학원

212 북한이탈주민의 사회통합을 위한 지역복지실천의 모색
이기영 | 부산대 사회복지학과

213 치매노인케어론
조유향 | 초당대 간호학과

214 노인상담입문
서혜경 외 | 한림대 대학원 사회복지학과

215 '통일 이후 통일과정'으로서의 독일 통일영화
이준서 | 이화여대 독어독문학과

216 중국의 사회보장
오정수 | 충남대 사회복지학과

217 환경자원의 경제적 가치와 환경오염의 사회적 비용
김재홍 | 울산대 사회과학부

218 사회복지프로그램의 경제적 평가방법
박창제 외 | 상주대 사회복지학과

219 자유의지와 결정론
안건훈 | 강원대 철학과

220 심리학자들이 쓴 행복한 결혼의 심리학
채규만 외 | 성신여대 심리학과

221 현대 해석학 강의
양해림 | 충남대 철학과

222 한국인의 주거 빈곤과 공공주택
하성규 | 중앙대 도시 및 지역계획학과

223 IMF 경제위기와 한국 출산력의 변화
김두섭 | 한양대 사회학과

224 동아시아의 영토분쟁과 국제법
이석우 | 인하대 법학부

225 독일 복지국가와 사회복지서비스
정재훈 | 서울여대 사회사업학과

226 사회복지사를 위한 실용 비모수통계
엄명용 | 성균관대 사회복지학과

227 피해자학 연구
이윤호 | 동국대 경찰행정학과

228 광고언어창작론
박영준 외 | 부경대 국어국문학과

229 환경규제 패러다임의 전환
한철 | 한남대 법학과

230 고령사회의 노동환경변화와 고용 시스템의 문제점 및 법적 대응
고준기 | 국립군산대 법학과

231 세계화와 소득불평등
이성균 외 | 울산대 사회과학부

282 지방정치와 동북아 도시거버넌스
박재욱 | 신라대 행정학과

283 노숙인 복지론
남기철 | 동덕여대 사회복지학과

284 유럽통합과정과 지역협력
이규영 | 서강대 국제대학원

285 사회복지재정 연구
지은구 | 계명대 사회과학대학 사회복지학과

286 지역사회 교육개혁을 위한 시민사회 조직의 참여
김영화 | 홍익대 교육학과

287 복지사회를 대비한 국민연금의 구조개혁
박영석 외 | 서강대 경영학부

288 한미 FTA 지재권 협상에 따른 의약품 분야 사회후생 변화
오근엽 | 충남대 무역학과

289 산업입지, 환경 그리고 지역경제
이기동 외 | 계명대 국제통상학과

290 감성지능 개발을 통한 삶의 질 향상
김경수 외 | 전남대 경영학부

291 교육복지론
이용교 외 | 광주대 사회복지학부

292 인간과 행복에 대한 철학적 성찰
박찬국 | 서울대 철학과

293 유럽연합의 사회통합 사례와 교훈
이무성 | 명지대 정치외교학과

294 민영화와 사회후생
이상호 | 전남대 경제학부

295 북한의 교육학 체계 연구
최영표 외 | 동신대 교육대학원

296 한국 지속가능발전의 구조와 변동
정대연 | 제주대 사회학과

297 우리나라의 공익 연계 마케팅에 관한 연구
임승희 | 전주대 경영학부

298 시각장애인복지론
김영일 | 조선대 특수교육과

299 그린에너지와 환경촉매
정석진 | 경희대 화학공학과

300 취약학교 초등학생을 위한 온라인 보건 교육 프로그램
박경옥 | 이화여대 보건관리학과

301 신탁제도를 통한 고령자의 보호와 지원
최수정 | 서강대 법학전문대학원

302 사회적 약자계층에 대한 실태분석 및 정책방안
이은우 외 | 울산대 경제학과

303 한류 문화와 동북아 공동체
최혜실 | 경희대 국어국문학과

304 노동유연화와 해고보호법
권혁 | 부산대 법학전문대학원

305 사회복지 위험관리의 이해
박미은 | 한남대 사회복지학과

306 의료기관의 회계와 세무
노준화 | 충남대 경영학부

307 여성인적자원의 전문성 확보를 위한 경력개발
백지연 | 이화여대 국제사무학과

308 정신병리
강선경 | 서강대 신학대학원

309 바다의 반란 적조
윤양호 | 전남대 해양기술학부

310 한국 장애인 복지 발달사
이성규 | 서울시립대 사회복지학과

311 서양예술 속의 동양 탐색
진상범 | 전북대 독어독문학과

312 한국인의 도덕성 발달 진단
문용린 | 서울대 교육학과

313 영국정치와 국가복지
고세훈 | 고려대 공공행정학부

314 인간학적 사유를 여는 중도·중복장애 교육학
이숙정 | 단국대 특수교육과

315 개별화 교육과정
이소현 | 이화여대 특수교육과

316 인간의 긍정적 성품
권석만 | 서울대 심리학과

317 지방자치와 지역여성의 전망
이혜숙 | 경상대 사회학과

318 한국 현대 노년소설 연구
전흥남 | 한려대 교양학부

319 정보격차 해소를 위한 창의적 정보교육 프로그램
이영준 외 | 한국교원대 컴퓨터교육과

320 한국 가족과 젠더
손승영 | 동덕여대 교양학부

321 한국의 복지혼합
김진욱 | 서강대 신학대학원

322 사회자본과 자원봉사
김태룡 외 | 상지대 행정학과

323 농촌교육복지연구
박삼철 | 단국대 교양학부

324 사회정체성 평가 차원에 대한 국제비교조사
이명진 | 고려대 사회학과

325 캐나다 복지국가 연구
조영훈 | 동의대 사회복지학과

326 한국의 소수자운동과 인권정책
전영평 외 | 서울대 행정대학원

327 한국과 미국의 보육서비스 전달체계와 품질 비교분석
김근세 외 | 성균관대 국정관리대학원

328 한국사회의 소득불평등과 국민 의료이용
이용재 | 호서대 사회복지학과

329 정보시대의 인간안보
조화순 | 연세대 정치외교학과

330 가족의 사회경제적 특성과 아동발달
김광혁 | 전주대 사회복지학과

331 초·중·고등학생의 학업소진 진행과정 및 경로분석
이상민 | 고려대 교육학과

332 다문화사회의 사법통역
이지은 | 이화여대 통역번역대학원

333 동아시아 지역주의
유현석 | 경희대 정치외교학과

334 환경친화적 공공시설관리와 지역공동체의 삶의 질
이소영 | 중앙대 실내디자인·주거환경학과

335 의료보험의 법정책
김나경 | 성신여대 법과대학

336 양극화 시대 가족해체와 청소년의 적응에 관한 한국과 미국의 비교 연구
오승환 외 | 울산대 사회복지학과

337 기업의 사회적 책임과 지역경제사회발전 연구
허영도 외 | 울산대 경영학부

338 노인의 삶의 질 향상을 위한 온라인 소셜 네트워크 구축 방안
김진우 | 연세대 경영학과

339 청소년 생활역량
윤명희 외 | 동의대 평생교육학과

340 외국인 배우자의 다양성과 국제결혼의 안정성
김두섭 | 한양대 사회학과

341 정보인권의 규범구체화
이민영 | 가톨릭대 법학과

342 한국 사회복지실천의 고유성
최성재 외 | 서울대 사회복지학과

343 스웨덴의 환경책임 실천모형
최희경 | 경북대 행정학부

344 자율운동과 주거공동체
윤수종 | 전남대 사회학과

345 한국인의 공공봉사동기
김상묵 | 서울과학기술대 행정학과

346 한국 이혼가정 아동의 성장
김혜숙 | 경인교육대 교육학과

347 동양 사상과 노인 복지
홍승표 외 | 계명대 사회학과

348 노동과 사회보장의 연계
오문완 | 울산대 법학과

349 학습장애 위험군 아동의 조기선별을 위한 읽기검사 표준화 연구
김애화 외 | 단국대 특수교육학과

350 신·재생에너지에 기초한 녹색성장과 사회통합
김인호 | 이화여대 법학전문대학원

351 문화교류역량과 다문화 경영이 기업 경영성과에 미치는 영향
임병학 외 | 부산외대 경영학부

352 빈곤영유아의 발달과 적응
정익중 외 | 이화여대 사회복지학과

353 민사법질서와 인권
양천수 | 영남대 법학전문대학원

354 성년후견제도와 사회복지제도의 연계
신권철 | 서울시립대 법학전문대학원

355 한국 다문화사회의 이방인
김순양 | 영남대 행정학과

356 현대 시민사회와 소비자계약법
이병준 | 한국외대 법학전문대학원

357 개인의 사회적 정보보호를 위한 공공 정보서비스 개선 연구
장형배 | 상명대 경영학과

358 여성교육투자에 대한 교육경제학적 탐색
백일우 외 | 연세대 교육학부

359 사회적 기업과 지속가능한 지역발전
임업 외 | 연세대 도시공학과

360 다문화가정 구성원에 대한 투트랙 한국어 교육방안 연구
박시균 | 군산대 국어국문학과

361 아시아의 빈곤과 한국기업의 역할
한인수 | 충남대 경영학부

362 유치원·초등학교 연계 환경교육
박희숙 | 공주대 유아교육학과

363 비정규 고용과 사회정책
구인회 외 | 서울대 사회복지학과

364 사생활의 자유에 관한 비교법적 연구
이장현 | 서강대 법학전문대학원

365 다중융합 환경 기반의 미디어스킨을 활용한 문화콘텐츠 디자인 적용방안에 관한 연구
오문석 외 | 광운대 미디어영상학부

366 북한이탈주민 여성의 성인식 관련 기초조사
한인영 외 | 이화여대 사회복지학과

367 노인주택 파노라마
유선종 | 건국대 부동산학과

368 시설보호 청년의 적응
정선욱 | 덕성여대 사회복지학과

369 다수 집단과 소수 집단의 심리
김혜숙 | 아주대 심리학과

370 바이오 휴머니티
권택영 | 경희대 영어학부

371 프랑스 다문화교육의 이해
이경수 | 상명대 불어교육과

372 한·중 서비스산업의 비교분석과 교역 확대 방안
김상호 | 리츠메이칸 아시아태평양대 국제경영학부

373 현대의학에 있어서 생명의 시간과 인간의 존엄
김학태 | 한국외대 법학전문대학원

374 0~3세 영유아의 영상물 과몰입 실태조사 및 정신건강증진 프로그램 개발과 적용
이경숙 | 한신대 재활학과

375 복지국가의 조세와 정치
양재진 외 | 연세대 행정학과

376 청소년기 자살행위 실태와 관련 요인
박선희 | 경희대 간호과학대학

377 기술혁신에 따른 지역 간 정보격차
최정혜 외 | 연세대 경영대학

378 한국 사회의 이중구조와 생애주기적 불평등
안상훈 편 | 서울대 사회복지학과

아 | 산 | 재 | 단 | 연 | 구 | 보 | 고 | 서

1 한국인의 도덕성 연구
배해수 | 고려대 국문학과

2 산업화와 청소년 진로
이원호 | 울산대 교육학과

3 공동체의식과 시민운동
김영섭 | 한양대 행정학과

4 한국청년의 삶의 의미 충족도와 만족적 태도
안정수 | 경희대 철학과

5 중국조선족의 사회발전과 한·중관계의 위상
손장권 | 고려대 사회학과

6 해송림 "솔껍질깍지벌레"의 천적 및 주요 종의 생태
김규진 | 전남대 농생물학과

7 사회정의와 실천윤리
박종대 | 서강대 철학과

8 동구개혁의 영향
김달중 | 연세대 정치외교학과

9 한국청소년의 의식세계
김문조 | 고려대 사회학과

10 고강도 철근 콘크리트 구조의 실용화
정헌수 | 중앙대 건축학과

11 신기술의 연관형태 및 출현예측의 구조모형
권철신 | 성균관대 산업공학과

12 민간기업의 연구개발을 위한 조세정책
권영훈 | 한양대 경제학부

13 기술개발 활성화방안
송승구 | 울산대 화학공학부

14 부패의 현상과 진단
이문조 | 영남대 정치외교학부

15 연구투자의 지역적 편중화와 부산지역의 기초과학연구 활성화방안
윤웅찬 | 부산대 화학과

16 GATT의 신구 덤핑방지협정과 그 대응방안
전창원 | 동국대 무역학과

17 한국사회의 도덕성 제고를 위한 진단과 처방
황경식 | 서울대 철학과

18 새로운 노사관계 방향
이진규 외 | 고려대 경영학과

19 21세기 동북아 정세예측과 한국의 전략적 대응방안
최평길 외 | 연세대 행정학과

20 소련의 한국에 대한 정책목표분석
신승권 | 한양대 정치외교학과

21 메모리 커패시터용 $Pb(Zr_xTi_{1-x})O_3$ 강유전체 박막의 제작과 특성
장지근 외 | 단국대 전자공학과

22 러시아 국제법학의 전통
김용구 | 서울대 외교학과

23 유럽연합의 현황과 전망
김동현 외 | 성균관대 행정학과

24 중국의 정치동원
송영우 외 | 건국대 정치외교학과

25 산업적 활용을 위한 이동로보트 시스템의 개발
박민용 외 | 연세대 전자공학과

26 중국조선족의 정치사회화과정과 동화적 국민통합의 방향
전인영 외 | 이화여대 사회생활학과

27 공적부조의 이론과 실제
최일섭 외 | 서울대 사회복지학과

28 대외통상환경의 변화와 법제개편
서헌제 | 중앙대 법학과

29 기업금융의 국제화
최생림 | 한양대 경영학부

30 자동차부품공업의 노사관계
김호진 외 | 고려대 행정학과

31 산업화 과정에서의 한국가족의 실태와 전망
정창수 외 | 성균관대 사회학과

32 공무원 가치관 실태와 정립방안
배병룡 외 | 경상대 행정학과

33 해외귀국청소년의 국내적응연구
이장영 | 국민대 사회학과

34 초고속정보통신망에서 LAN서비스 제공방안
이재용 | 연세대 전자공학과

35 WTO체제의 정책적 대응
김병진 외 | 경희대 행정학과

36 유럽의 통합정치
최수경 외 | 충남대 정치외교학과

37 유기질폐기물을 이용한 고단백사료원인 조류의 생산공정
최정우 외 | 서강대 화학공학과

38 초고속정보통신망의 수용성과 정책방향
박영상 외 | 한양대 신문방송학과

39 중국의 강남사회와 한중교섭
조영록 외 | 동국대 사학과

40 세계화시대의 사회 · 문화의식
신행철 외 | 제주대 사회학과

41 국내 외국인 노동자의 문제와 대책
성규탁 외 | 연세대 사회복지학과

42 노인인력 활용정책과 프로그램
김정후 외 | 강원대 법과대학

43 한일간 학술교류 현황과 활성화방안
정홍익 외 | 서울대 행정대학원

44 계량모형에 의한 한일 경제관계의 이해
김명직 외 | 한양대 경제학부

45 직장인의 음주행태와 삶의 질
진기남 외 | 연세대 보건행정학과

46 유통정보 시스템의 구조와 설계
정용길 | 충남대 경영학과

47 남북통일 이후 사회통합을 위한 교육의 역할
안기성 외 | 고려대 교육학과

48 대중음악에 심취한 청소년들의 심리적 특성
김인경 외 | 연세대 인간행동연구소

49 멀티미디어 시스템을 활용한 교육환경의 개선방안
김한일 | 제주대 컴퓨터교육학과

50 탈냉전기 한일관계의 쟁점
최상룡 | 고려대 정치외교학과

51 자치시대 새로운 '삶의 질' 지표의 모색
김형기 외 | 경북대 경제통상학부

52 유럽통합의 역내외 협력과 갈등
이호재 외 | 고려대 정치외교학과

53 21세기를 대비한 신노사관계
김재원 | 한양대 경제학부

54 대학의 시간제학생 등록제
안규철 외 | 전남대 교육학과

55 21세기에 대비한 방송통신정책
한진만 외 | 강원대 신문방송학과

56 주민참여를 통한 혐오시설 관리운영방안
박균성 외 | 경희대 법학부

57 여성의 정치적 권리인식과 정치참여
전경옥 외 | 숙명여대 정치외교학과

58 한국인 위장질환과 식생활 · 환경요인 및 *H. pylori* 감염과의 관계
이양자 외 | 연세대 식품영양학과

59 학생과 시민의 자원봉사활동
윤정일 외 | 서울대 교육학과

60 동북아 환경문제와 지역환경협력의 모색
신연재 외 | 울산대 정치외교학과

61 노인 자원봉사활동을 통한 사회통합 프로그램 개발
김동배 | 연세대 사회복지학과

62 물류정보 시스템
김태현 | 연세대 경영학과

63 전자식 문서교환을 이용한 항공화물 운송체계
민재형 | 서강대 경영학과

64 청소년과 성
이근후 | 이화여대 의과대학

65 민족통합과 무궁화호 위성의 남북한 공동활용방안
방정배 | 성균관대 신문방송학과

66 채식주의가 20대 여성의 영양상태와 에스트로겐 대사에 미치는 영향
성미경 | 숙명여대 식품영양학과

67 가상정보공간을 통한 지역개발 활성화 전략
유재천 외 | 한림대 언론정보학부

68 조산아 관리현황 및 정책수립 방안
박상기 외 | 조선대 의과대학

69 남북한관의 의식조사와 통일교육 개선방안
김동규 외 | 고려대 북한학과

70 동양 전통 자연사상 탐구
장동순 | 충남대 환경공학과

71 초고속정보망의 시뮬레이터 구현
한기준 | 경북대 컴퓨터공학과

72 유통원가 시스템의 유효성
정다미 | 명지대 경영학과

73 국악과 문화관광의 만남
정익준 외 | 동아대 국제관광통상학부

74 기업의 지식경영 활용사례
김창은 | 명지대 산업공학과

75 선진국과 한국의 직업교육 · 훈련제도의 특성과 한계
정주연 | 고려대 경제학과

76 제주지역 성인 여성의 자원봉사활동
이상철 외 | 제주대 사회학과

77 M&A와 문화충돌 관리
박원우 | 서울대 경영학과

78 폐금속광산 인근 주민들의 중금속 오염실태
정종학 외 | 영남대 의학과

79 북한 농촌 · 농업실태와 인력자원개발 시스템을 통한 북한 농민의 구호방안
박성열 | 건국대 교육공학과

80 중소 소매점의 경쟁력과 소매성과
채명수 외 | 한국외대 무역학과